本书是2023年度国家档案局重点科技项目《人工智能在档案管理中应用的现状与前景研究》（项目编号：2023Z008）的研究成果，本书的出版得到了国家档案局重点科技项目经费资助，特此致谢！

国家档案局重点科技项目成果

人工智能
在档案工作中的应用

主编 胡华平 马仁杰 张海剑

WUHAN UNIVERSITY PRESS
武汉大学出版社

图书在版编目(CIP)数据

人工智能在档案工作中的应用／胡华平，马仁杰，张海剑主编. -- 武汉：武汉大学出版社,2024.11(2025.9 重印). -- ISBN 978-7-307-24407-8

Ⅰ. G27-39

中国国家版本馆 CIP 数据核字第 2024F7P611 号

责任编辑:王智梅　　　责任校对:汪欣怡　　　版式设计:马　佳

出版发行:**武汉大学出版社**　　(430072　武昌　珞珈山)

(电子邮箱:cbs22@whu.edu.cn 网址:www.wdp.com.cn)

印刷:武汉邮科印务有限公司

开本:787×1092　1/16　　印张:15.25　　字数:304 千字　　插页:6

版次:2024 年 11 月第 1 版　　2025 年 9 月第 3 次印刷

ISBN 978-7-307-24407-8　　定价:69.00 元

作者简介

胡华平

男，1965年12月生，安徽安庆人，安徽省档案馆副馆长，副研究馆员，2018年入选首批档案法规标准领域全国档案专家。参与制定电子档案管理行业标准3项和多个档案科研项目的研究，获1次国家档案局优秀科技成果特等奖，2次国家档案局优秀科技成果一等奖。长期从事档案业务指导工作，具有丰富的档案理论和业务指导经验。多年来，撰写各种档案管理办法、规范、标准、工作总结、报告、领导讲话等数十万字，发表论文多篇。先后被国家档案局认定（聘）为档案专业兼职教师、企业档案工作目标管理国家级评审员、副省级以上综合档案馆业务建设评价专家、首批全国档案专家。

马仁杰

男，1965年8月生，安徽灵璧人，中共党员，历史学博士，安徽大学三级教授，历史文献学博士生导师，档案学、行政管理学学术型硕士生导师，公共管理、图书情报专业型硕士生导师，安徽大学校史办主任，安徽大学学术委员会委员兼学科建设委员会副主任委员、安徽省学术和技术带头人、安徽省高校首批拔尖人才，享受安徽省人民政府特殊津贴专家，担任中国高等教育学会理事兼档案工作分会副理事长和学术部主任、中国档案学会理事兼档案学基础理论委员会学术委员、安徽省高校档案工作协会理事长兼学术部主任、安徽省档案学会副理事长兼档案学基础理论学术委员会主任等学术职务。

张海剑

男，1984年7月生，安徽桐城人，中国档案学会常务理事、中国人民大学档案事业研究中心研究员、全国档案工匠型人才、首批安徽省城建专家库专家人才，安徽省档案学会信息技术应用委员会副主任，现任科大讯飞智慧城市事业群副总裁，讯飞知喻科技有限公司董事长兼总经理。专注研究人工智能、大数据等相关技术的应用，主导多项智能软件系统和智能硬件创新产品研发。"讯飞智录"荣获2019年度世界人工智能创新产品大奖及2019年度"中国声谷"首台（套）创新产品示范应用奖；获2次国家档案局优秀科技成果二等奖。获2023年全国青年档案工作者学术论文二等奖；获2023年"人工智能与档案"创新论坛论文一等奖1项和二等奖1项；有软件著作权100余项，发表学术报告5篇、合著4篇。

编 委 会

主 编 胡华平　马仁杰　张海剑

编委会（以姓氏笔画为序）

前　　言

计算和信息技术飞速发展不断促使人类社会从信息社会向智能社会迈进。近年来，有关人工智能研究成果的出现和技术创新的不断落地，极大地促进了人工智能的发展。2022年，以 ChatGPT 为代表的人工智能大模型横空出世，吸引了全社会对人工智能的关注。人工智能已成为引领未来的新兴战略性技术，是驱动科技革命和产业变革的重要力量。

在深化档案信息化战略转型的背景下，档案工作环境、对象、内容都发生了巨大变化，促进人工智能与档案事业各项工作深度融合。加快人工智能在档案领域深度应用和场景创新，既是档案行业数字转型和智能升级的迫切需要，也是助力档案工作转型升级的必然要求。

为厘清人工智能在档案管理中的"庐山真面目"，安徽省档案馆、安徽大学档案馆、讯飞智元信息科技有限公司、中国人民大学档案学院根据国家档案局 2023 年度科技项目立项选题指南的要求，共同申报了国家档案局重点科技项目《人工智能在档案管理中应用的现状与前景研究》并获得项目立项（项目编号：2023Z008）。之后，根据项目研究计划，项目组按月召开项目研究推进会，及时了解项目研究进展、交流项目研究内容、讨论项目研究问题并确定下一步研究计划，有效地确保了本项目研究的顺利开展和完成。

本书的写作框架是以国家档案局 2023 年度科技项目立项选题指南中重点项目"人工智能在档案管理中应用的现状与前景研究"所规定的主要研究内容为依据进行撰写。在本书撰写的过程中，项目组部分成员先后赴山东省档案馆、国网山东省电力公司、山东大学、青岛市档案馆和武汉大学进行实地调研，受到了山东省档案馆赵琳副馆长、刘虎副处长，国网山东省电力公司档案馆王岳副研究馆员、吴长静副研究馆员，山东大学历史文化学院赵爱国教授、档案馆楼蔚文馆长，青岛市档案馆徐明君处长、高宜丰处长，以及武汉大学信息管理学院副院长王平教授的热情接待和大力支持，同时，浙江省档案馆也为本书的撰写提供了丰富的实践案例资料。在本书初稿完成后，先由安徽大学档案馆顾伟副研究馆员进行形式上把关、统一，并根据初稿完成情况，由马仁杰教授进行统稿，最后由胡华平副馆长定稿。本书的编著具体分工如下：

前言：马仁杰、顾伟(安徽大学档案馆)

第一章：胡华平、朱霖露、邓晓文、高峰(安徽省档案馆)

第二章：马仁杰、张海剑、顾伟(安徽大学档案馆、讯飞智元信息科技有限公司)

第三章：徐拥军、陈晓婷、胡啸林(中国人民大学档案学院)

第四章：马仁杰、张海剑、顾伟、李衍、李成、丁晓东(安徽大学档案馆、讯飞智元信息科技有限公司)

第五章：胡华平、马林青、周建武、范武、潘未梅、张海剑、李衍、李成(安徽省档案馆、中国人民大学档案学院、天津师范大学、讯飞智元信息科技有限公司)

第六章：马仁杰、张海剑、顾伟、李衍(安徽大学档案馆、讯飞智元信息科技有限公司)

术语表：潘未梅、马林青(天津师范大学、中国人民大学档案学院)

另外，参与本书编写的还有安徽大学管理学院硕士研究生邓齐凤、殳圣薇、沈佳怡、吴琼、张静怡、郑丽娜和本科生马东方、郑文静。他们或参与了资料收集，或参与了案例整理，或参与了具体问题的研究。

本书的出版得到了武汉大学出版社的大力支持和帮助，感谢武汉大学出版社为本书的出版所付出的心血及所提出的宝贵的、建设性的建议。

在本书编写过程中，我们力图在体例、内容、案例和语言表达等方面均有所创新、拓展与完善，但由于编著者水平和资料、案例所限，本书难免有不尽如人意之处，敬请读者提出意见。

编者

2024 年 2 月

目　　录

1 绪 论

1.1 研究背景与依据

1.1.1 研究背景

人工智能(Artificial Intelligence，AI)是一种以计算机科学为基础多学科交叉运用，以与人类智能相似的方式做出反应的智能机器。最早由斯坦福大学荣誉教授约翰·麦卡锡提出，是研究开发用于模拟、延伸和扩展人的智能的理论、方法、技术及应用系统的一门新的技术科学。最初的运用也多是程序控制模拟人类行为解决重复性工作，让人们从简单重复性的工作中解脱出来，人工智能经过三次飞跃式发展，已经一步步融入我们生活的方方面面，从横扫围棋界的 AlphaGo，到商场中的智能引导机器人，再到马路上奔驰的无人驾驶快递车，人工智能日趋丰富的应用场景，正在深刻改变人们的生产生活方式。特别是 2022 年 11 月 ChatGPT 这种划时代的人工智能产品的出现，使得各行各业产生了巨大的震动，在新技术发展中看到了机遇。科技研发如火如荼，各类大模型工具应运而生，从 ChatGPT 的定位能够实现理解和学习人类的语言并进行对话，根据聊天的上下文进行互动，真正像人类一样聊天交流，可以写电子邮件、完成文案、制作视频脚本及撰写包括学术论文在内的各类文章看，这与档案工作收管存用四个环节中的关键节点具有很高的契合度，为知识密集型、工作重复环节多、数据资源开发需求大的档案行业带来了巨大的机遇。将信息化技术与人工智能结合应用于档案管理工作中，可以显著提高管理效率，大大降低管理成本，这也是本书着眼于人工智能在档案管理中应用的现状与前景研究的初衷。人工智能在档案管理中的应用场景非常丰富，常见于档案开放审核、数字化成果处理、辅助档案整理、档案智能检索、辅助档案编研、声像档案处理、辅助接待利用和库房智能助手等。这些技术的应用可以使档案管理更为高效和精准，有助于解决档案行业面临的海量档案数据资源管理与专业化管理人员不足之间的矛盾，运用人工智能解决档案管理中的问题已经成为档案工作者的必然选择。

1.1.2 研究依据

应用人工智能助推档案工作转型升级和高质量发展，是档案行业数字化发展与国家数字化建设整体规划相匹配的内生需要。《数字中国建设整体布局规划》明确数字中国建设按照"2522"的整体框架进行布局，即夯实数字基础设施和数据资源体系"两大基础"，推进数字技术与经济、政治、文化、社会、生态文明建设"五位一体"深度融合，强化数字技术创新体系和数字安全屏障"两大能力"，优化数字化发展国内国际"两个环境"。2021 年，国家档案局发布《"十四五"全国档案事业发展规划》，要求推动档案信息化建设进一步融入数字中国建设，新一代信息技术在档案工作中的应用更为广泛，信息化技术与档案事业各项工作深度融合，档案管理数字化、智能化水平得到提升，档案工作基本实现数字化转型。以安徽省为例，档案信息化转型发展要求已写入《安徽省国民经济和社会发展第十四个五年规划和 2035 年远景目标纲要》和《"十四五"安徽省档案事业发展规划》。开展人工智能在档案管理中的相关课题研究是落实国家规划部署的着力点，是推动新一代信息技术在档案工作中更广泛应用的理论实践，具有理论与现实意义。

1.2 国内外研究现状

1.2.1 国内研究现状

1.2.1.1 国内理论研究现状

国内人工智能在档案方面应用的研究相对较晚，在计算机与互联网普及之后才陆续有这方面的研究，综合智立方知识资源服务平台、中文期刊服务平台、超星发现等平台收录情况来看，2016 年以前，"人工智能+档案"方面的研究极少，期刊文献图书中，真正意义上专门研究相关问题的少之又少，有相关论述的也多见于部分章节一带而过。自 2016 年 AlphaGo 战胜围棋世界冠军、职业九段棋手李世石，次年战胜排名世界第一的世界围棋冠军柯洁后，这种新型人工智能应用给各行各业带来极大震撼，档案行业也不例外，真正意义上的大规模人工智能+档案研究相关论述如雨后春笋。2022 年 ChatGPT 的出现，让档案行业看到融合发展的机遇，相关研究、论述、实践大量涌现(见图 1-1)。

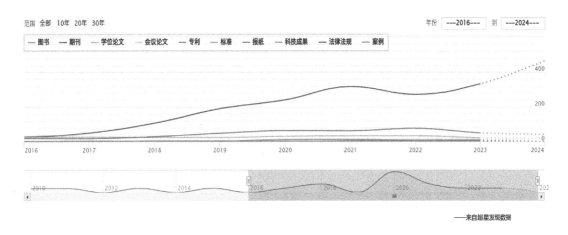

图 1-1 "人工智能+档案"各类型研究发表数量曲线

基于档案的特殊属性以及人工智能的应用往往与档案资源自身的结构化差异、社会利用需求和安全保存状况密切相关，档案部门倾向于将人工智能技术应用于特定类型的档案和物质场景的档案管理，如结构化程度较高、利用需求较大、实体安全隐患较突出的档案，开放审核、筛密等需求迫切的档案管理。因此，我国人工智能较多应用于文书档案、城建档案、病例档案和会计档案等管理。

总体来看，人工智能背景下的档案基础理论的影响研究尚处于起步阶段。已有的研究并未全面、深入地探讨人工智能之于档案基础理论的影响。人工智能应用于档案管理的最新理论主要是对其必要性、重要性的深入探讨及宏观指导。

1.2.1.2 国内应用实践现状

人工智能已在档案工作中进行诸多实践，部分档案部门已率先开展基于人工智能技术的应用与研究工作，并取得一定成果。从档案类型上，主要应用于文书档案、城建档案、病例档案和会计档案。从管理层级上，主要应用于收、管、存、用四个流程。从人工智能技术应用上，主要集中在知识图谱、模式识别、自然语言处理和生物特征识别。在实际应用中往往以档案资源管理系统为基础支撑平台，着眼于某一方面进行尝试，真正意义上的贯穿全流程的智慧化档案管理还比较缺乏。目前，以国家综合档案馆为例，人工智能多用于收、管、存、用的某一方面，如智能校对、智能编研、智能划控、智能图像处理等。可见，研究成果转化为实际应用较为分散，多关注某一人工智能技术对特定档案业务实现的支持，未能紧跟技术发展、系统深入研究人工智能时代下档案工作变革的机遇、挑战和对策。

总体而言，学界和业界均已认识到"人工智能+档案"研究的重要性和紧迫性，并积极探索人工智能技术在档案工作中的应用。已有的研究主要集中在人工智能的可行性、相关的路径以及迫切需求上。

1.2.2 国外研究现状

1.2.2.1 国外理论研究现状

"人工智能+档案"已成为国外档案领域的热门研究方向，学者关注机器学习、深度学习、计算机视觉、机器人技术等人工智能技术，对音视频等各种类型的档案进行管理，也不局限于文书档案、城建档案、病例档案和会计档案等类型。

目前，人工智能的应用理论已深入档案管理的各个环节。如在档案归档环节，施耐德(Schneider)等探讨美国、英国和新西兰如何使用人工智能和机器学习软件 ePADD，来应对英语文学人物电子邮件归档挑战。在档案保管环节，德国 KGS 公司开发适应不同系统、在云端或本地均可运行的人工智能软件"TIA"，将档案自动存储至合适位置，实现了存储空间最大化利用；韩国国家档案馆将信息技术公司的量子密码计算引入其使用的 RSA 加密算法，能够有效抵御黑客攻击；英国的档案部门运用人工智能保存人工智能分析过程的记录和数据，协助政府更好地决策并对自身决策负责。在档案修复环节上，从视频内容、音频内容、文本内容三个模块探讨数智赋能音视频档案修复的关键技术。在档案鉴定环节上，以瑞士纳沙泰尔州档案馆 ArchiSelect 项目为例。在档案开放审核环节上，设计并实现了基于数字档案的人工智能辅助档案开放审核系统。在档案利用服务环节上，实现了在档案库房内自主导航和存取档案的档案存取机器人；提出 ChatGPT 人工智能驱动下的档案服务突破：所行所得、所想所得的检索服务，自然流畅、多模呈现的交互服务，创新挖掘、千用千面的知识服务，自组自调、动态融合的组织服务，主体完整、使用保障的安全服务和解忧除难、全程暖心的情感服务。

1.2.2.2 国外应用实践现状

国外档案领域应用人工智能是伴随着数字政府、大数据发展而同步发展的。自 20 世纪 90 年代以来，随着政府和其他机构数字化转型，产生了海量电子文件归档、大数据归档等问题，由此，部分档案馆开始应用人工智能技术。但早期的人工智能应用多属实验性质，应用范围有限。如美、英等发达国家的档案机构应用人工智能鉴定电子邮件、提取数字化新闻报纸内容等。目前，部分档案馆已开始应用人工智能对档案进行全流程管理，并提供档案大数据利用，其应用潜力在于档案鉴定、档案检索利用、档案内容识别转录、档案敏感信息识别。值得注意的是，国际电子系统中文件真实性永久保障国际合作项目（InterPARES）的第五个阶段 InterPARES Trust AI（2021—2026），将关注重点放在人工智能技术上，希望设计、开发和利用人工智能技术来支撑对可信公共文件持续的可用性和可获取性要求。

　　然而，人工智能带给档案工作的挑战也逐渐浮现。英国档案部门发现运用人工智能技术存在机器对内容与内涵理解受限制、元数据损坏与更改、人工智能决策结果不够科学等风险。由此催生出人工智能背景下的档案治理新模式，即通过政策设计规制"AI+档案"的应用隐忧。如美国国家档案与文件管理署（NARA）2020 年 7 月出台的《数据管理委员会章程》（National Archives and Records Administration Data Governance Board（DGB）Charter）规定，数据治理委员会要指导机构对机器学习和人工智能的投资，并围绕该技术的道德使用提出建议；2020 年 10 月公布的《认知技术白皮书》（Cognitive Technologies White Paper）中着重关注 AI 应用时的信任问题、偏见问题和道德问题。又如澳大利亚国家档案馆发布的《信息和数据治理框架》（Information and Data Governance Framework），就将澳大利亚政府发布的八项人工智能伦理原则纳入参考范围。

1.3　研究目的与意义

1.3.1　研究目的

　　当前，人工智能产业所拥有的广阔前景和战略意义日益凸显，正在全球范围内引发全新产业浪潮。2017 年国务院印发《新一代人工智能发展规划》，标志着人工智能已正式上升为国家战略。《"十四五"全国档案事业发展规划》明确指出要"应用人工智能助力档案管理工作转型升级"。国家档案局 2023 年公布立项的国家档案局科技项目中，涉及信息化、数字化、智能化研究的占比高达 70%。目前档案行业在信息化、智能化方面做了大量基础工作，在政策层面对档案与人工智能融合发展提供了巨大的支持，为档案行业融入人工智能奠定了坚实的基础。自 2010 年国家档案局发布《数字档案馆建设指南》以来，各级国家综合档案馆以建设数字档案馆为契机，在收、管、存、用四个环节对人工智能的应用开展了广泛的基础性研究与实践探索。建设数字化赋能下的智慧档案管理是档案工作发展的未来趋势，并已经成为广泛共识。而与广泛共识形成对比的是，既缺乏对当下人工智能在档案行业运用现状进行模式化归纳，更缺少对人工智能助力档案未来发展进行展望，让未来的发展存在了诸多的不确定性。本书旨在研究探讨人工智能在档案管理中应用的现状和前景，让读者感受到档案与人工智能深入融合的可行性、可发展性和可持续性。

1.3.2　研究意义

编者以体现理论有基础、技术可融合、实践有模型、应用有案例为目标，希望档案工作参与者、档案学术研究者及档案企业研发人员通过阅读本书，更多地聚焦"人工智能+档案"的深度融合，实现理论、技术和应用的跃升。

人工智能与档案管理融合方面的研究是档案部门主动融入数字中国建设，落实档案事业发展"十四五"规划的重要科研课题。其研究成果对于档案部门融入人工智能助推档案管理智能化、解决人工智能融入档案管理业务与技术难题，完善档案法律法规与政策规划具有重要意义。书中展现的人工智能与档案工作的融合发展场景，有的已经成熟应用，有的还在不断完善，有的还有待深度开发。编者希望通过对人工智能在档案工作中应用的现状和前景的研究带来以下积极作用：一是能够给档案参与者更多启发，让人工智能的智慧与便捷为档案工作提质增效，为人工智能与档案深度融合减少障碍。二是促进新技术不断在档案管理中应用，业务难点不断被优化，技术难点不断被突破，为人工智能融入档案管理增添活力，形成人工智能在档案行业蓬勃发展的局面。三是促进法规规范不断完善，标准规范及时出台，让人工智能与档案融合有法可依、有规可循。四是产学研同频共振，共同助力档案事业从信息化向智慧化转型，推动档案事业高质量发展。

1.4　研究内容

本书立足于人工智能第三次飞跃大背景，引入人工智能在档案中的应用，系统探讨人工智能给档案工作带来的机遇与挑战，以科学建模的方式展现人工智能在档案管理中的典型应用模式及技术方案，案例化展示人工智能在国内外档案行业的典型实践案例，并对人工智能在档案行业应用发展进行展望。书中对人工智能在档案管理中的应用模式及技术实现方案、面临的机遇与挑战、国内外运用案例以及立足国情展望我国人工智能融入档案管理的未来都有立章讨论。

本书分成六个部分对人工智能在档案管理中应用的现状与前景进行研究：第一章，绪论；第二章，主流人工智能技术发展现状及典型应用场景；第三章，人工智能技术给档案工作带来的机遇与挑战；第四章，人工智能在档案管理中的典型应用模式及技术方案；第五章，国内外人工智能在档案行业的典型应用实践案例；第六章，未来展望。

主要内容包括：

(1)立足于人工智能三次飞跃式发展特别是 ChatGPT 这种划时代的人工智能产品出现的时代大背景，系统梳理人工智能发展的现状，常见应用场景和典型应用。结合我国人工智能发展现状，以历史发展脉络为主线，对人工智能在档案管理中的应用进行归纳研究。

(2)通过对人工智能给档案业务工作带来提升的必要性和可行性研究，根据人工智能在档案行业发展现状探索带来的机遇、展望未来发展，进而研究人工智能给档案基础理论、档案工作实践、档案工作者带来的挑战。

(3)对人工智能视角下的应用模式进行划分，通过场景化的解读，集中展示人工智能与档案融合的档案资源数据化、智能档案修复、智能档案检索、智能档案服务、智能开放审核、智能档案编研等技术方案。通过对应用场景的模式化进行研究，展示人工智能与档案融合的可行性。

(4)以国内外人工智能在档案行业应用为例，对人工智能在问题解决、研发训练、反馈优化等方面进行全过程研究，通过案例化的分析，展示人工智能与档案融合解决问题的案例。

(5)通过模式与案例的研究，基于人工智能在档案管理中应用的国内外现状，结合人工智能未来发展趋势，探索人工智能与档案融合的未来前景、面临的问题、发展的路径以及应对措施。

1.5　研究基本思路与方法

1.5.1　研究方法

本书坚持以习近平新时代中国特色社会主义思想为指导，深入贯彻落实习近平总书记对档案工作的重要指示批示精神，扎实做好《中华人民共和国档案法》和《"十四五"全国档案事业发展规划》的贯彻实施。综合运用文献研究法、实地调研法、探索性研究法、个案研究法、综合分析法等方法，通过对"人工智能+档案"国内外研究文献、实践案例进行收集、整理，同时对人工智能在档案领域的应用情况进行实地调研，结合文献研究、个案研究等途径进行探索性分析；综合应用档案学、行政学、信息科学和计算机科学技术交叉研究方法，以案例剖析人工智能前沿运用成果，深度解析应用层、技术层应用模式；系统展示国内外运用案例，以实践反作用于理论创新，探索人工智能与档案工作深度结合的发展方向。

1.5.2　研究思路

首先，本书从主流人工智能发展现状及典型应用场景出发，以人工智能发展给档案工作带来的机遇与挑战作为切入点，进而对国内外档案行业应用人工智能技术开展档案工作的发展现状和我国档案工作的未来发展方向展开阐述；其次，本书的第四章、第五章和第六章的内容符合"提出问题（是什么）—分析问题（为什么）—解决问题（怎么办）"的逻辑路线：在分析人工智能在档案管理中的典型应用模式是什么的基础上，从四个层面阐述人工智能在档案管理中应用存在的问题，最后根据上述问题提出应对策略，具体见图 1-2。

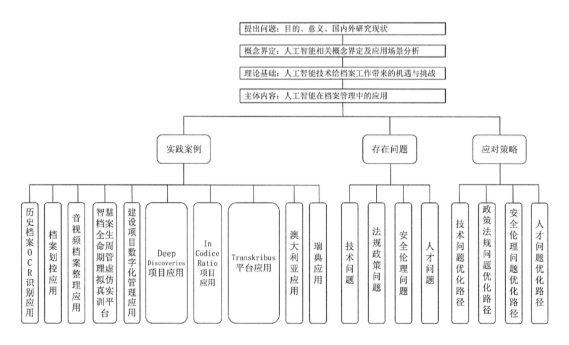

图 1-2　研究思路

1.6 创新与不足

1.6.1 创新

本书是目前国内第一本系统研究人工智能在档案管理中应用的现状与前景的书籍。在本书中，第一次运用模式化的思维研究人工智能在档案管理中应用的模式，结合档案工作管理流程以及当前主流研究技术，从档案工作流程、人工智能技术的进展与发展趋势、人工智能的智能应用、档案馆的智慧服务类型、人工智能的技术层次等方面，对人工智能与档案融合的模式进行分析研究，在理论层面探索深度融合的可行性。第一次根据人工智能在档案管理工作中实际运用的成功案例，从企业生产角度展现全流程生产过程，从顶层设计的总体建设方案、总体建设目标、总体设计原则，到生产开发中的应用框架设计、数据框架设计、功能模块设计、技术路线选择，从社会生产的角度探索深度融合的生产可行性。本书通过国内外应用实践案例研究，从背景目标、问题提出、建设过程、使用效能等方面进行分析，在应用层面探索深度融合的必要性；通过多角度的探索，形成对人工智能和档案管理产学研全过程指导，具有重要的学术价值和现实意义。

1.6.2 不足

在人工智能与档案管理现状与前景研究过程中面临着许多困难，同时也存在不足。一是案例样本匮乏。由于时间和经费有限，导致文献收集时面临着样本不足的情况，数据的获取存在一定困难，而进行大量的文献案例收集是前期研究提出解决方案的前提，人工智能典型应用实践案例较少，缺乏海量资料和数据汇总分析，这也导致文献研究法运用不够充分。二是质效追踪短。人工智能在档案行业的应用相对其他行业起步较晚，从信息化到智慧化升级过程中的应用案例较少，应用场景局限于档案管理中的某一方面，应用部署时间较短，短期内难以收集到大量问题及成效，这在一定程度上制约了模式解决和未来展望的深度研究。

2 主流人工智能发展现状及典型应用场景

2.1 人工智能的兴起与"三次浪潮"

2.1.1 什么是人工智能

要想了解人工智能，首先要了解智能的定义。百度百科上对智能的定义是"智能通常被理解为智力和能力的总称"。在中国古代，思想家们一般将"智"与"能"看作两个相对独立的概念，也有不少思想家把二者结合起来作为一个整体看待。其中，"智"指进行认识活动的某些心理特点，"能"指完成某种活动的本领。商务印书馆的《现代汉语词典》中对"智能"的解释也包括两个方面："①智慧和能力：~双全｜培养~｜发展学生~。②具有人的某些智慧和能力。"

以上对智能的定义都是以人为主体的，然而，智能不仅仅是人类的特性，它也可以描述那些能够"积累""知识"的物体、对象、系统。这些智能体能够利用知识、思想，为了自己的利益或者设定的目标，去改变小环境、行动的对象、物体、系统。此外，智能还被定义为认识世界和改造世界的能力。这种能力的体现形式可以是对世界万物及其联系建立模型，通过模型做出预测或规划。

结合智能的定义，人工智能（Artificial Intelligence），英文缩写为 AI，是研究、开发用于模拟、延伸和扩展人的智能的理论、方法、技术及应用系统的一门新的技术科学。它旨在了解智能的实质，并生产出一种新的能与人类智能相似的方式做出反应的智能机器。

人工智能是计算机科学的一个分支，它企图了解智能的实质，并生产出一种新的能以与人类智能相似的方式做出反应的智能机器，该领域的研究包括机器人、语言识别、图像识别、自然语言处理和专家系统等。人工智能从诞生以来，理论和技术日益成熟，应用领域也不断扩大，可以设想，未来人工智能带来的科技产品，将会是人类智慧的"容器"。人工智能可以对人的意识、思维的信息过程的模拟。人工智能不是人的智能，但能像人那样思考，也可能超过人的智能。

2.1.2 人工智能的诞生

1950 年，英国数学家、逻辑学家艾伦·麦席森·图灵编写并出版了《曼彻斯特电子计算机程序员手册》，继续进行数理逻辑方面的理论研究，并提出了著名的"图灵测试"。图灵测试是一种测试人工智能是否能够模仿人类智能的标准，它旨在判断一台机器能否表现出与人类相似的思维和行为。图灵认为，如果一台机器能够通过测试，那么它就具有智能。至今，每年都有试验的比赛，这体现了图灵测试的影响力和重要性。这一划时代的作品使图灵赢得了"计算机科学之父"和"人工智能之父"的称号。艾伦·麦席森·图灵在人工智能领域的贡献不容忽视。他的理论和实践为后来的人工智能研究奠定了坚实的基础。

1956 年夏天，在美国达特茅斯学院的一次会议上，由麦卡锡等科学家首次提出人工智能(Artificial Intelligence，简称 AI)的概念，这标志着人工智能学科的诞生。这次会议被公认为人工智能学科诞生标志的达特茅斯会议。约翰·麦卡锡(John McCarthy)、马文·闵斯基(Marvin Minsky)、克劳德·香农(Claude Shannon)、艾伦·纽厄尔(Allen Newell)等科学家在这次会议上研讨了"如何用机器模拟人的智能"，并首次提出"人工智能"这一概念。随后的时光里，人工智能经历了一系列的发展阶段和高潮低谷。

2.1.3 人工智能发展的第一次浪潮

人工智能发展的第一次浪潮被称为"符号主义浪潮"，符号主义浪潮的起始可以追溯到 1956 年，当时美国达特茅斯学院举办了一次历史性的会议，正式提出"人工智能"这个概念。随后在 1956—1974 年，人工智能研究进入快速发展阶段。到了 20 世纪 70 年代，由于计算机技术的限制以及理论和实践的困境，人工智能的发展进入第一个低谷期。这一阶段的研究主要关注使用符号和规则来模拟人类智能的过程。

符号主义浪潮的核心理念是，人类智能可以通过符号和规则进行模拟。这一阶段研究人员主要关注如何将人类的知识和推理能力转化为计算机程序。他们试图通过建立知识表示、推理和自然语言处理等方法来实现这一目标。

1956 年达特茅斯会议：这次会议被认为是人工智能的起源，约翰·麦卡锡等人首次提出了"人工智能"的概念，并讨论了如何用计算机模拟人类智能的问题。1965 年 SHRDLU 系统：这是第一个能够理解和生成自然语言的计算机程序，由西蒙和纽厄尔开发。SHRDLU 系统可以理解简单的英语指令，并根据这些指令执行相应的操作。1968 年 ELIZA

程序：这是第一个能够模仿人类对话的程序，由约瑟夫·魏森鲍姆开发。ELIZA 程序通过匹配用户输入的关键词和预设的规则来生成回应，从而让用户感觉像是在与一个真实的人交谈。

约翰·麦卡锡（John McCarthy）：被誉为"人工智能之父"，在达特茅斯会议上首次提出了"人工智能"的概念，并对人工智能的发展产生了深远影响。

艾伦·纽厄尔（Allen Newell）和赫伯特·西蒙（Herbert Simon）：在 SHRDLU 系统和 ELIZA 程序的开发中发挥了关键作用，为人工智能的发展作出了重要贡献。

第一阶段的主要成果有：

知识表示：研究人员提出了各种知识表示方法，如产生式规则、语义网络和框架等，用于描述现实世界的知识。

推理：研究人员开发了一系列推理算法，如前向链推理、后向链推理和贝叶斯网络等，用于从已知知识中推导出新的结论。

自然语言处理：研究人员提出了一系列自然语言处理技术，如句法分析、语义分析和机器翻译等，用于让计算机理解和生成自然语言。

第一次浪潮为人工智能的发展奠定了基础，它使人们认识到计算机可以模拟人类智能，并为实现这一目标提供了理论和方法。虽然这一阶段的研究成果并未完全实现预期的目标，但它激发了人们对人工智能的兴趣和热情，为后来的研究和发展奠定了基础。此外，符号主义浪潮还推动了计算机科学、认知心理学和哲学等多个学科的交叉融合，为人工智能的发展创造了良好的学术环境。

1974—1980 年，由于计算机技术的限制以及理论和实践的困境，人工智能的发展进入第一个低谷期。

2.1.4 人工智能发展的第二次浪潮

人工智能发展的第二次浪潮被称为"连接主义浪潮"，连接主义浪潮的起始可以追溯到 1980 年，随后在 1980—1990 年，人工智能研究进入快速发展阶段。

1986 年，由鲁梅尔哈特、麦克莱兰和 PDP 研究小组提出反向传播算法：这是第一个能够训练多层神经网络的算法。反向传播算法通过计算误差梯度并反向传播更新权重，使得神经网络能够学习到输入数据之间的复杂关系。

这一阶段的研究主要关注使用神经网络和机器学习方法来模拟人类智能的过程。

连接主义浪潮的核心理念是，人类智能可以通过神经网络和机器学习方法进行模拟。在这一阶段，研究人员主要关注如何利用大量的数据和复杂的网络结构来实现对现实世界的建模和预测。他们试图通过建立多层感知器、自组织映射和深度学习等方法来实现这一目标。

这一阶段的代表性人物有：

鲁梅尔哈特（David Rumelhart）：他是连接主义浪潮的重要推动者之一，与麦克莱兰和PDP研究小组共同提出了反向传播算法。

杰弗里·辛顿（Geoffrey Hinton）：他被誉为"深度学习之父"，在深度学习领域作出了重要贡献，为人工智能的发展开辟了新的道路。

吴恩达（Andrew Ng）：他是谷歌大脑项目的创始人之一，也是 Coursera 在线教育平台的创始人，他在人工智能领域的教育和研究工作产生了广泛影响。

这一阶段的主要成果有：

神经网络：研究人员提出了各种神经网络模型，如多层感知器、自组织映射和卷积神经网络等，用于处理复杂的非线性问题。

机器学习：研究人员开发了一系列机器学习算法，如支持向量机、随机森林和强化学习等，用于从大量数据中学习和提取有用的知识。

第二次浪潮为人工智能的发展带来了新的机遇，它使人们认识到神经网络和机器学习方法在模拟人类智能方面的潜力，并为实现这一目标提供了理论和方法。虽然这一阶段的研究成果仍然面临许多挑战，但它激发了人们对人工智能的兴趣和热情，为后来的研究和发展奠定了基础。此外，连接主义浪潮还推动了计算机科学、神经科学和统计学等多个学科的交叉融合，为人工智能的发展创造了良好的学术环境。

1990—2006 年，由于第五代计算机计划的失败和个人 PC 的兴起等原因，人工智能的发展进入第二个低谷期。

2.1.5　人工智能发展的第三次浪潮

人工智能发展的第三次浪潮是"深度学习浪潮"，直到 21 世纪初，随着计算能力的提升和大数据的出现，深度学习才开始迅速发展。深度学习浪潮的核心是神经网络和大数据的结合。神经网络是一种模拟人脑神经元结构的计算模型，通过多层次的神经元连接来实现对复杂数据的处理和学习。而大数据则为神经网络提供了丰富的训练样本，使得计算机能够从中提取出有用的特征和规律。使得计算机能够在图像识别、语音识别、自然语言处理等领域取得突破性进展。

在深度学习浪潮中，卷积神经网络（CNN）在图像识别领域取得了重大突破。CNN 通过卷积层、池化层和全连接层的组合，能够自动提取图像中的特征并进行分类。此外，循环神经网络(RNN)在语音识别和自然语言处理领域也取得了显著进展。RNN 通过引入时间序列的概念，能够捕捉到输入序列中的长期依赖关系。

这一阶段发生的代表性事件有：

2006 年，深度学习被提出。深度学习是一种基于神经网络的机器学习方法，通过多层神经网络的堆叠和训练，可以自动提取数据中的特征并进行分类、识别等任务。这一方法的出现使得人工智能在图像识别、语音识别等领域取得了重大突破。

2011 年，IBM 的沃森亮相。沃森是一个基于自然语言处理和知识表示的知识问答系统，它能够理解人类的语言并给出准确的答案。沃森在电视智力竞赛中的表现，展示了人工智能在自然语言处理和智能推理方面的强大能力。

2012 年，AlexNet 获得 ImageNet 冠军。AlexNet 是一个深度卷积神经网络模型，它在 ImageNet 图像识别大赛中以压倒性优势获得了冠军。这一事件标志着深度学习在计算机视觉领域的应用取得了重大突破，也为后来的人工智能研究提供了重要参考。

2016 年，AlphaGo 战胜李世石。AlphaGo 是 Google DeepMind 公司开发的一个围棋人工智能程序，它采用了深度学习和强化学习的方法进行训练。在与世界冠军李世石的对弈中，AlphaGo 展现了超越人类的棋艺水平，这一事件引起了全球的关注，也展示了人工智能在复杂游戏领域的潜力。

2020 年，GPT-3 发布。GPT-3 是由 OpenAI 发布的一个大规模预训练模型，拥有 1750 亿参数。它能够实现自然语言理解和生成，并在多个语言任务上取得优异的成绩。GPT-3 的发布，进一步推动了人工智能在自然语言处理领域的发展，也为后续的研究和应用提供了重要的基础。而且，GPT-3 还在不断升级迭代。

同时，国内人工智能大模型的发展取得了显著的进步。与早期模型相比，现在的大模型在参数量上有了质的飞跃，这使得其在复杂任务的建模能力、泛化能力、鲁棒性以及认知互动能力等方面都有了显著的提升。这种发展趋势是由多种因素驱动的，包括数据量的快速增长、计算能力的提升和算法的进步等。根据 IDC 的数据预测，2021 年中国人工智能软件及应用市场规模为 51 亿美元，预计到 2026 年可达到 211 亿美元，这显示了国内人工智能市场正在迅速发展。目前，中国已经进入大模型快速发展期，与美国保持同步增长态势。在自然语言处理、机器视觉和多模态等技术分支上，国内已经涌现一批具有行业影响力的预训练大模型，如盘古、悟道、文心一言、通义千问、星火认知等。其中星火认知大模型是一款基于深度学习的自然语言处理技术，能够实现更加精准和高效的自然语言理解和生成。该模型具有大规模预训练、双向上下文建模、多任务学习、端到端训练和高效推理等优势。其中，大规模预训练使得该模型能够学习到丰富的语言知识和语义信息，提高了其对自然语言的理解和生成能力；双向上下文建模则能够同时考虑前后文的信息，进一步提高了其语义理解的准确性；多任务学习支持多种任务的训练和推理，包括问答、机器翻译、摘要生成等；端到端训练方式可以自动提取特征并完成任务，不需要手动设计复杂的特征工程；而高效推理则使用了稀疏化技术和量化技术，能够在不损失精度的情况下大幅提高其推理速度。

由于其出色的自然语言处理能力，该模型可以在智能客服、智能教育、智能医疗等领域发挥重要作用。例如，在智能客服领域，该模型可以帮助企业实现智能问答、自动化回复等功能，提升客户服务质量和效率；在智能教育领域，该模型可以应用于智能辅导、作业批改等方面，帮助学生更好地掌握知识；在智能医疗领域，该模型可以用于医学影像诊断、病例分析等方面，提高医疗服务水平和效率。

这一阶段的代表性人物或公司有：

杰弗里·辛顿(Geoffrey Hinton)，这位多伦多大学的计算机科学教授是深度学习领域的先驱之一。他的研究给人工智能领域带来了重大影响，特别是在深度学习方面。

吴恩达(Andrew Ng)，斯坦福大学计算机科学系和在线教育平台 Coursera 的创始人，他的贡献主要体现在机器学习和人工智能教育方面。

谷歌大脑与百度大脑，这两家全球知名的科技公司都在人工智能领域作出了显著贡献。谷歌利用其强大的计算能力和数据资源，提出了许多创新的人工智能算法和模型。百度则将人工智能应用到了搜索、语音识别等多个产品中，推动了人工智能技术的广泛应用。

Tesla，也就是特斯拉汽车公司，它在自动驾驶技术领域取得了重大突破，使得无人驾驶汽车从概念变成了现实。

IBM，国际商业机器公司，它是世界上最大的信息技术公司之一，也在人工智能领域有着重要的影响力。IBM 的 Watson 健康项目就是一个利用人工智能进行诊断和治疗建议的系统。

科大讯飞，这家中国的人工智能公司以其在语音识别和语音合成技术方面的突出表现而闻名，对全球人工智能的发展起到了推动作用。

这一阶段的主要成果有：

图像识别：深度学习在图像识别领域取得了重大突破，如 AlexNet、VGGNet 等模型在 ImageNet 大赛中取得了优异的成绩。

语音识别：深度学习在语音识别领域也取得了显著进展，如 DeepSpeech、WaveNet 等模型实现了对语音的高精度转录。

自然语言处理：深度学习在自然语言处理领域也有广泛应用，如词向量表示、机器翻译、文本生成等任务都取得了重要进展。

第三次浪潮的意义在于推动了人工智能技术的发展和应用。深度学习技术使得计算机能够更好地理解和处理大量的数据，从而提高人工智能的性能和效率。这使得计算机在图像识别、语音识别、自然语言处理等领域的表现得到了极大的提升。为人工智能的应用提供了更多的可能性，可以应用于许多领域，如医疗保健、金融、自动驾驶等。这些应用不仅可以提高生产效率和质量，还可以为人们的生活带来更多的便利和福利。深度学习技术的兴起也促进了人工智能领域的研究和发展。越来越多的学者和工程师开始关注深度学习技术的研究和应用，推动了相关领域的创新和发展。同时，深度学习技术也为其他领域的研究提供了新的思路和方法。第三次浪潮的发展带动了相关的技术和产业的发展，如云计算、大数据、芯片制造等，这些技术和产业的发展也为其他行业的发展提供了支持和保障。

2.2 人工智能发展现状

2.2.1 大模型

人工智能技术中的大模型技术指的是具有大量参数和复杂结构的模型。这些模型通常需要大量的数据进行训练，以便捕捉到数据中的复杂模式和关系。大模型在许多任务中都表现出了优越的性能，如文本生成、语言理解、知识问答、逻辑推理、数学能力、代码能力、多模态能力等。

（1）文本生成：大模型在文本生成方面具有强大的能力，可以生成连贯、有逻辑的文本。文本生成是自然语言处理的一个核心子领域，它涉及使用模型来自动创建自然语言文本。这种生成可以是基于某些输入的响应，如图像或其他文本，也可以是完全自主的创造。根据学习方式的不同，文本生成任务可以分为两个主要方向：有监督学习和无监督学习。在有监督学习中，模型通过训练数据来学习文本的分布和语言模式，以生成新的文本；常用的模型包括循环神经网络（RNN）、长短时记忆网络（LSTM）或变压器（Transformer）等。这些模型在训练过程中通过最大化生成文本的概率，从而学习到文本的语法和语义信息。在无监督学习的文本生成任务中，模型通常基于变分自编码器（VAE）或生成对抗网络（GAN）等。这些模型通过学习潜在表示空间，使得在该空间内的采样能够生成自然语言文本。此外，大型预训练模型如 GPT 在文本生成中的应用也越来越广泛。GPT

模型使用提示确定文本的结构和内容(如果需要生成),而提示工程就是使用 GPT 文本生成功能创建和优化用于生成文本的输入的过程。

(2)语言理解:大模型在语言理解方面表现出色,可以理解自然语言中的复杂结构和语义信息。语言理解是自然语言处理的一个重要领域,它主要关注如何使计算机能够理解和处理人类语言。这一领域的研究涉及诸多子任务,包括但不限于:文本分类、命名实体识别、情感分析、问答系统以及机器翻译等。在实际应用中,例如在公务员考试中,言语理解的题型一般分为四类:逻辑填空、阅读理解、语句表达和篇章阅读。其中逻辑填空题要求考生根据上下文语境选择最恰当的词语填入空格;阅读理解题则要求考生通过阅读文章来回答相关问题;语句表达和篇章阅读题型则更侧重于考查考生对语言文字的理解和运用能力。此外,针对中心理解题这种题型,解题的关键是要找到文段的重点(中心句),有中心句时同义替换,无中心句时全面概括,提炼共性。并且注意转折和因果两种常见的考点,在遇到转折时,应知道转折之后往往是重点;而在因果关系中,结论通常是重点。

(3)知识问答:大模型在知识问答方面具有很强的能力,可以从大量的知识库中检索相关信息,并生成准确的答案。大模型中的知识问答主要依赖于其对自然语言理解和生成的能力,通过揣摩用户意图并对原始知识点进行汇总、整合,生成更贴切的答案。例如,在某些比赛中,参赛者会以特定的大模型(如 ChatGLM2-6B 模型)为中心制作一个知识问答系统,专门回答用户的特定领域(如金融)的问题。此外,许多大模型也会用于知识库问答,同时借助 Text-to-SQL 技术检索数据库进行回复,这种方式可以进一步丰富回答的内容,提高答案的准确性和全面性。

(4)逻辑推理:大模型在逻辑推理方面具有一定的能力,可以通过分析文本中的语义关系和逻辑结构,进行推理和判断。大模型中的逻辑推理主要包括串行推理和累积推理。串行推理指的是对每一个答案字词的预测都需要运行整个大模型,这样的推理过程可能会非常耗时。为了优化这个过程,可以采取保存已经计算过的词对应的向量以供后续复用的策略。累积推理则改变了大模型思维过程的"形状",它通过使用三个大语言模型:提议者(Proposer)、验证者(Verifier)和报告者(Reporter)来模拟人类的思维过程。具体来说,"提议者"基于当前思维上下文提出新命题,"验证者"负责核查命题的准确性,并在确认无误后将其添加到思维上下文中,最后"报告者"判断是否能得到最终解决方案并决定是否结束推理过程。此外,大模型还具有知识图谱构建以及推理和补全的能力,这可以缓解大模型中出现的幻觉现象。例如,图灵奖得主姚期智领衔提出的大模型"思维"框架,其逻辑推理正确率达98%,使得大模型的思考方式更接近人类。

（5）数学能力：大模型的数学能力主要体现在其进行思维链推理和过程监督的能力上。首先，大模型基于人工反馈的强化学习部分需要用到奖励模型（Reward Model，RM），而数学推理能力是基于思维链（Chain of Thought）形成的。传统的奖励模型采用的是结果监督的方式，仅使用思维链的最终结果进行判别与反馈，而过程监督则是对思维链的每步推理都进行反馈。此外，涌现能力也是大模型中数学能力的一个重要组成部分。涌现能力指的是在小型模型中并不存在，但在大模型中"突然出现"的能力，其中包括常识推理、问答、翻译、数学等。这种能力的出现在一定程度上提高了大模型的灵活性和应用范围。例如上海交大 GAIR 实验室出品的 Abel 专有大模型，其数学能力的准确率已经高达 83.6%，位列开源模型第一。总体来说，大模型通过复杂的算法设计和大量的数据训练，获得了强大的数学推理能力和涌现能力，使其能够更好地理解和处理各种复杂的数学问题。

（6）代码能力：大模型的代码能力体现在其多任务处理和理解生成代码的能力上。首先，大模型可以应用到各种各样与代码相关的任务中，例如代码修复、代码搜索、代码审核等。其次，大模型代码生成工具可以从自然语言提示或部分代码输入中生成代码，极大地提高了软件开发的效率和质量。除此之外，基于代码数据训练的模型不仅在代码补全方面有着更好的支持，也可能是大语言模型逻辑能力的部分来源。目前，已经有许多研究人员和机构开展了大模型代码生成能力的评估研究，这些评估研究为了解大模型代码生成工具的现状和发展趋势提供了重要参考。总体来说，大模型通过复杂的算法设计和大量的数据训练，获得了强大的代码理解和生成能力，使其能够更好地理解和处理各种复杂的编程问题。

（7）多模态能力：大模型在多模态任务中表现出色，可以处理多种类型的输入数据，如文本、图像、语音等。这主要依赖于模型对不同模态数据的表示和融合能力。大模型中的多模态能力主要涉及多种模态的输入和输出，包括但不限于文本、图像、音频和视频等。这种能力使得大模型能灵活地处理和理解各种类型的数据，进一步提升了其应用的广泛性和效果。以 Open AI 的 DALLE3 为例，它是基于 Chat GPT 打造的，可以处理文生图和图生文等多种模态任务，推动了大模型必须具备双向图文模态的能力极限。这显示了大模型在理解和生成多模态信息方面的强大能力。另外，随着 GPT-4 对图文理解的冲击，多模态的理解已经成为学术界的热点话题。这也表明，多模态能力的提升和应用是大模型未来发展的重要方向。然而，值得注意的是，由于大规模多模态数据和超大规模模型参数，训练多模态预训练大模型需要更多的计算能力和大量的电力支持。因此，如何有效地利用计算资源并提高模型的训练效率，也是当前重要的研究课题。

2.2.2 智能语音

智能语音技术是人工智能应用最成熟的技术之一，并拥有交互的自然性，就是让智能设备听懂人类的语音。它是一门涉及数字信号处理、人工智能、语言学、数理统计学、声学、情感学及心理学等多学科交叉的科学。智能语音主要包括语音识别、语音合成和声纹识别技术三个方面：

（1）语音识别技术（ASR）：语音识别技术（ASR），也被称为自动语音识别，是一种将人的语音转换为文本的技术。其目标是将人类的语音中的词汇内容转换为计算机可读的输入，例如按键、二进制编码或者字符序列。这种技术能够让一个程序来处理将人类语音转变为书面格式的任务。具体来说，语音识别的输入一般是时域的语音信号，数学上用一系列向量表示，输出是文本，用一系列 Token 表示。在日常生活中，语音识别技术有着广泛的应用。比如我们常用的微信或者输入法的语音转文字功能，就是语音识别的典型应用，其本质就是把我们说的音频信息转换成文字内容。然而值得注意的是，人们常常会将语音识别与声音识别混淆，但两者的关注点不同：语音识别专注于将语音从口头格式转换为文本，而声音识别则旨在识别个人用户的声音。

（2）语音合成技术（TTS）：语音合成是将文字信息转化为机器可以生成的语音信号的过程，这项技术可以让机器"开口说话"，为我们的生活带来极大便利。语音合成包括三个方面，首先语言处理要模拟人对自然语言的理解过程给出词语的发音提示，其次韵律处理根据语音规划音强等特质，最后进行声学处理输出语音。随着人工智能算法的加入，音色、情感等方面的模拟得以提高，使合成的声音更加自然，一定程度上可以达到真人说话的水准。

（3）声纹识别技术：声纹识别技术是一种生物识别技术，也被称为说话人识别，包括两个主要的任务：说话人辨认和说话人确认。这种技术利用计算机系统自动完成说话人身份识别，基于语音中所包含的说话人特有的个性信息。在声纹识别技术的过程中，首先需要把声信号转换成电信号，进而提取出特征用于模式匹配。这些特征可能包括波长、频率、强度等百余种维度，携带着语言信息。根据待识别语音的内容，声纹识别技术可以分为文本无关、文本相关和文本限定三种类型。文本无关的声纹识别技术是自由的，对语音文本内容没有任何要求。而文本相关的声纹识别技术则需要用户按照事先指定的内容进行发音，其语音内容的匹配性通常会优于文本无关的声纹识别技术。然而，这需要用户的配合，且识别文本有被窃取的可能。另外，声纹识别技术还有人声验证和人声识别两类应用场景。这两种应用场景与人脸识别类似，但它们的具体应用可能会因实际需求而有所不同。总的来说，声纹识别技术是一项复杂的生物识别技术，它依赖于对说话人特有的语音特征的精确提取和分析。

2.2.3 自然语言处理

自然语言处理是计算机科学、人工智能和语言学领域的一个交叉学科。它的主要研究目标是让计算机能够理解、处理、生成和模拟人类语言的能力，从而实现与人类自然对话的能力。自然语言处理的核心是对人类语言的处理，包括文本和语音。对于文本，自然语言处理主要包括分词、词性标注、命名实体识别、句法分析、语义分析等技术。其中，分词是将连续的文本划分为一系列词语；词性标注是为每个词确定其词性，如名词、动词、形容词等；命名实体识别是识别文本中的专有名词，如人名、地名等；句法分析是确定句子的结构和语法关系；语义分析是确定句子的含义和主题。对于语音，自然语言处理主要包括语音识别、语音合成等技术。其中，语音识别是将语音信号转换为文本的过程，语音合成则是将文本转换为语音信号的过程。

自然语言处理技术的实现主要依赖于计算语言学、统计学、机器学习和深度学习技术的结合使用。计算语言学提供了对语言的理论知识，统计学提供了数据分析的方法，机器学习和深度学习则提供了从大量数据中学习语言规律的能力。这些技术的结合使得自然语言处理技术在很多领域都有了广泛的应用，例如机器翻译、信息检索、问答系统等。然而，尽管自然语言处理技术已经取得了很大的进步，但由于人类语言本身的复杂性和多样性，自然语言处理仍然是一个极具挑战性的研究领域。例如，同一句话在不同的语境下可能有不同的含义，这就是所谓的"歧义性"；另外，由于语言的不断发展和变化，新的词汇和表达方式不断出现，这也给自然语言处理带来了很大的困难。因此，未来的自然语言处理研究需要继续深入探索语言的内在规律，以提高自然语言处理的准确性和效率。

机器翻译是人工智能自然语言处理技术的一个重要应用领域，其目标是利用计算机将一种自然语言翻译成另一种自然语言。这一过程的基本流程大概分为三块：预处理、核心翻译和后处理。预处理是对输入的源语言文本进行规整的过程，可能包括去除噪声、解决歧义、识别并修正语法错误等步骤。其中，一个常见的预处理方法是把过长的句子通过标点符号分成几个短句。核心翻译阶段是将经过预处理的源语言文本翻译成目标语言文本的过程。这个过程通常涉及两个主要步骤：分析与生成。在分析阶段，计算机需要理解源语言文本的含义；在生成阶段，计算机需要生成语义相同或相近的目标语言文本。为了实现这两个步骤，研究人员提出了许多不同的算法和技术，如基于规则的翻译、统计机器翻译和神经网络机器翻译等。后处理是对翻译结果进行调整和优化的过程，目的是提高翻译质量，使其更符合目标语言的表达习惯。后处理可能包括调整语序、修改词汇、校对拼写等步骤。

随着人工智能和自然语言处理技术的发展，机器翻译的质量已经得到了显著提高，应用领域也越来越广泛，例如在网页翻译、文档翻译、实时对话翻译等方面都有广泛的应用。然而，尽管已经取得了很大的进步，但机器翻译仍然面临一些挑战，例如，如何处理多义词、如何处理语境和文化差异等问题。因此，未来的研究将继续探索如何进一步提高机器翻译的准确性和流畅性。

2.2.4 文字识别

(1)手写文字识别：手写文字识别是利用光学技术和计算机技术把写在纸上的文字读取出来，并转换成一种计算机能够处理、人又可以阅读的格式。传统的手写字符串识别方法通常通过模拟人类的识别过程来实现，这包括学习单个文字的模式特征。例如，可以通过监督样本的训练来达到这个目标。另一种常见的做法是通过字符串图像中的空白部分等信息将其分割成偏旁部首，然后将分割后的部首分配给单一区域或与相邻部首组合为一个合并区域。然而，基于深度学习的手写文字识别系统带来了新的可能性，该系统利用了图像识别技术训练模型，使得模型能够认识我们手写的汉字图像并给出正确的结果。这种技术可以广泛应用于智能交互机器人场景设想，具有很高的实用价值和广泛的应用前景。例如，FRDC 和富士通研究所将模仿人类大脑功能的人工智能技术灵活应用于文字识别，从而实现对中文手写单一文字的识别在世界上首次超过了相当于人类识别能力的识别率。此外，复杂文档分析与识别技术也是手写文字识别中的一个重要方向。这项技术主要关注的是对复杂文档图像进行版面分析，提取文本区域，从而进行精准的文字识别。在个人笔记、档案、历史文档、票据的数字化、文化大数据等方面具有重要的应用前景。但是，目前手写文字识别技术在模糊、边缘、倾斜、潦草等情况的识别效果较差，对于这部分文字的识别有待于进一步优化和提高。

(2)印刷文字识别：印刷文字识别是利用光学技术和计算机技术把印在纸上的文字读取出来，并转换成一种计算机能够处理、人又可以阅读的格式。OCR 技术可被应用于各种语言文字的识别之中，包括英文、法文、德文、西班牙文等西方语言，以及中文简体字和繁体字的识别。对于不同语言文字的识别，OCR 技术通常采用不同的方法和技术。例如，对于英文字母的识别，OCR 系统可以通过分析字母的形状、大小、位置等特征来进行识别；而对于汉字的识别，则需要考虑到汉字的结构复杂性和多样性。在中文印刷文字识别方面，由于中文字符数量庞大且结构复杂，需要采用更加复杂的算法和技术来实现高效的识别。传统的基于模板匹配的方法在处理中文印刷文字时存在一些困难，因为这种方法需要大量的人工设计模板来匹配不同的字符。而基于深度学习的方法则可以通过训练模型自动学习字符的特征表示，从而提高识别的准确性和效率。目前，市场上已经有一些公司和研究机构开发出了高识别精度的印刷文字识别模型。例如，百度 AI 推出了印刷文字识别功能，支持对多种语言文字进行识别，包括中文简体和繁体字。该模型采用了基于深度学习的方法，通过大规模的数据训练和优化，可以实现高精度的印刷文字识别。

（3）公式识别：公式识别技术是人工智能领域中的一项关键技术，其主要通过识别图像中的数学公式并将其转化为计算机可处理的格式。这一过程包括了对公式的结构分析和语义理解等复杂步骤。公式识别技术主要包含两个部分：公式图像预处理和公式识别。公式图像预处理的主要任务是提取公式图像中的文字区域和符号区域，并进行降噪、二值化、细化、分行和分列等处理，以便后续步骤能够更准确地进行。这一步通常需要借助一些图像处理算法来实现，例如边缘检测、直方图均衡化、阈值分割等。公式识别的主要任务是将预处理后的公式图像转化为结构化的数学表达式，这通常需要借助一些自然语言处理技术来实现，例如语法分析、词性标注、句法分析等。这一步的目标是将图像中的公式转化为计算机可以理解和处理的形式，以便于进一步计算或推理。公式识别技术能够自动识别和解析数学公式，被广泛应用于教育、科研、金融等领域。首先，在教育领域，通过使用专门的公式识别软件，教师可以对试卷中的数学公式及题目内容进行快速识别，大大提升了阅卷效率。此外，这项技术还可以用于智能答题、智能阅卷等场景，为教育信息化发展提供强大的技术支持。其次，公式识别技术也在科研领域发挥着重要作用。科研人员可以利用公式识别技术快速提取论文中的公式信息，从而更好地进行学术研究和交流。最后，在金融领域，公式识别技术同样具有广泛的应用前景。例如，金融机构可以利用这项技术对大量的金融数据进行自动化处理和分析，从而提高决策的准确性和效率。然而，尽管公式识别技术的应用领域广泛，但由于公式的复杂性和多样性，这项技术仍然面临着许多挑战。如何准确地识别和解析复杂的数学公式，如何处理多种类型的公式，如 LaTeX 公式、MathML 公式等，都是公式识别技术需要解决的问题。

（4）表格文字识别：表格文字识别技术是人工智能领域中的一种重要应用，其基本原理是通过模仿人类智能的思维和行为方式，利用计算机系统进行信息处理和决策。这种技术能够自动识别和解析表格中的文字内容，广泛应用于文档管理、数据统计等领域。这种技术能够大大节省表格内容处理的时间，同时能够减少因人为因素产生的错误。这种技术的核心包括两个方面：表格检测和表格结构识别。其中，表格检测旨在确定图像中是否包含表格，而表格结构识别则旨在从表格的图像中提取表格的结构信息，包括每个单元格的坐标位置以及每个单元格所属的行列信息。随着深度学习技术的发展，目前表格识别的方法已经转向基于深度神经网络的解决方案。这些方法利用了诸如目标检测、语义分割、序列预测、图神经网络等先进技术来提高识别的准确性和效率。然而，这些技术各有优劣，因此在实际应用中，需要根据具体情况选择合适的方法。目前业界已经有不少表格结构识别技术，例如，百度 AI 开放平台提供的表格文字识别服务，支持识别完整框线表格、含合并单元格的表格或无框线表格，识别准确率高，响应速度快。其识别过程主要包括以下步骤：首先，利用 OCR 技术检测文本，从文本框的空间排布信息推导出有哪些行、有哪些列、哪些单元格需合并，由此生成电子表格；其次，运用图像形态学变换、纹理提取、边缘检测等手段，提取表格线，再由表格线推导行、列、合并单元格的信息。然而，这些技术还存在一些不足之处。例如，极度依赖 OCR 检测结果和人工设计的规则，对于不同样式的表格，需做针对性开发，推广性差；或者依赖传统图像处理算法，在鲁棒性方面较欠缺，并且对于没有可见线的表格，传统方法很吃力，很难把所有行、列间隙提取出来。此外，它们还不能很好地识别无实线边框的表格、有大量空行、空列的表格等，对于拍摄角度倾斜而表格边框弯曲等情况更是束手无策。

(5)印章识别：印章识别技术是一种关键的计算机视觉技术，其目标是自动检测和识别文档中的印章。印章通常是在文档上盖章的图形，用于表示文档的真实性和合法性，例如公章、私章等。这种技术的核心包括两个方面：印章检测和印章文字识别。印章检测旨在确定图像中是否存在印章，以及印章的具体位置信息；而印章文字识别则旨在从印章的图像中提取出文本信息。随着深度学习技术的发展，目前印章识别的方法已经转向基于深度神经网络的解决方案。这些方法利用了诸如目标检测、语义分割、序列预测等先进技术来提高识别的准确性和效率。在实践中，一些先进的 OCR 识别产品，如百度 AI 印章检测识别和中安印章识别系统已经得到了广泛应用。这些系统不仅支持对合同文件或常用票据中的印章进行高精度的检测，并返回其位置信息，而且能够对复杂合同文本、票据中彩色公章进行快速精准的文字识别。

2.2.5 视觉分析

视觉分析是一种通过计算机视觉和图像处理技术对图像或视频进行分析的方法。它可以帮助我们从大量的图像或视频数据中提取有用的信息，并对这些信息进行进一步的理解和解释。视觉分析在许多领域都有广泛的应用，如医学影像分析、安防监控、智能交通、社交媒体分析等。在视觉分析中，常用的技术包括图像识别、人脸识别、人体识别等。视觉分析的主要任务包括特征提取、目标检测与分割、行为分析、场景理解、图像检索等。视觉分析的主要方法包括传统方法和深度学习方法。传统的视觉分析方法主要依赖于人工设计的特征和分类器。这些方法通常需要大量的人工参与，且对于复杂的问题，如目标检测和行为分析，往往难以取得理想的效果。而深度学习方法通过使用深度神经网络，可以自动地学习图像或视频中的特征，并实现端到端的目标检测、分割和行为分析等任务。深度学习方法具有强大的表达能力和泛化能力，可以有效地处理复杂的视觉分析问题。

（1）图像识别技术：图像识别技术的基本原理是通过计算机对图像进行处理、分析和理解，从而实现对图像内容的自动识别和分类。图像识别技术主要包括以下几个步骤：一是图像预处理：图像预处理是图像识别的第一步，主要是对原始图像进行去噪、增强、缩放等操作，以提高后续处理的准确性和效率。二是特征提取：特征提取是从图像中提取出对识别有用的信息，这些信息可以是图像的颜色、纹理、形状等特征。特征提取的方法有很多，如基于统计的特征提取方法、基于结构的特征提取方法等。三是特征匹配：特征匹配是将提取到的特征与预先定义好的模板进行比较，以实现对图像的分类和识别。特征匹配的方法有很多，如基于距离的特征匹配方法、基于相似性的特征匹配方法等。四是分类和识别：分类和识别是根据特征匹配的结果，将图像分为不同的类别或识别出特定的目标。分类和识别的方法有很多，如基于规则的分类方法、基于神经网络的分类方法等。图像识别技术在许多领域都有广泛的应用，典型的应用场景有计算机视觉、模式识别、人工智能、医学影像分析、工业检测。随着计算机技术的不断发展，图像识别技术也在不断进步和完善。图像识别技术的发展现状和趋势大致分为深度学习、大数据、迁移学习、多模态融合、边缘计算等。图像识别技术作为一种重要的计算机视觉技术，已经在许多领域取得了显著的成果和应用。随着计算机技术的不断发展，图像识别技术也将不断地进步和完善，为人们的生活和工作带来更多的便利和价值。

（2）人脸识别技术：人脸识别技术作为人工智能的一个重要分支，已经成为现代社会中非常重要的技术手段。人脸识别技术是通过计算机对人脸图像进行分析和处理，从而实现对人脸的自动识别和验证的技术。它不仅可以应用于安防、金融、交通等领域，还可以为人们的生活带来便利。人脸识别技术的基本原理是通过计算机对人脸图像进行处理和分析，提取出人脸的特征信息，然后将这些特征信息与数据库中的人脸特征信息进行匹配，从而实现对人脸的识别和验证。这个过程可以分为以下几个步骤：首先，需要通过计算机对输入的人脸图像进行检测，确定图像中是否存在人脸。这一步通常采用人脸检测算法，如 Haar 特征分类器、AdaBoost 算法等。在检测到人脸后，需要对人脸进行对齐，使得人脸图像中的五官位置相对固定。这一步通常采用几何变换方法，如仿射变换、透视变换等。对齐后的人脸图像需要进行特征提取，以便于后续的匹配和识别。这一步通常采用特征提取算法，如主成分分析（PCA）、线性判别分析（LDA）等。然后将提取到的人脸特征与数据库中的人脸特征进行匹配，计算相似度。这一步通常采用距离度量方法，如欧氏距离、余弦相似度等。根据匹配结果，判断输入的人脸图像是否与数据库中的人脸图像匹配成功，从而实现对人脸的识别和验证。随着科技的不断发展，人脸识别技术也在不断进步和完善。未来的人脸识别技术将朝着高精度、高速度、多模态、大数据、智能化的方向发展。基于视觉分析的人脸识别技术作为一种重要的人工智能技术手段，已经在各个领域得到了广泛的应用。随着科技的不断发展，人脸识别技术将不断进步和完善，为人们的生活带来更多的便利和安全。

（3）人体识别技术：随着计算机技术的不断发展，人工智能技术在各个领域得到了广泛的应用。其中，人体识别技术作为计算机视觉领域的一个重要研究方向，已经成为人们关注的焦点。人体识别技术主要通过对图像或视频中的人进行检测、跟踪和识别，从而实现对人的行为分析、身份识别等功能。根据人体识别技术的应用需求和实现方法，可以将人体识别技术分为以下四类：一是基于特征的方法，这类方法主要通过提取人体的特征信息，如肤色、纹理、形状等，然后利用这些特征信息进行人体识别。常用的特征提取方法有主成分分析（PCA）、线性判别分析（LDA）等。二是基于模板匹配的方法，这类方法主要通过预先建立人体的模板，然后在待识别图像中寻找与模板相匹配的区域，从而实现人体识别。常用的模板匹配方法有最近邻匹配、相关匹配等。三是基于模型的方法，这类方法主要通过建立人体的形状模型，然后将待识别图像与模型进行匹配，从而实现人体识别。常用的模型方法有隐马尔可夫模型（HMM）、人工神经网络（ANN）等。四是基于深度学习的方法，这类方法主要通过训练深度神经网络，使其能够自动学习人体的特征信息，从而实现人体识别。常用的深度学习方法有卷积神经网络（CNN）、循环神经网络（RNN）等。五是基于视觉分析的人体识别技术，这类方法主要通过对图像或视频中的人进行检测、跟踪和识别，从而实现对人的行为分析、身份识别等功能。基于视觉分析的人体识别技术在很多领域都有广泛的应用，如安防监控、智能交通、人机交互等。典型的应用场景有安防监控、智能交通、人机交互、虚拟现实等。随着计算机技术和人工智能技术的不断发展，基于视觉分析的人体识别技术也在不断取得新的突破。未来可能会朝着深度学习技术的广泛应用、多模态信息的融合、个性化和智能化等方向发展。基于视觉分析的人体识别技术在计算机视觉领域具有重要的研究价值和应用前景。随着计算机技术和人工智能技术的不断发展，相信未来人体识别技术将在更多领域得到广泛的应用和发展。

2.2.6　AIGC

AIGC 全称为 Artificial Intelligence Generated Content，中文可以表述为人工智能自动生成内容。这是一种利用人工智能技术来生成内容的新兴方式，被认为是继 UGC（用户生成内容）、PGC（专业生成内容）之后的新型内容生产方式。AIGC 利用机器学习和自然语言处理等技术，使计算机能够自动生成文章、音乐、艺术和其他形式的创造性输出。AIGC 的目标是模拟人类的创造力和思维过程，使计算机能够生成与人类水平相当的内容。AIGC 的特点包括自动化、高效性、灵活性、可靠性。AIGC 的技术原理主要包括以下四个方面：一是数据收集和预处理，AIGC 需要大量的数据作为训练样本，这些数据可以是文本、音频、视频等形式。在进行训练之前，需要对这些数据进行预处理，包括数据清洗、去重、标注等操作，以提高训练的效果和准确性。二是模型选择和训练，AIGC 需要选择合适的模型来进行训练，常用的模型包括循环神经网络（RNN）、长短时记忆网络（LSTM）、卷积神经网络（CNN）等。在训练过程中，需要使用大量的数据进行迭代训练，以优化模型的参数和性能。三是生成策略和算法，AIGC 需要选择合适的生成策略和算法来生成内容。常用的生成策略包括贪心搜索、强化学习、遗传算法等。常用的生成算法包括变分自编码器（VAE）、生成对抗网络（GAN）等。四是评估和优化，AIGC 生成的内容需要进行评估和优化，以提高内容的质量和准确性。常用的评估指标包括准确率、召回率、F1 值等。常用的优化方法包括反向传播、梯度下降等。在 AIGC 技术中，常用的技术包括文本改写、文生图、AI 虚拟人等。

（1）文本改写：基于 AIGC 的文本改写技术是一种利用人工智能生成内容（AIGC）的方法，通过对原始文本进行分析和理解，生成与原文意思相近但表达方式不同的新文本。这种技术在自然语言处理、机器翻译、智能问答等领域具有广泛的应用前景。文本改写技术主要依赖于自然语言处理（NLP）和机器学习（ML）技术。首先，通过对原始文本进行分词、词性标注、句法分析等预处理操作，提取出文本的关键信息。其次，利用机器学习算法对这些关键信息进行学习和建模，生成一个能够理解和生成文本的模型。最后，通过这个模型对原始文本进行改写，生成新的文本。基于 AIGC 的文本改写技术涉及多个关键技术，包括：分词，将原始文本切分成一个个独立的词汇单元，为后续的词性标注、句法分析等操作提供基础；词性标注，为每个词汇单元分配一个词性标签，如名词、动词、形容词等，有助于理解文本的结构和语义；句法分析，分析句子的结构，识别出句子中的主语、谓语、宾语等成分，有助于理解句子的意义；语义表示，将文本转化为计算机可以理解的形式，如向量、矩阵等，为后续的机器学习算法提供输入；机器学习，利用机器学习算法对文本的关键信息进行学习和建模，生成一个能够理解和生成文本的模型；生成模型，根据学习到的知识和模型，生成与原文意思相近但表达方式不同的新文本。文本改写技术在多个领域具有广泛的应用前景，主要包括自然语言处理、机器翻译、智能问答、内容推荐、广告文案等领域。文本改写技术是一种具有广泛应用前景的技术，它通过模仿人类的写作方式，生成与原文意思相近但表达方式不同的新文本，从而提高文本的质量和可读性。这种技术在自然语言处理、机器翻译、智能问答等领域具有广泛的应用前景。然而，文本改写技术仍然面临一些挑战，如生成模型的准确性、模型的训练成本、模型的泛化能力和模型的可解释性等。展望未来，随着人工智能技术的不断发展和进步，文本改写技术将在更多领域得到应用，为人们提供更加便捷、高效的信息服务。同时，研究人员还需要不断优化和改进生成模型，提高其准确性、泛化能力和可解释性，以满足不同场景下的应用需求。

(2) 文生图：基于 AIGC 的文生图技术是一种将文本信息转化为图形表示的技术，它可以帮助我们更好地理解和分析大量的文本数据。文生图技术的基本原理是将文本信息转化为图形表示，使得用户可以更直观地理解文本内容。这一过程通常包括以下几个步骤：文本预处理，对原始文本进行清洗、分词、词性标注等操作，提取出有意义的词汇和短语；特征提取，从预处理后的文本中提取关键特征，如词频、词向量等，用于后续的图形生成；图形生成，根据提取的特征，使用计算机图形学和机器学习算法生成图形表示；图形优化，对生成的图形进行优化，提高其可读性和美观性。基于 AIGC 的文生图技术具有广泛的应用前景，可以应用于以下四个领域：一是教育，通过将复杂的文本信息转化为图形表示，可以帮助学生更直观地理解知识点，提高学习效果。二是科研，对于涉及大量文本数据的研究项目，文生图技术可以帮助研究人员快速分析和理解数据，提高研究效率。三是新闻，新闻报道中通常会包含大量的文字描述，通过文生图技术可以将这些文字信息转化为直观的图形表示，提高新闻的可读性和吸引力。四是广告，广告文案通常需要简洁明了，同时具有一定的创意。通过文生图技术，可以将广告文案转化为吸引人的图形表示，提升广告的效果。随着人工智能技术的不断发展，基于 AIGC 的文生图技术也将呈现出以下四个发展趋势：一是智能化，未来的文生图技术将更加智能，能够根据用户的需求和场景自动选择合适的图形表示方法。二是个性化，基于用户的行为和喜好，未来的文生图技术将能够生成个性化的图形表示，提高用户的满意度。三是交互性，未来的文生图技术将更加注重与用户的交互，用户可以通过交互来调整图形的布局、颜色等参数，实现更丰富的视觉效果。四是跨领域应用，随着技术的发展，基于 AIGC 的文生图技术将不仅仅局限于文本数据，还可以应用于图像、视频等多种类型的数据。文生图技术是一种具有广泛应用前景的技术,它可以通过对文本信息进行可视化处理,帮助我们更好地理解和分析大量的文本数据。随着人工智能技术的不断发展,文生图技术也将不断升级,为我们提供更加智能、个性化和交互性的图形表示方法。

(3)AI 虚拟人:随着科技的不断发展,人工智能技术在各个领域得到了广泛的应用。其中,AI 虚拟人技术作为一种新兴的技术,已经在娱乐、教育、医疗等领域取得了显著的成果。AI 虚拟人技术是指通过计算机技术和人工智能技术,模拟人类的思维和行为,实现与人类进行自然语言交流、情感互动等功能的一种技术。AI 虚拟人技术,主要包括以下四个部分:一是语音识别技术,通过对人类语音进行识别,将语音信号转化为计算机可以理解的文字信息。二是语义理解技术,对识别出的文字信息进行分析,理解用户的意图和需求。三是自然语言生成技术,根据用户的意图和需求,生成自然、流畅的语言输出。四是情感分析技术,通过对用户的情感进行分析,判断用户的情感状态,为后续的交流提供支持。语音合成技术,是将计算机生成的文字信息转化为人类可以理解的语音信号。AI 虚拟人技术在各个领域都取得了显著的成果,如在娱乐领域,通过 AI 虚拟人技术,可以实现与人类进行自然语言交流,为用户提供更加智能化的服务。随着人工智能技术的不断发展,基于 AIGC 的 AI 虚拟人技术也在不断地进步。未来 AI 虚拟人的语音识别准确率、语义理解能力以及语言生成能力将得到进一步提高,为用户提供更加智能化的服务。

AIGC 的应用非常广泛,并且其发展速度相当惊人。随着深度学习模型的不断完善、开源模式的推动以及大模型探索商业化的可能,AIGC 正在越来越多地被应用于各个领域。这些领域包括但不限于游戏开发、数据分析、计算机图形学、自动控制等。通过使用AIGC,人们可以更高效地生成大量内容,节省时间和人力资源。此外,AIGC 还可以帮助人们发现新的创意和想法,促进创新和发展。

2.3　人工智能的典型应用场景

2.3.1　人工智能+政务

随着科学技术的快速发展和社会治理的转型升级,"人工智能+政务"日益成为社会关注的热点。2022 年国务院印发的《关于加强数字政府建设的指导意见》将推动政府决策科学化、社会治理精准化、公共服务高效化作为 2025 年发展目标,这为人工智能融入政务建设领域指明了方向。在信息时代,人工智能在提升政府服务效能、提高政务人员工作效率、增强政府决策科学化等方面都有着广阔的应用前景。

（1）在提升政府服务效能方面，人工智能技术推动了政务服务从传统的人力服务型向人机交互型转变，大大提高了政府治理效率。融合利用当前先进的人工智能技术，研发智能搜索、智能问答、智能办理、智能受理等智慧政务应用，实现事项办理智能引导、服务搜索智慧精准、问题咨询智能回复、自助申请智能便捷成为可能。例如，截至 2021 年 2 月，科大讯飞智慧政务产品及服务的应用已在皖、浙、苏、吉、赣、湘、贵、桂、蒙、豫、冀、疆、渝、陕 14 省 30 多个地市落地应用，相关业务领域建设成效得到中央新闻联播、人民日报等媒体多次专题报道。其中，"皖事通"的装载量达到 6300 万+，下载量达到 1.4 亿+，最高日活高达 570 万+，服务数高达 4000+，累计访问量高达 38 亿+，支付宝政务服务类小程序排名第二；作为华中地区第一个全省统一的电子健康码，"安康码"的总访问量高达 4.2 亿次，申领总数超过 6140 万，深入交通、家政、医疗、文旅等领域，着力解决群众生活中的"堵点""痛点""难点"，让服务更便民，办事更便捷；"安徽省市一体化网上政务服务体系平台"助力安徽省成为全国第一个政务服务标准化试点省，为全国政务服务标准化工作、提供"安徽样本"，同时助力安徽省在全国政务服务能力评估排名，从 2016 年全国排名第 16 位，跃居至 2017 年的全国第 5 位，并且在 2018 年和 2019 年稳居全国第一方阵，被国务院办公厅电子政务办公室称为"全国典型标杆"；"安徽省 7×24 小时政务服务地图"是科大讯飞推出全国首创的 7×24 小时政务服务地图，既有空间位置又有服务事项、既能查询又能办事，通过人工智能引擎，可以根据老百姓的办事需要智能推荐最优办事方案，打通服务惠民"最后一公里"，得到时任国务院总理李克强的亲自批示，并且登载在国务院办公厅的《政务情况交流》中；杭州市富阳区"办好人生一件事"一期项目覆盖全区近 70 万群众，年均直接受益 3.9 万余人，年均减少群众跑腿 10.6 万余次，精简材料 23.7 万余份，压缩办理时间 13.6 万个工作日，并被央视庆祝中华人民共和国成立 70 周年特别节目《壮丽 70 年奋斗新时代》重点报道。

（2）在提高政务人员工作效率方面，人工智能能够解放人力资源，通过认知自动化、认知预见和认知参与的技术重塑政务服务流程，实现智能营销、智能受理、智能审批和智能监督，提高政务服务的效率和质量。借助机器学习技术，人工智能可以对文档、材料等知识库进行快速学习、理解、总结和提炼，通过对提问信息的总结和推理，完成已有信息的整合，从而减少政务人员的工作量，使其能够专注于更高层次的工作。目前，一些企业致力于打造"AI 智能文档平台"，为政府及企事业单位提供信息检索、文本解析、文稿审查、辅助写作等智能文稿服务，提高政务部门人员的公文写作和内容管理效率。借助自然语言处理技术，政府可以建立智能客服系统，为公众提供 24 小时在线咨询服务，快速响应公众需求，减轻政务人员的压力。借助基于内容的推荐方法，根据公众的需求和行为特征，人工智能可以精准推送相关政策、法规、服务等信息，提高服务的针对性和满意度。此外，人工智能还可以帮助政府实现智慧办公，如智能日程安排、智能会议记录等，大大提高办公效率。

（3）在增强政府决策科学化方面，人工智能技术能够帮助政府在复杂的社会问题研判、政策评估、风险预警和应急处置等方面提供数据支持和分析预测，从而做出更加科学合理的决策。人工智能技术能够助力政府从"事后处理"向"事先预测"转变，为防范和化解重大风险提供思路和方法，具体内容如下：

数据分析与挖掘：通过机器学习和深度学习技术，人工智能可以建立预测模型，预测未来的发展趋势和可能出现的问题，为政府的长期规划和应急响应提供支持。

智能评估与优化：人工智能可以对政策效果进行实时评估和优化，帮助政府及时调整政策，提高政策的针对性和有效性。

风险识别与预警：人工智能能够识别潜在的风险因素，并通过大数据分析及时发现异常情况，为政府的风险预警和应急管理提供有力支持。

智能决策系统：结合专家系统、机器学习等技术，人工智能可以构建智能决策系统，为政府提供多个可行的决策方案，并给出最优推荐，提高决策的效率和质量。

公众意见采集与分析：人工智能可以对社交媒体、网络论坛等公共空间的舆论进行实时监测和分析，了解公众的需求和意见，为政府的民意调查和舆情分析提供有力工具。

跨部门协作与信息共享：人工智能可以促进政府部门之间的信息共享和协同工作，提高政府内部协作的效率和质量。

智慧监管与执法：人工智能可以帮助政府实现智慧监管和执法，如智能监控、智能检测等，提高监管和执法的效率和准确性。

人工智能在辅助政府智能决策方面具有巨大的潜力和优势，政府部门抢抓机遇，积极推进人工智能技术的应用，不断提高决策的科学性和精确性。

综上所述，人工智能技术的引入不仅提高了政务服务的效率和质量，使政务服务变得更加智能化和个性化，还有助于实现社会治理的精细化和智能化，为公众提供更加便捷、高效的服务体验。随着技术的不断进步和应用的深入，未来人工智能在政务领域的应用将更加广泛，有望成为推动社会治理创新的新引擎，不断提升公众的获得感、幸福感和安全感。

2.3.2　人工智能+司法

司法场景一直是人工智能技术研发和应用的重点关注领域之一。随着社会信息化的发展和技术的进步,自然语言处理、数据挖掘和智能推荐等人工智能技术已在案件审判、法律文书写作、司法管理等司法场景中广泛应用,切实提升了司法运行效率和质量。2023年4月28日,中共中央政治局召开会议指出,要重视通用人工智能发展,营造创新生态,重视防范风险。最高人民法院于2022年12月9日发布《关于规范和加强人工智能司法应用的意见》,明确提出"建成具有规则引领和应用示范效应的司法人工智能技术应用和理论体系"的建设目标。人工智能与司法工作深度融合,将进一步推动智慧法治建设迈向更高层次,创造出更高水平的数字正义。

(1)在案件审判辅助方面,人工智能技术可以做到全流程辅助办案。通过运用自然语言处理、知识图谱等技术,人工智能技术可以为法官提供案件背景信息、相关法律法规、类似案例等信息,帮助法官更快地了解案情;还可以通过对历史案件数据的分析,预测案件的可能结果,为法官提供参考意见,提高审判效率。此外,人工智能技术还可以在庭审过程中提供实时的法律支持,如识别证人证言中的关键信息,根据证据的来源、可靠性、相关性等因素,对案件的证据进行分析,帮助法官更加客观、公正地评价证据的价值,提醒法官注意可能的法律问题等。最后,人工智能系统可以综合考虑案件的性质、犯罪情节、犯罪嫌疑人的社会危害程度等因素,为法官提供科学合理的量刑建议,降低误判率。目前,已经有部分法院引入了人工智能产品辅助判案,例如北京市高级人民法院使用的"睿法官"人工智能助手,可以识别并提取案件的相关信息,比如案件当事人的相关情况、其他法官对类似案件的处理意见,从而为法官提供便利。人工智能依托信息化手段,能够最大限度地减少法官事务性工作,降低各类人员工作负担,提高司法效率,提高司法公正性和透明度,维护司法权威。

(2)在法律咨询与援助方面,人工智能技术可以通过自然语言处理技术,模拟律师与客户的对话,为客户提供实时、便捷的法律咨询服务,帮助客户快速理解自己的法律问题,获取初步的法律建议。基于人工智能技术推出的智能法律咨询机器人,具备自然语言处理能力,用户只需向智能法律咨询机器人提出问题,机器人就可以根据其内置的法律知识库和推理能力,可以为公众提供便捷、准确的法律咨询服务,甚至能根据用户的地域、行业等特点,为用户提供针对性的专业法律建议。这种服务模式不仅可以降低法律服务的门槛,还可以缓解律师资源紧张的问题。通过搭建人工智能法律援助平台,不仅可以提高法律服务的效率和质量,还可以降低法律服务的门槛,让更多的人能够享受到专业的法律服务,比如为弱势群体提供免费或低成本的法律咨询、代理等服务,提高法律援助的普及率和质量。

(3)在文书的生成与审查方面,人工智能可以通过语音识别和自然语言处理技术,将庭审过程中的语音实时转换为文字，实现庭审记录的自动转录，从而提高庭审记录的准确性和效率。法律文书写作是贯穿司法工作全流程的主要工作内容，人工智能系统具备强大的文本分析和语义理解能力，文书的格式化准则可以通过程序语言表述并被计算机语言识别。比如美国的 LawGeex 公司就成功研发出了具有人工智能文书审查功能的产品，宣传页面声称其可以在审查合同后发现 94% 的法律漏洞，效果与拥有丰富经验的律师群体相当，但是其所花费的时间仅为 26 秒。此外，人工智能系统还可以根据用户的需要，为用户提供定制化的合同审查服务。根据法律法规、司法解释、案例等知识库识别合同条款，对合同条款进行合法性、合规性等方面的评估，为用户提供风险提示。

（4）在预测与预防犯罪方面，人工智能技术可以通过对大量犯罪数据的分析，发现犯罪行为的规律和特征，从而实现对犯罪的预测和预防。人工智能可以对大量的历史犯罪数据进行分析，如犯罪类型、犯罪时间、犯罪地点等，发现犯罪行为的规律和特征，从而预测某个地区未来一段时间内可能发生的犯罪类型和数量，从而帮助警方提前部署警力，防范犯罪。此外，人工智能还可以对犯罪嫌疑人的行为特征、社会关系、活动轨迹等进行分析，为警方提供有价值的线索，提高破案率。

（5）在监狱管理方面，人工智能技术可以利用人脸识别技术将犯人的照片与数据库中的照片进行比对，实现对犯人的实时监控，确保监狱的安全。人工智能技术还可以通过对犯人的行为数据，例如违规行为、心理状况等信息的分析，预测犯人的再犯风险，为犯人的改造提供依据。另外，人工智能技术通过对犯人的心理状况进行评估，可以为犯人个性化的心理辅导方案提供支持。

（6）在司法培训方面，人工智能技术具备强大的数据分析能力，可以为司法人员提供个性化的培训方案，帮助他们提高业务水平。通过对司法人员的学习数据进行分析，可以了解他们的学习需求和薄弱环节，从而为他们提供针对性的培训内容和培训方法、推荐合适的学习资源、安排合适的学习时间等。此外，人工智能还可以通过模拟法庭审判等方式，为司法人员提供虚拟法庭环境，让他们在模拟环境中进行法庭审判操作练习，帮助司法人员提高实际操作能力。

人工智能在司法领域的应用场景非常广泛，人工智能赋能司法领域，可以有效提高司法工作的效率和公正性，同时也为公众提供了更加便捷的法律服务，为司法改革提供了强劲的动力，对保障全面推进依法治国有着积极意义。

2.3.3　人工智能+医疗

人工智能在医疗领域具有广泛的发展空间和应用前景，已成为影响医疗健康产业发展的重要科技手段。近年来，我国大力推进"互联网+医疗健康"新常态，人工智能在医疗领域的应用场景不断得到拓展延伸。随着"健康中国2030"国家决策的不断推进，人工智能作为一项基础技术被提升为国家战略规划，纳入国家重点研究发展计划。未来，"人工智能+医疗"作为整个医疗领域的提升方向，将在医疗数据可用性不断提高和人工智能技术快速发展的推动下，为医疗领域的发展范式带来转变，在解决卫生保健不平等的问题上发挥越来越重要的作用。

(1)在医院管理方面，人工智能推动了医疗管理的优化升级。各类医疗信息系统的建立，通过对医疗资源分配和调度的优化，极大程度上提高了医院对资源的管理效率，例如许多医院内置的划分类别和自主分析的功能的智能病历系统，可以实现床位智能分配、人员智能排班等功能。不仅能够帮助减轻医疗工作者的基础重复劳动，还能通过某些信息之间的规律性联系，帮助医疗工作者减少错误、发现问题、拓宽思路。

(2)在临床诊疗方面，人工智能技术可以基于大数据，应用于疾病的辅助诊断和疾病预测等方面。人工智能具有强大的数据分析能力，可以从输入系统内的大量的医疗知识、临床病例及治疗方案等数据中快速提取有效信息，辅助医生进行模拟诊断，还可以根据患者的医疗记录，提供一些具有针对性的个性化治疗手段供医生参考。此外，智能影像分析技术提高了医疗影像的清晰度，缩短了成像时间，能够从医疗影像数据库中快速对核磁图像、CT、心跳图等几乎所有部位和器官的影像，进行读取分析，减少医生在医疗影像判读当中由于不可避免的主观性造成的失误。人工智能技术也可以在疾病预测方面发挥作用，通过检测基因序列、了解个人及家族病史，可以有效地干预人类潜在的疾病风险。在实际操作层面，出现了许多种类的人工智能医用机器人，不仅包括医用教学机器人、医疗护理机器人等，还包括技术难度较高的手术机器人，医生操作机器人手术系统，可以通过三维成像精确地在人体组织器官内完成手术，减小创口，提高手术的安全性，有利于患者的术后恢复。

(3)在医学研究方面，人工智能可被应用于药物研发和临床试验等方面。通过模拟分子结构，对某药物的分子结构进行分析和排列，模拟药物的作用方式以及一些可能的副作用，减少实验成本，加快新药的研发周期。例如，华为发布的"华为云盘古"药物分子大模型，能够通过AlphaFold这种机器学习方法，将蛋白质结构等内容整合到深度学习算法中，改善蛋白质预测准确率。随着深度基因组测序、高通量筛选等生物、化学、医药研究数据的积累量大幅提升，人工智能可以利用机器学习算法可以对大量化合物进行筛选，找到具有潜在治疗作用的候选药物。此外，人工智能还可以通过分析临床试验数据，预测药物的安全性和有效性，匹配符合条件的患者，从而减少不必要的试验失败情况。

(4)在健康管理方面，人工智能技术可以为每个人的日常生活提供个性化的健康服务。通过穿戴人工智能设备采集个人日常生活中的健康数据、识别人体活动，利用数据分析将获得的参数与标准信息进行对比，制定专属健康档案。对于一些重点监测者，如急性病人、老人等群体，人工智能将可疑数据上传终端，可以对个人的不健康身体状况及时评估并提供建议，提醒病人及时干预和治疗。

(5)在公共卫生安全方面，人工智能在疾病的预警、检测以及防控救治上也能够发挥支撑作用。2020年的新冠疫情引发了世界对重大突发公共安全处理事件的思考，人类可以利用人工智能，通过大数据、云计算等数字技术跟踪和预测流行病的传播趋势，从而及时制定策略，高效预防。Aiken等人将传统的流行病学信息和互联网源数据结合，构建了三个机器学习模型，能够成功实时检测可能的流行病暴发。

人工智能在医疗领域的应用不断向全方位、深层次迈进，有效提高了医疗管理的水平、临床诊疗的精确度、医学研究的能力，为医疗卫生健康事业筑起了一道"防火墙"。尽管"人工智能+医疗"融合在某些场景内的应用还处于初级阶段，面临一系列挑战，但随着人工智能技术的不断发展成熟，未来一定会在医疗领域发挥越来越重要的作用。

2.3.4　人工智能+教育

教育是国家发展和社会进步的重要支柱，人才培养是国家的根本大计。近年来，我国教育事业取得了显著成果，但在教育质量、教育公平、教育个性化等方面仍有改进空间。人工智能技术的出现，为教育改革和发展提供了新的机遇。

习近平总书记强调，"中国高度重视人工智能对教育的深刻影响，积极推动人工智能和教育深度融合，促进教育变革创新"[①]；国务院印发的《新一代人工智能发展规划》，明确提出利用智能技术加快推动人才培养模式、教学方法改革；教育部发布的《高等学校人工智能创新行动计划》要求"加快人工智能在教育领域的创新应用，利用智能技术支撑人才培养模式的创新、教学方法的改革、教育治理能力的提升，构建智能化、网络化、个性化、终身化的教育体系"。人工智能作为新一代信息技术，为教育的智能化、智慧化发展创造了条件。我国的语音识别、视觉识别等技术在人工智能领域取得重要进展，形成了"人工智能+教育"的独特发展优势。目前，人工智能在教育领域的应用主要有智能教学系统、智能测评系统、虚拟现实教育、智能教师助理、智慧校园建设等场景。

---

① 中共中央党史和文献研究院：《习近平关于网络强国论述摘编》，中央文献出版社2021年版，第165页。

（1）智能教学系统：区别于传统一对多的课堂教学模式，智能教学系统依托网络，能够为学生提供一对一的专属教学服务，精准评估每位学生的学习情况。智能教学系统可以通过人脸识别技术，实现对学生出勤情况的自动统计和管理；通过语音识别技术，实现对学生发言内容的自动转录和分析；通过行为识别技术，实现对学生课堂表现的自动评估和反馈。智能教学系统不仅能够根据学生的学习进度、对知识的掌握程度等定制专属学习内容、学习计划、学习目标和学习资料，还能提高课堂教学的效率和质量，为教师提供更加全面、客观的学生评价依据。

（2）智能测评系统：教育智能测评系统是指利用人工智能技术对学生的学习过程、学习成果等方面进行自动化评价的系统。智能测评系统通过文字识别和图像识别技术自动批改学生的作业和试卷，提高批改效率和准确性。基于学生的学习数据，智能测评系统能够进行数据分析和评估，生成个性化反馈，帮助教师更直观地了解学生的学习情况，有针对性地制定教学方案。此外，智能测评系统还可以通过机器学习算法，预测学生的学习成绩和发展趋势，为教师提供更加精准的教学建议。这不仅减轻了教师的课后负担，使教师能够将精力更多地放在课堂教学上，还能够帮助教师更直观地了解学生的学习情况，有针对性地制定教学方案、因材施教。

（3）虚拟现实教育：通过虚拟现实技术，可以让学生在虚拟环境中进行沉浸式学习，提高学生的学习兴趣和参与度。例如，在历史课上，可以利用虚拟现实技术带领学生穿越时空，亲身体验历史事件的发生过程；在地理课上，可以利用虚拟现实技术带领学生探索世界各地的自然风光和文化景观；在科学实验课上，可以利用虚拟现实技术模拟各种复杂的实验操作过程。这些技术的应用不仅丰富了教学内容和形式，还提高了学生的学习体验和效果。

（4）智能教师助理：借助人工智能技术，可以实现对学生提问的智能回答和解答，提高学生的学习体验和效果。例如，基于自然语言处理技术和知识图谱等技术，可以构建智能问答系统，为学生提供24小时不间断的在线答疑服务。此外，还可以通过语音识别和语音合成技术，实现对学生口语表达的实时评估和反馈。智能教师助理不仅可以帮助教师处理烦琐的教学任务，如自动化辅导与答疑、出题等，还可以通过自然语言处理技术和知识图谱等技术，构建智能作文评分系统，为教师提供快速、准确的作文评分服务。除此之外，智能教师助理借助机器学习算法和数据分析技术，为教师提供个性化的试题推荐服务；借助语音识别技术和语音合成技术，为教师提供自动化的课堂记录服务。这些技术的应用不仅提高了教学效率和质量，还减轻了教师的工作负担。

（5）智慧校园建设：从技术支撑层、数据平台层、智能支持层到应用服务层，人工智能和大数据为智慧校园的建设提供了全方位的支持。人工智能在智慧校园建设中的应用已经涵盖了校园管理、教学辅助、学生服务等多个方面，为师生提供了更加便捷、高效和个性化的服务。在校园管理方面，人工智能监控助手可以在危险区域提前预警，降低校园意外安全事故风险，保障师生安全；人工智能语音助手能够帮助师生更方便地查询校园资讯、课程表等信息；校园导航机器人能够帮助新生更快地熟悉校园环境。在教学辅助方面，智慧校园建设可以根据每个学生的兴趣、学习风格和进度，提供个性化的学习内容和教学方法，很大程度上提升了教育质量并改变了传统的教学模式。在学生服务方面，智慧校园建设通过建立平安信息上报系统，实时监测学生的出入校情况、校园卡消费行为、门禁系统使用情况等数据，实现全天候异常监测，及时发现并处理可能存在的问题，从而保障学生的安全和健康成长；在寒暑假离返校、新生报到、毕业生离校等重要时间节点，智慧校园建设还可以实时抓取相关数据，形成各维度、多类别的统计信息，帮助相关部门及时调整工作安排，全方位守护校园安全稳定。

总体来说，人工智能技术正在推动教育的变革创新，为构建更加公平、开放的教育环境提供了可能性。然而，人工智能技术在教育领域的应用也面临着一些挑战和问题。例如：如何保护学生的隐私和个人信息安全；如何避免算法偏见和歧视；如何确保技术的可持续发展和应用效果等。因此，我们需要在推动人工智能技术在教育领域的应用的同时，加强对相关问题的研究和管理，以确保人工智能技术能够真正为教育事业的发展作出贡献。

2.3.5 人工智能+汽车

随着人工智能技术的不断发展，汽车行业面临前所未有的变革，"人工智能+汽车"成为汽车行业发展新方向。2019 年 9 月，中共中央、国务院颁布了《交通强国建设纲要》等文件，旨在建设交通强国。这份文件明确了从 2021 年到 21 世纪中叶，我国将分两个阶段推进交通强国建设。到 2035 年，基本建成交通强国，形成三张交通网、两个交通圈。2020 年 2 月，国家发改委、工信部、科技部等 11 个部委联合发布了《智能汽车创新发展战略》，指出在百年未有之大变局的世界背景下，智能汽车已成为全球汽车产业发展的战略方向，明确提出要大力发展智能汽车，加快建设智能汽车强国的战略目标，到 2025 年实现有条件自动驾驶的智能汽车达到规模化生产。人工智能应用于汽车行业拥有巨大的发展前景，随着技术的不断进步，人工智能已经成为汽车制造商和科技公司的重要研究领域。

人工智能在汽车中的典型应用场景有很多，主要包括自动驾驶、云服务、汽车保险、汽车制造、驾驶员监控等。

2.3.5.1 基于人工智能的自动驾驶

自动驾驶汽车又称无人驾驶汽车、电脑驾驶汽车、轮式移动机器人，是一种使用各种传感器和人工智能技术来感知环境、规划路径和控制车辆的先进交通技术。这种技术的目标是让汽车在不需要人类干预的情况下完成驾驶任务。

无人驾驶的实现主要依赖于人工智能技术，包括机器学习、深度学习、计算机视觉等。人工智能技术应用于自动驾驶汽车主要涉及以下几方面内容：一是环境感知，通过安装在车辆上的各种传感器(如雷达、激光雷达、摄像头等)收集周围环境的信息，包括其他车辆、行人、路标、交通信号等。这些信息将被送入数据处理系统。二是数据处理，收集到的数据需要经过预处理和特征提取，以便于后续的分析和决策。预处理包括噪声过滤、数据校正等；特征提取则是将原始数据转化为可以被机器学习模型理解的形式。三是决策与规划，基于处理后的数据，自动驾驶系统需要做出决策，如是否变道、何时加速或减速等。这通常通过机器学习算法来实现，如强化学习、深度学习等。同时，系统还需要根据决策结果进行路径规划。四是控制执行，自动驾驶系统需要通过控制系统来执行决策和规划的结果，如控制方向盘、刹车、油门等。这通常通过PID控制器或者更高级的模型预测控制方法来实现。五是实时更新与学习，自动驾驶系统需要能够实时更新和学习，以适应不断变化的环境和情况。这通常通过在线学习和迁移学习等技术来实现。六是安全与可靠性，无人驾驶汽车的安全性和可靠性是最重要的考虑因素。这需要通过冗余设计、故障检测与恢复、安全驾驶策略等手段来保证。七是人机交互，无人驾驶汽车需要有良好的人机交互界面，以便驾驶员或乘客能够了解车辆的状态和行驶情况，同时也能对车辆进行必要的操作和干预。

2.3.5.2 基于人工智能的云服务

基于人工智能的汽车云服务是指将人工智能技术与云计算技术相结合，为汽车行业提供的一种创新服务模式，这种服务模式通过强大的数据存储、交互和处理能力，结合汽车行业的专业积累，构建高效的数据闭环，为产业各方创造更多智能化应用场景，推动汽车行业的蓬勃发展。在这种服务模式下，汽车厂商、经销商、维修服务商等可以通过云端获取大量的数据和智能分析结果，从而实现对汽车的研发、生产、销售、维修等各个环节的优化和升级。

基于人工智能的云服务内容主要包括以下几个方面：一是车辆数据分析与预测，汽车云服务可以通过对车辆数据进行分析和建模，预测出可能出现的问题和故障，并提供相应的解决方案。比如，通过对行驶记录、车辆状态、维修历史等数据的分析，可以预测出车辆的保养需求、更换零部件的时间以及可能出现的故障。这样可以帮助车主及时采取措施，避免出现更严重的问题。二是智能驾驶辅助系统，汽车云服务还可以为车主提供智能驾驶辅助系统，例如自动泊车、自适应巡航、车道保持等功能。这些功能可以通过云端平台实时获取车辆的位置、速度等信息，结合人工智能算法进行决策，使车辆更加安全、高效地行驶。三是个性化推荐服务，汽车云服务可以根据车主的偏好和需求，为其提供个性化的推荐服务。例如，根据车主经常行驶的路线、喜欢的车型等因素，推荐适合的加油站、停车场、餐饮店等地点；或者根据车主的喜好，推荐适合的音乐、电影等内容。这样可以提高车主的使用体验，增加其对服务的满意度。四是车联网应用开发与管理，汽车云服务还可以为车联网应用开发者提供开发和管理平台。开发者可以借助这个平台，快速构建各种车联网应用，如远程控制车辆、实时监控车辆状态等。同时，该平台还可以提供应用测试、发布和更新等功能，方便开发者管理自己的应用。五是大数据处理与分析，汽车云服务需要处理大量的数据，包括车辆数据、用户数据、地理信息等。因此，如何对这些数据进行有效的处理和分析至关重要。云计算技术可以为这种大数据处理和分析提供强大的支持，通过分布式计算和存储技术，实现数据的高速处理和分析。六是数据安全与隐私保护，由于汽车云服务涉及大量的敏感信息，如车主的位置、行驶记录等，因此数据安全和隐私保护是一个重要的问题。基于人工智能的汽车云服务需要采取一系列的措施来保障数据的安全，例如加密传输、访问控制、身份认证等技术手段。

综上所述，基于人工智能的汽车云服务涵盖了车辆数据分析与预测、智能驾驶辅助系统、个性化推荐服务、车联网应用开发与管理、大数据处理与分析以及数据安全与隐私保护等多个方面。随着汽车技术的不断发展和普及，这种服务将会越来越受到车主和汽车制造商的青睐。

2.3.5.3 基于人工智能的汽车保险

基于人工智能的汽车保险是指通过对车辆行驶数据的分析，利用人工智能技术对车辆进行风险评估和定价，从而实现更加精准、高效的保险服务。基于人工智能的汽车保险已经成为一种新的趋势。

与传统的汽车保险相比，基于人工智能的汽车保险具有以下几个优势：首先，基于人工智能的汽车保险可以更准确地评估车辆的风险。通过对车辆的历史数据、驾驶行为等信息进行分析，人工智能系统可以预测出车辆发生事故的概率，并根据概率来确定保险费率。这种评估方式比传统的人工评估更加准确，能够更好地反映车辆的实际风险水平。其次，基于人工智能的汽车保险可以提高理赔效率。当车辆发生事故时，人工智能系统可以快速地对事故进行识别和定损，并自动生成理赔报告。这种方式不仅节省了人力成本，还能够更快地完成理赔流程，提高客户的满意度。最后，基于人工智能的汽车保险还可以实现个性化定制服务。通过对客户的数据进行分析，人工智能系统可以根据客户的需求和偏好来推荐最适合他们的保险产品。这种个性化定制服务能够更好地满足客户的需求，提高客户的忠诚度。

然而，基于人工智能的汽车保险在为消费者提供更为便捷和低成本的保险服务的同时，确实也带来了一些与隐私相关的问题。为了提供更为精确的保险定价和服务，保险公司可能会收集大量的数据，包括但不限于驾驶习惯、行驶路线、车辆使用情况等。这些数据的收集和使用可能涉及个人隐私的泄露。因此，随着人工智能技术在汽车保险行业的广泛应用，确保个人隐私的安全和保护成为一个亟待解决的问题。保险公司和技术提供商都需要采取相应的措施，确保在提供更为高效和便捷的服务的同时，也能够充分保护消费者的隐私权益。

基于人工智能的汽车保险是一种新兴的保险模式，它具有更高的精准度、更快的理赔速度和更好的用户体验。随着人工智能技术以及相关政策的不断进步和完善，相信这种保险模式会在未来得到更广泛的应用和发展。

2.3.5.4　基于人工智能的汽车制造

人工智能正在改变传统的汽车制造模式，运用人工智能技术可以开发更高效的车辆制造方法，同时也为汽车的安全性和舒适性带来了全新的可能。

首先，人工智能在汽车的设计和研发中发挥着重要作用。通过使用人工智能技术，设计师可以更快地生成和测试新的设计方案，提高设计效率。同时，人工智能技术也可以通过分析大量的用户数据，帮助设计师更好地理解用户的需求和喜好，从而设计出更符合用户需求的汽车。其次，人工智能在汽车制造中的应用主要体现在生产过程的自动化上。通过使用机器学习和深度学习技术，人工智能可以自动识别和处理生产过程中的问题，减少人工干预，提高生产效率。例如，人工智能可以通过分析生产线上的传感器数据，预测设备的故障，从而提前进行维护，避免生产中断。此外，人工智能还可以通过优化生产流程，减少浪费，降低生产成本。最后，人工智能还在汽车的安全性和舒适性方面发挥着重要作用。通过使用人工智能，汽车可以实现自动驾驶，提高驾驶安全性。同时，人工智能也可以通过分析驾驶员的行为和习惯，自动调整汽车的设置，提高驾驶舒适性。基于人工智能的汽车制造正在改变传统的汽车制造模式，带来了许多新的可能性。

2.3.5.5 基于人工智能的驾驶员监控

基于人工智能的驾驶员监控技术在汽车行业具有非常广阔的应用前景，通过对驾驶员驾驶行为和生理信号的实时监测分析，在发现异常时及时通过灯光、震动等对驾驶员进行提醒，大大提高了行驶过程中的安全性。

基于人工智能的驾驶员监控技术主要包括以下几个方面：一是行为识别，通过对驾驶员面部表情、手势、姿态等动作的识别，判断驾驶员是否处于疲劳、分心等不良驾驶状态。一旦发现异常情况，系统会及时发出警告，提醒驾驶员调整驾驶行为。二是生理监测，通过安装在座椅上的传感器，实时监测驾驶员的心率、血压等生理指标。当检测到驾驶员出现疲劳、紧张等生理反应时，系统会自动调整车内环境，如调整座椅角度、播放轻松音乐等，帮助驾驶员恢复状态。三是驾驶辅助，基于人工智能的驾驶员监控系统还可以为驾驶员提供实时的导航、路况信息等服务，帮助驾驶员更加安全、高效地行驶。此外，系统还可以根据驾驶员的驾驶习惯，自动调整车辆的动力性能、悬挂系统等参数，提高驾驶舒适度。基于人工智能的驾驶员监控技术为驾驶员提供了全方位的安全保障，有助于提高道路交通安全水平。

2.3.6 人工智能+营销

随着科学技术的不断发展，人工智能技术在各个领域的应用越来越广泛，特别是在营销领域。"人工智能+营销"是指利用人工智能技术进行市场分析、目标客户识别、个性化推荐和智能广告投放等营销活动的全过程。这种模式依赖于大数据为人工智能提供必要的信息基础。同时，人工智能营销也能够促进大数据的发展，并且能够根据消费者的行为和需求提供个性化的交互场景体验。与传统营销相比，人工智能营销具有数据驱动、自动化决策、个性化体验、实时互动等特点。2023 年 6 月，复旦大学管理学院外聘教师谭北平正式发布《2023 AI+：人工智能与营销新纪元》白皮书，白皮书认为人工智能正在重塑营销行业的生产力和生产关系，将带来营销生产力的大爆发。

人工智能与营销的结合，为企业提供了更加精准、高效的营销手段，也为客户提供了更优质、便捷的服务，实现了企业和客户的双赢。人工智能在营销中的典型应用场景有很多，主要包括智能客户画像、智能广告投放、智能客服、智能销售预测、智能舆情监控等。

2.3.6.1 智能客户画像

在客户服务领域，人工智能技术的应用已经从简单的自动化客服逐渐发展到更加高效的智能客户画像，与传统的客户画像相比，智能客户画像具有更高的精准度和实时性，能够更好地满足企业在客户服务领域的应用需求。客户画像是企业进行精准营销的基础。智能客户画像是指通过收集和分析客户的基本信息、行为数据、消费习惯等多方面信息，构建出一个完整的客户画像，从而帮助企业更好地了解客户需求和喜好、制定营销策略、提升客户满意度。

智能客户画像的实现离不开大量的数据支持。企业需要通过多种渠道收集客户的基本信息、行为数据、消费习惯等数据。这些数据来源包括企业内部系统、第三方数据平台、社交媒体等。企业需要确保数据的准确性和完整性，为后续的数据分析和挖掘提供可靠的基础。进行数据收集后，企业需要运用大数据技术、机器学习算法等技术对收集到的数据进行整合和处理，提取出有价值的信息。通过对数据的分析和挖掘，企业可以构建出完整的客户画像，为后续的应用提供支持。数据处理与分析完毕后，基于客户画像的分析结果，企业可以实现各种智能应用，如个性化推荐、精准营销、客户服务优化等。这些应用需要与企业的业务场景紧密结合，实现数据驱动的决策和服务。

人工智能技术可以通过对大量数据的挖掘，发现客户的潜在需求和行为特征，为构建客户画像提供数据支持。还可以对客户数据进行深度分析，挖掘出客户的潜在价值，为企业提供有针对性的营销建议。智能客户画像的应用场景主要包括以下几个方面：一是个性化推荐，通过对客户画像的分析，企业可以了解客户的兴趣爱好、消费习惯等信息，从而为客户提供个性化的产品推荐。通过个性化推荐，企业可以提高客户的购买转化率，提升客户满意度。二是精准营销，智能客户画像可以帮助企业更加精准地进行营销活动。企业可以根据客户画像中的信息，制定针对性的营销策略，提高营销效果。三是客户服务优化，通过对客户画像的分析，企业可以了解客户的需求和痛点，从而优化客户服务。此外，企业还可以通过智能客户画像，实现客户服务的智能化，例如智能客服机器人、智能语音助手等。四是客户关系管理，智能客户画像可以帮助企业更好地管理客户关系。企业可以根据客户画像中的信息，对客户进行分类和分级，针对不同等级的客户，采取不同的服务策略。例如，对于高价值客户，企业可以提供更加优质的服务和专属优惠；对于低价值客户，企业可以通过精细化运营，提高客户的忠诚度和消费频次。企业还可以通过智能客户画像，实现客户关系的数字化管理，提高管理效率。

"人工智能+智能客户画像"在客户服务领域的应用具有广泛的前景。通过对客户的深入了解和分析，企业可以为客户提供更加精准的产品和服务，提升客户满意度，从而实现企业的可持续发展。

2.3.6.2　智能广告投放

广告投放在营销中起着至关重要的作用，好的广告可以使企业更好地开发和利用营销资源，更快地适应高速发展的经济。传统的广告投放方式往往存在效果难以衡量、投放成本高、广告生命周期较短等问题。随着计算机技术和大数据技术的发展，广告投放开始向智能化方向发展。智能广告投放是一种利用人工智能技术，如自然语言处理、知识图谱、机器学习等，对数据处理、内容投放、效果监测等营销关键环节进行创新和赋能的方式。智能广告投放可以实现广告投放的自动化、智能化和精准化，使广告更贴近用户的真实需求，提高用户的体验。智能广告投放不仅能优化投放的策略、增强投放的目标针对性，也能帮助营销企业节约成本、提高效率。

智能广告投放主要包括以下几个方面的内容：一是目标受众分析，在广告投放之前，要明确广告的目标受众，这是整个投放过程的基础。通过对用户的行为数据、兴趣爱好、地理位置等多方面信息的分析，可以挖掘出潜在的目标受众群体。这有助于提高广告的针对性，从而提高广告效果。二是广告创意制作，广告创意是吸引用户关注的关键。智能广告投放系统可以根据目标受众的特点，自动生成或推荐适合的广告创意，包括图片、视频、文字等多种形式。同时，广告创意还可以根据用户的反馈和行为数据进行实时调整，以提高广告的吸引力。三是广告渠道选择，选择合适的广告渠道是提高广告效果的关键。智能广告投放系统可以对各种广告渠道进行综合评估，包括用户规模、活跃度、投放成本等因素，从而为广告主提供最佳的投放建议。同时，系统还可以根据实时的广告效果数据，自动调整广告渠道的投放比例，以实现最佳的投放效果。四是广告投放策略，智能广告投放系统可以根据目标受众和广告渠道的特点，制定出合适的广告投放策略。这包括投放时间、频次、地域等多个方面。五是广告效果评估与优化，智能广告投放系统可以实时监控广告的投放效果，包括曝光量、点击率、转化率等关键指标。通过对这些数据的深入分析，可以为广告主提供有针对性的优化建议，如调整广告创意、优化投放策略等。同时，系统还可以根据历史数据和行业趋势，预测未来的广告效果，从而实现广告投放的持续优化。

智能广告投放通过对目标受众、广告创意、渠道选择、投放策略、效果评估等方面的综合优化，实现了广告投放的精准化、高效化和持续优化。这对于提升广告效果、降低投放成本、提升品牌知名度等方面具有重要意义。随着大数据、人工智能等技术的不断发展，智能广告投放将在未来的数字营销领域发挥越来越重要的作用。

2.3.6.3 智能客服

随着全球市场的联系和发展日益紧密，企业之间的竞争变得尤为激烈，而客户服务作为企业与客户互动的重要环节，成为影响客户选择的一项关键因素。传统的客服方式存在效率低、服务质量难以保证等问题。通过将人工智能技术与客服相结合，可以大大提高客服效率，降低企业成本，提升客户满意度。

智能语音识别与合成是人工智能在客服领域的一个典型应用。通过将语音识别技术与自然语言处理技术相结合，可以实现对客户语音信息的自动识别和理解，从而为客户提供更加智能化的服务。同时，通过语音合成技术，可以将文字信息转化为语音信息，为客户提供更加人性化的沟通体验。在实际应用中，智能语音识别与合成可以应用于电话客服、智能语音助手等场景。智能语音助手可以根据客户的需求，自动提供相应的解决方案，提高客户服务效率。

智能问答系统通过将自然语言处理技术、知识图谱技术等相结合，根据客户的问题，自动搜索相关的知识库，为客户提供准确的答案。同时，智能问答系统还可以根据客户的反馈，不断优化自身的知识库，提高问题解答的准确性和全面性。智能推荐系统通过将机器学习技术、数据挖掘技术等相结合，可以实现对客户需求的自动分析和预测，为客户提供个性化的服务推荐。智能推荐系统可以根据客户的历史行为、兴趣爱好等信息，为客户推荐合适的产品或服务，提高客户满意度。

智能情感分析通过将自然语言处理技术、情感分析技术等相结合，可以根据客户的言语表达、表情动作等信息，判断客户的情感状态，为客户提供更加贴心的服务。

智能工单处理通过将自然语言处理技术、机器学习技术等相结合，可以根据客户的需求、问题类型等信息，自动将工单分配给合适的客服人员，提高工单处理效率。同时，智能工单处理系统还可以根据客户的反馈，不断优化工单处理流程，提高客户满意度。

人工智能技术在客服领域的应用已经越来越广泛。通过将人工智能技术与客服相结合，可以大大提高客服效率，降低企业成本，提升客户满意度。在未来，随着人工智能技术的不断发展和完善，人工智能在客服领域的应用将会更加深入和广泛。

2.3.6.4 智能销售预测

销售预测是企业制定销售计划的重要依据。传统的销售预测方法往往存在准确性不高、时效性不强等问题。人工智能技术可以帮助企业实现智能销售预测，提高预测准确性。

智能销售预测主要包括以下几方面内容：一是市场分析与预测，在市场竞争激烈的环境下，企业需要对市场进行深入的分析，以便更好地制定销售策略。人工智能+智能销售预测可以帮助企业实现这一目标。通过收集和分析大量的市场数据，人工智能系统可以预测市场的发展趋势、潜在客户的需求以及竞争对手的策略。这些信息对于企业来说具有重要的参考价值，可以帮助企业调整销售策略，提高市场份额。二是库存管理，库存管理是企业销售工作的另一个关键环节。过多的库存会增加企业的运营成本，而库存不足则可能导致销售机会的丧失。人工智能+智能销售预测可以帮助企业实现库存的精细化管理。通过对历史销售数据的分析，人工智能系统可以预测未来的销售趋势，从而帮助企业合理安排库存，降低库存成本。三是价格策略制定，价格是影响消费者购买决策的重要因素。合理的价格策略可以提高企业的销售额和利润。人工智能+智能销售预测可以帮助企业制定合适的价格策略。通过对市场和竞争对手的价格信息进行分析，人工智能系统可以预测未来的价格走势，从而帮助企业制定合适的价格策略，提高产品的竞争力。

"人工智能+智能销售预测"作为一种典型的应用场景，已经广泛应用于市场分析与预测、库存管理、价格策略制定等多个领域。随着人工智能技术的不断发展和应用，人工智能+智能销售预测将在更多的领域发挥其巨大的潜力，为企业创造更多的价值。

2.3.6.5 智能舆情监控

舆情监控是企业了解市场动态、把握客户需求的重要手段。传统的舆情监控方法往往存在信息获取不及时、分析不准确等问题。人工智能+智能舆情分析已经变成重要的应用场景，在这个场景中，人工智能技术被广泛应用于对大量网络信息进行实时、准确的舆情分析和预测，帮助企业实现智能舆情监控，提高监控效果，为企业提供有价值的数据支持和决策依据。

人工智能通过网络爬虫等技术，实时收集与企业相关的舆情信息。基于收集到的舆情信息，人工智能技术可以对舆情进行分析，挖掘出舆情背后的原因和趋势。最后基于舆情分析结果，人工智能技术可以为企业提供有针对性的舆情应对建议，帮助企业应对市场风险。对于企业来说，品牌形象是其发展的关键。通过"人工智能+智能舆情监控"，企业可以实时了解消费者对其产品和服务的评价，及时调整策略，提升品牌形象。此外，企业还可以通过对竞争对手的舆情监控，了解市场动态，为企业制定竞争策略提供参考。例如，通过对社交媒体、电商平台等平台的舆情监控，企业可以发现消费者对其产品的需求和不满意之处，从而进行改进。

随着互联网的普及和发展，网络舆情已经成为影响企业发展的重要因素。在这个信息爆炸的时代，如何有效地收集、分析和应对网络舆情，已经成为许多企业关注的焦点。通过人工智能技术对网络舆情的实时监测和分析，可以帮助企业的决策者了解舆论动态，为制定政策和战略提供有力支持。

人工智能技术在营销领域的应用具有广泛的前景。通过将人工智能技术与营销相结合，企业可以实现更加精准、高效的营销，提高企业的竞争力。然而，也应注意到人工智能营销过程中的数据收集、投放推荐等涉及用户隐私的问题，需要确保在提供高效服务的同时充分保护用户隐私。

2.3.7 人工智能+工业

在工业领域，人工智能的发展受到国家政策的大力推动。2021年12月21日，八部门联合印发了《"十四五"智能制造发展规划》。该规划明确"十四五"及未来相当长一段时期，推进智能制造，要立足制造本质，紧扣智能特征，以工艺、装备为核心，以数据为基础，依托制造单元、车间、工厂、供应链等载体，构建虚实融合、知识驱动、动态优化、安全高效、绿色低碳的智能制造系统，推动制造业实现数字化转型、网络化协同、智能化变革。到2025年，规模以上制造业企业大部分实现数字化网络化，重点行业骨干企业初步应用智能化；到2035年，规模以上制造业企业全面普及数字化网络化，重点行业骨干企业基本实现智能化。此外，《"十四五"智能制造发展规划》还指出，为了推动人工智能更高水平的应用，更好地支撑高质量发展，还需要加强对人工智能场景创新工作的统筹指导。这些政策无疑为人工智能在工业领域的应用提供了强大的政策支持和广阔的发展空间。

人工智能在工业领域的应用广泛，涵盖了智能制造、智能检测、智能物流、智能安全监控以及智能能源管理等多个方面。

2.3.7.1 智能制造

智能制造是工业4.0的核心内容，涉及生产流程的自动化、智能化和网络化，通过引入机器人、传感器、物联网等技术，实现生产过程的智能生产调度、工艺优化和设备维护。

生产调度是指在生产过程中，根据生产任务和资源情况，合理安排生产计划和调度方案。随着消费者需求的多样化，个性化生产已成为企业竞争的关键，人工智能可以帮助企业实现消费者需求的快速响应和个性化生产。在生产计划和排产方面，人工智能通过分析历史数据、结合企业资源状况和市场需求建立生产调度模型，实时调整生产计划和产品设计。同时，人工智能还可以通过大数据分析，为企业提供消费者偏好和市场趋势预测，以指导生产决策，从而降低能耗和生产成本。

工艺优化是指在生产过程中，通过调整工艺参数和方法，提高生产效率和产品质量。人工智能通过建立工艺优化模型，对生产过程中的关键参数进行实时监测和分析，以预测和避免质量问题。同时，人工智能还可以根据生产过程中的异常情况，自动调整参数和设备状态，确保生产过程的稳定运行。人工智能在生产工艺优化方面的应用有助于提高产品质量、降低生产成本。

设备维护是指在生产过程中，对设备进行定期检查和维护，保证设备的正常运行和使用寿命。人工智能通过建立设备维护模型，实现对设备状态的智能监测和维护。例如，通过使用神经网络(NN)算法，可以实现对设备故障的自动诊断和预测。预防性维护是保障生产稳定运行的关键，人工智能可以通过实时监测设备状态和运行数据预测设备的故障概率并提前维修，避免生产中断，从而帮助企业实现设备的智能化管理和维护。例如，德国的西门子公司开发了一种名为 MindSphere 的工业物联网平台，可以实时收集和分析工厂内各种设备的运行数据，通过对这些数据的分析，MindSphere 可以预测设备何时可能出现故障，并提前通知维修人员进行检查和维修，以此降低停机率，提高生产效率。此外，人工智能还可以根据设备的实际运行情况，自动调整维护计划，以降低维护成本。

2.3.7.2　智能检测

智能检测作为智能制造的核心装备，被视为"工业六基"的重要组成部分和产业基础高级化的重要领域，已成为稳定生产运行、保障产品质量、提升制造效率、确保服役安全的核心手段。在工业生产中，产品质量至关重要，传统检测方法主要依靠人工进行，效率低下且极易出错。人工智能技术可以通过图像识别、机器学习等方法，实现对产品的自动缺陷检测，大大提高生产效率和产品质量。

图像识别是人工智能的一个重要应用领域，它可以通过对图像进行处理和分析，实现对物体的识别和分类。在工业生产中，图像识别可以用于产品的外观检测、尺寸测量等方面。例如，通过使用计算机视觉技术，可以实现对产品表面的缺陷进行自动检测，如划痕、凹陷等。

机器学习是人工智能的另一个重要应用领域，它可以通过实时采集和分析生产过程中的数据，自动检测质量隐患，并提供智能化的故障诊断和预测性维护，降低设备故障率。例如，日本的欧姆龙公司开发了一种名为 Sensing X 系列的质量检测系统，该系统可以对产品进行高速、高精度的尺寸、颜色、表面缺陷等检测。通过实时分析检测数据，Sensing X 系统可以自动识别不合格产品，并及时将其剔除，降低不良品率和售后维修成本。

2.3.7.3 智能物流

智能物流是指通过引入先进的信息技术和物流技术，实现物流过程的自动化、智能化和柔性化。人工智能技术在智能物流中的应用主要包括路径规划、仓储管理、运输调度等方面。

路径规划是指在物流过程中，根据货物的起点和终点，以及道路条件等因素，选择合适的路径进行运输。人工智能技术可以通过建立路径规划模型，实现对物流路径的智能规划。例如，通过使用蚁群算法(ACO)，可以实现对物流路径的自动规划和优化。

仓储管理是指在物流过程中，对货物进行存储、管理和调度。人工智能技术可以通过建立仓储管理模型，实现对货物的智能管理。例如，通过使用聚类分析(CA)算法，可以实现对货物的自动分类和存储。

运输调度是指在物流过程中，根据货物的需求和运输资源情况，合理安排运输计划和调度方案。人工智能技术可以通过建立运输调度模型，实现对物流运输的智能调度。例如，美国的亚马逊公司开发了一种名为"亚马逊物流"的供应链管理系统，该系统可以实时收集和分析订单、库存、运输等各种数据，从而实现对供应链的智能调度和优化以此降低库存成本，提高客户满意度。

2.3.7.4 智能安全监控

智能安全监控是指利用人工智能技术进行大数据的统计分析和抽取规律，以实现对潜在威胁的预测和发现。人工智能技术在智能安全监控中的应用主要包括机器视觉、体态识别、异常行为分析预警等方面。

机器视觉是人工智能技术中的一个重要分支，它通过计算机程序和算法来模拟人类视觉系统，实现对图像或视频的自动分析和处理。在工业领域，机器视觉被广泛应用于产品质量检测、自动化生产线、无人驾驶等方面。例如，汽车制造厂可以利用机器视觉技术对汽车零部件进行高精度的质量检测，提高生产效率和产品质量。

体态识别是一种基于人体姿态和动作的生物特征识别技术，它可以通过对人的姿态和动作进行分析，实现对人体身份的识别。在工业生产环境中，通过对人员和设备的行为进行分析，实现对安全隐患的自动识别和预警。人工智能技术可通过使用深度学习(DL)算法，实现对人员行为的自动识别和分析。

异常行为分析预警是一种基于人工智能技术的智能监控系统，在工业生产环境中，通过对各种传感器数据的分析，实现对异常情况的自动检测和报警。人工智能技术可以通过建立异常检测模型，实现对生产环境的智能监控。例如，通过使用支持向量数据描述（SVDD）算法，实现对异常数据的自动检测和分类。

2.3.7.5 智能能源管理

智能能源管理是指将人工智能技术与能源生产、传输、储存、消费等环节紧密结合，实现能源的高效化、智能化和可持续发展。这种管理方式包括数字技术的创新应用，如数字孪生、物联网、区块链等，以推动跨学科、跨领域的融合，促进创新成果的工程化和产业化。人工智能技术在智能能源管理中的应用主要包括能源预测、能源优化等方面。

能源预测是指在能源系统中，通过对历史数据的分析，实现对未来能源需求的预测。人工智能技术通过建立能源预测模型，实现对能源需求的智能预测，例如通过使用时间序列分析(TSA)算法，可以实现对未来能源需求的自动预测和分析。

能源优化是指在能源系统中，通过对能源结构和运行方式的调整，实现对能源的有效利用和管理。人工智能中的遗传算法（GA），可以实现对能源结构的自动调整和优化。瑞典的 ABB 公司开发了一种名为 Energy IQ 的能源管理系统，该系统可以实时收集和分析工厂内各种能源设备的运行数据，从而实现对能源的智能调度和优化，降低能源成本，减少碳排放量。

人工智能在工业上的应用非常广泛，涉及生产、制造、物流等多个方面。通过引入先进的信息技术和人工智能技术，可以实现工业生产的智能化、高效化，降低生产成本和能耗，提高生产效率和产品质量。然而，人工智能在工业领域的应用还面临着许多挑战，如数据安全、技术成熟度等问题。因此，未来需要进一步加强人工智能技术的研究和应用，推动工业生产的持续发展和进步。

3　人工智能技术给档案工作带来的机遇与挑战

人工智能正在对人类社会生活的方方面面产生深刻影响，也使档案工作发生了深刻变革，迎来了前所未有的机遇和挑战。《"十四五"全国档案事业发展规划》提出"积极探索知识管理、人工智能、数字人文技术在档案信息深层加工和利用中的应用"，"加强大数据、人工智能等新一代信息技术在数字档案馆（室）建设中的应用"，从而提升档案管理数字化、智能化水平，加快档案工作全面数字化转型和智能升级。

档案工作应用人工智能的相关研究和实践正逐渐成为档案领域关注的热点，但也存在诸多潜在、尚待解决的技术、法律、伦理等层面的问题，亟须在"档案+人工智能"热潮下进行"冷思考"，避免盲目跟风与技术崇拜。因此，有必要深入分析人工智能对档案工作带来哪些机遇、挑战，思考如何更好地应对，以期为未来理性、审慎、合规地利用人工智能技术，也为促进档案事业高质量发展提供理论思考与实践参照。

3.1　人工智能技术应用下档案业务的提升

3.1.1　丰富档案业务的应用类型

多模态人工智能（Multimodal AI）可处理多种类型输入的人工智能，包括文本、图像、视频和语音等，其在档案工作中具有诸多应用情景。但是，人工智能技术的应用往往与档案资源自身的结构化程度、安全保存状况和社会利用需求程度密切相关。一般来说，档案部门倾向于将人工智能技术应用于一些特定类型和场景下的档案，即信息开放程度、结构化程度、信息利用需求较高，或实体安全隐患较突出的档案。因此，我国人工智能较多应用于历史档案、文书档案、病历档案和会计档案等。相比之下，国外应用人工智能管理的档案类型更加丰富，一些专门档案或者特殊类型电子档案管理中都可见人工智能技术的应用。如法律科技公司 Everlaw 基于 AI 技术，实现对海量诉讼档案的查询，律师们可在短时间内检索包括音视频、电子邮件、图片在内的上百万份文件。又如，荷兰国家档案馆启用了手写文本识别软件 Transkribus 进行识别和转录，已转录来自 17 世纪和 18 世纪荷兰东印度公司档案以及 19 世纪公证人档案，数字扫描文件超 300 万页；为其创建了一个临时网站，供研究人员和公众进行访问和检索；为网站添加了命名实体识别功能，采用人工智能标记个人姓名、地点和时间，以丰富转录内容。

3.1.2 拓展档案业务的应用场景

在智能校对场景中，江苏省昆山市档案馆 AI 智能校对系统通过预处理模块、文本检测模块、文字识别模块、语义分析预处理模块、对比分析模块等后台功能把档案目录和全文进行智能编目索引，并与原目录内容进行比对，进而实现档案数据智能校对，该系统识别正确率已达 90% 以上。

在智能编研场景中，编研人员可借用大语言模型的思路，使用开源框架、自建数据库、购买算力的方式为档案系统定制轻量级的语言模型，并选择合适的数据、模型结构、训练方法对语言模型进行优化。只需输入编研主题，编研系统即可自动开展档案编研工作，自动生成档案编研成果。

在智能检索场景中，人工智能可识别文件的主题、日期和作者，自动为其添加元数据，且识别图像和音频的能力在不断提升，对图像特征的抓取能力甚至已经超越人类。如欧洲开展的大屠杀研究基础设施 EHRI 项目，采用人工智能自动同步全球多来源的档案元数据，解决档案全球分散导致的大屠杀史学碎片化问题。

在服务和展览场景中，天津市红桥区采用"人工智能+数字档案"的新方式，将主题宣传视频集中推送至新媒体平台上。江苏省昆山市档案馆与市公安局合作开发人脸识别的"网上查档大厅"系统，为线上查档安全合规提供技术保障；浙江省政务服务网就推出办事服务智能问答系统，依靠人工智能不间断地学习海量政务大数据，提供 24 小时的智能问答服务。

3.2 人工智能技术为档案行业发展带来的机遇

3.2.1 推动档案管理理论的发展与创新

3.2.1.1 来源原则在人工智能时代的发展

一是可通过自然语言处理和机器学习技术，自动识别文件形成者、形成条件、数据运用、目的、结构形式等信息，使来自不同来源的文件可以更容易地被捕获、整合和管理，从而确保来源原则的落实，提高来源原则的实施效率。

二是可通过人工智能技术跟踪和链接多源文件，帮助确保文件的来源信息完整和准确。从这个认识层面来看，人工智能时代下的来源原则并没有超越新来源观的理论框架，但需要在原生数字空间形态上进一步深化。

3.2.1.2 文件生命周期理论在人工智能时代的发展

其一，建立动态、连续的文件生命周期模型。从"阶段重组和整合、流程自动化和优化、跨阶段协同管理"三方面，建设一个更为动态、连续的文件生命周期模型，集中于文件运动的整体性以及文件运动过程的延伸。此外，需延伸文件生命周期观念，从传统的文件"形成到销毁或永久保存"扩展到"永久使用"，兼顾电子文件在人工智能时代可能会被不断重新使用的情境。

其二，补充文件价值形态的动态管理策略。在人工智能时代，档案的数字化价值得到增强。在文件生命周期的运动过程中，识别和评估文件的价值形态的变化，调整文件的保存、销毁等管理策略。此外，将人工智能应用于档案的长期价值预测，可得出档案长期保存的策略和保存的优先级。

3.2.1.3 档案价值鉴定理论在人工智能时代的发展

内容鉴定和技术鉴定理论得到拓展。一方面，电子文件的内容鉴定包含鉴定文件是否齐全、真实、完整和准确。在人工智能时代，需要鉴定除档案、人工智能输出结果之外的算法、数据等是否齐全、真实、完整和准确。另一方面，电子文件的技术鉴定包括硬件鉴定和软件鉴定。硬件鉴定主要是对文件载体、网络连接状态等的检测。软件鉴定主要包括可读性鉴定、可靠性鉴定、完整性鉴定、无病毒鉴定、载体状况鉴定。人工智能技术应用于档案鉴定，需考虑负责任人工智能(Responsible AI，RAI)、可信任人工智能(Trusted AI，TAI)、可理解人工智能(Explalnable AI，XAI)的理念。

3.2.2 提升档案各个业务环节的自动化和智能化水平

在档案收集上，目前的档案收集现状不容乐观。在组织接收的所有数字记录中，只有50%的文件会在系统中进行分类汇总，未分类的文件被存储在网络设备、电子邮件文件夹、云端等各个角落。而人工智能技术能有力辅助文件分类汇总、档案数据的采集。一方面，通过捕获元数据，收集所需的档案信息。如百度使用智能体从网页爬取信息，分析并形成结构化数据。另一方面，利用人工智能技术对口述史料进行征集和采集。如科大讯飞股份有限公司应用语音识别、转写等技术，不断形成新的档案成果。

在档案整理上，使用自然语言处理技术深入挖掘和分析档案文本内容，形成文本特征标签、挖掘语义关系、提取潜在特征、生成语义标签。如广州供电局会计档案电子化试点项目利用人工智能实现了档案的自动整理和元数据的自动生成；山东省威海市环翠区档案馆采用智能采集系统，解放了基层档案工作者的劳动力。

在档案鉴定上，瑞士纳沙泰尔国家档案馆（Office des archives de l'État de Neuchâtel OAEN）主导完成的 Archi Select 项目，探索结构化和非结构化数字档案评估自动化的算法，实现海量多样化和复杂的数据记录格式和内容的自动化鉴定。福建省档案馆已借助人工智能辅助档案开放审核系统完成了 120 多万件档案开放审核的任务，完成"十四五"规划确定任务的 37.5%。

在档案利用上，人工智能技术应用主要体现于检索服务中。一是提升档案查全率和查准率。如北京市市场监督管理局采用人工智能图像识别技术，使部分类型档案智能精确检索率超过 90%。二是运用知识图谱和智能推荐的功能快速发现感兴趣和高质量的信息。如河南省数字档案馆基于馆藏资源建成智能检索系统，挖掘大量结构化和非结构化数据，关联信息、数据以形成档案知识图谱、档案知识库，提高了档案管理的效率和质量。

在档案保存上，人工智能融入电子文件管理系统，实现了自动化归档保存。如中国石油数字档案管理系统利用 AI 等技术，集成财务管理、电子公文等多个系统，实现了电子化的公文、合同、会计票据等自动归档保存。

3.2.3 形成档案工作应用人工智能的梯度分布格局

目前，人工智能三大发展方向为运算智能、感知智能、认知智能。在档案领域中，运算智能和感知智能是人工智能发展的基础，二者协同支撑着认知智能的发展，三代技术的发展相辅相成。总体上而言，根据算法的使用程度，人工智能在档案工作中的运用呈梯度分布格局（见表 3-1）。

表 3-1　人工智能及其在档案领域发展的三梯度

发展阶段	特征	档案领域应用案例
运算智能	会存储、会计算、会推理、会查询等	解决档案管理环节中"最优化"的问题，快速存储与传递大量档案数据，构建智能化档案信息管理系统等

发展阶段	特征	档案领域应用案例
感知智能	会看、会听、会说、会动、会反应等	解决档案管理环节中的"是什么"问题,比如"是否符合'八防'条件""是否归档"等
认知智能	会理解、会思考、会决策等	解决档案管理环节中的"为什么""怎么做"问题,如档案管理系统识别和解释哪些文件应该被保留或销毁

3.2.3.1 第一梯度:运算智能+档案管理

第一梯度是运算智能,机器可辅助档案工作人员储存和快速处理海量档案数据。运算智能是最初级的人工智能形态,机器在数据存储、科学计算、逻辑推理、信息查询等方面具备快速计算、记忆存储的能力。例如,IBM 的问答智能程序"沃森"在问答比赛中完胜人类。

运算智能可解决档案管理环节中的"最优化"问题,比如采用启发式的随机搜索策略,在档案检索中体现全局搜索能力等。又比如,依据大量音频、视频、文本、图片等档案数据进行标注及预加工处理。在档案工作中表现为支持快速存储与传递大量档案数据,构建智能化档案信息管理系统等。如太仓市档案馆的智能馆藏系统使用智能 Agent 技术,通过定期自动扫描、分类馆藏档案数字化和 OCR 档案资源,将其存储在指定的全文数据库(CFS 文件)中,实现 0.1 秒内的档案全文检索。

3.2.3.2 第二梯度:感知智能+档案管理

第二梯度是感知智能,机器能够采用人工与算法相结合的方式,代替档案工作者完成"听""说""看"等反应的相关工作。感知智能阶段是当前人工智能发展的主要阶段,机器具备看懂、听懂、辨识、与人交互的感知能力。比如讯飞、阿里的语音识别,苹果 Siri、微软小冰和百度小度等语音机器人等产品,谷歌的图片识别标注等。

感知智能用于解决档案管理环节中"是什么"的问题,比如"是否收集""是否有价值""档案鉴定的标准是什么""是否销毁"等。在档案领域表现为 OCR 智能识别、语音识别、图像识别三个方面。一是 OCR 智能识别,将图片中的字体,比如手写文本等,识别为计算机可编码的文字。比如简·里夏茨(Jan Richarz)通过机器学习实现历史档案文献的字符识别。中国科研团队使用人工智能卷积神经网络工具,检查超过 20 万张 OCT 眼部扫描图像，可精确诊断眼部疾病，30秒内就能确定是否需要进行治疗，准确度达到超过95%。二是语音识别，将口述档案等转换成可供信息分析、数据挖掘的文本数据。比如浙江省档案馆与讯飞合作研发音视频档案转译文本的引擎、音视频档案智慧管理平台、音视频档案管理的应用设备，可广泛应用于各档案机构音视频档案整理利用工作中。三是图像识别，通过对档案图像(视频、图片、照片等)中像素分布及颜色、纹理等特征的统计和分类，实现海量图像、录像档案中人脸检测、特征提取、快速检索定位等功能。比如中国第一历史档案馆发布的满文档案图像识别项目成果，实现了少数民族文字图像手写体的快速识别。

3.2.3.3 第三梯度：认知智能+档案管理

第三梯度是认知智能，机器几乎完全依据算法，全面辅助或者代替档案工作者的相关工作。认知智能是人工智能的高级形态，它能运用外部知识，具有逻辑推理或者领域迁移能力，建立稳定获取和表达知识的有效机制，模拟人类的"会理解""会思考""会决策"等知识组织能力。例如，谷歌无人车需要多种感知和决策方面智能的结合。

认知智能的可解释力能清晰解释其决策和推理过程，使得机器真正理解档案管理的概念、意义、目标、原理、规则，可解决档案管理环节中"为什么""怎么做"的问题。即解释性机器学习模型可帮助档案管理系统识别哪些文件应该被保留或销毁，并解释为什么做出这些决策。在档案领域表现为语义理解、自主决策两方面。在语义理解上，使用分词、词性标注、命名实体识别技术，分析档案全文内容，深入挖掘语义关系，全面支撑机器对档案文本的理解与分析。例如，在病历档案管理上，广州市妇女儿童医疗中心挖掘病例档案数据集训练人工智能，实现了儿科疾病的智能化诊断。在自主决策上，具有自主分解复杂任务并执行的能力，如根据目标任务自主搜索文档、互联网等。例如，ROSS AI通过分析大量法律案例和法规形成关键摘要，为律师提供法律建议和研究支持，其在法律研究中的准确性达到94%。

3.2.4 促进档案管理思维与管理方式转变

3.2.4.1 提升档案管理思维

第一，数据挖掘和分析思维。人工智能技术具有处理大规模数据的能力，包括非结构化文本和多媒体内容。档案工作者可通过AI技术更深入地挖掘档案中的信息，识别关联性和模式，从而提升档案管理思维。例如，法律行业中，ROSS AI的法律助手可使用自然语言处理技术来分析文档内容，识别重要的关键词、主题和趋势，能够理解法律文件的语义，提供有关法规、案例和先例的见解，使律师能够更全面地思考和规划法律策略。

第二，实现跨领域知识整合。AI 技术使不同领域的信息更容易整合和分析。档案工作者可将不同来源和格式的档案集成在一起，形成更全面的视图，促使他们采用跨学科的思维方式来理解和应用档案信息。例如，将历史文档与地理信息数据结合，可生成时空可视化，帮助研究人员更深入地理解历史事件的地理背景和时序关系。美国联邦文件与数据同属于信息，文件与数据在共享治理框架中相对独立但又有交集(见图 3-1)。数据管理需要数据科学家、系统工程师和软件工程师的共同管理；文件管理人员应兼具档案学、图书馆学和项目管理等专业背景工程师。

图 3-1　文件和数据共享治理框架(根据 *Cognitive Technologies White Paper*《认知技术白皮书》绘制)

3.2.4.2　转变档案管理方式

第一，档案工作者从文件/信息管理者转化为经验提供者和决策制定者。在理论层面，档案工作者从文件/信息管理者转化为经验提供者。人工智能技术可将档案工作者具备的业务规则、工作经验、管理方法转化为自动且规范的智能辅助决策方案。档案工作者是可解释人工智能(Explainable Artificial Intelligence，XAI)的关键，可作为组织和公众之间可信赖的中间人，回应询问并提供解释。在实践层面，档案工作者从文件/信息管理者转化为决策制定者。档案工作者主要验证人工智能应用于电子文件归档整理、档案保管期限判定、档案密级鉴定等业务问题的可行性。

第二，增强档案工作者、文件工作人员与首席数据官等的合作。随着人工智能技术的出现，确定文件保管期限和向档案馆移交档案的要求将发生监管方式或政策转变。美国国家档案与文件署(以下简称 NARA)要求文件工作人员和档案鉴定人员应与首席数据官(CDO)合作，对算法和结果数据集进行评估和明确保管期限。在确定电子数据具体的管理与控制方案时，CDO、文件工作人员和业务部门应根据数据特征和用途进行协调并做出联合决策。CDO 可借助其技术专长来确定业务价值和留存比例。

3.3　人工智能技术为档案行业发展带来的挑战

当前人工智能技术发展如火如荼，研究者也极为关注人工智能技术可信度、可解释性、偏见、道德伦理等问题。作为应用人工智能技术的档案领域，尤其是在行业实践中，切忌将人工智能技术神化，作为什么都能往里装的大筐，必须承认并且深刻认识到，档案工作使用人工智能技术还处于起步阶段，需要认识到档案有别于一般的信息和数据的特殊性，在不同档案业务场景下进行技术应用论证，正确看待人工智能为档案工作变革带来的现实挑战。在技术创新的同时保持对档案人文价值的尊重和关注，确保技术应用符合人文需求和伦理价值。

3.3.1　人工智能对档案管理理论的挑战

知识图谱、模式识别、自然语言处理、生物特征识别等各种技术在我国档案领域已经得到较为普遍地应用，但是从整体上来看，往往更加偏重工具性的应用，而非真正实现档案管理原则与人工智能技术的深入结合。档案工作是十分讲究方法和原则的业务活动，如何有效地融合档案管理的理论、方法与人工智能技术是目前的最大制约因素之一。

3.3.1.1　来源原则面临的挑战

一是档案重新概念化。迈克尔·莫斯(Michael Moss)认为档案从行政档案集合到数据集合的转变是数据化最基本结果之一。将档案重新概念化为"有待理解"的数据意味着需要新的基于人机的工具、使用和分析档案作为数据的新方法。也就是说数字化转型对来源和原始顺序等档案概念施加了压力。学者提出通过结合系统功能语言学(通过对上下文的实证分析提供理解出处的框架)和图论(捕捉各种关系)来丰富和重新制定档案学的概念，将提高对文件的理解，包括创建和使用。

二是自动化和多样性来源。在文件材料的形成与积累过程中，档案工作者需要确保所用技术能够追踪并记录档案的来源，以满足来源原则。人工智能技术的自动化特性强化了档案来源的多样性，进一步挑战了档案来源的可追溯性。尤其是在处理网络存档、人工智能生成内容(AIGC)时，可能增加档案来源的误判、漏判，档案来源被伪造、篡改的风险。

3.3.1.2 文件生命周期理论面临的挑战

一是重新定义文件生命周期的运动过程。在人工智能时代，文件从形成到销毁或永久保存的完整运动过程变得更为复杂。由于人工智能系统在辅助文件形成者产生、保管、利用和销毁的整个过程不再是线性、静态和分阶段的，而是动态、迭代和连续的。因此，文件运动的整体性发生变化，需要重新定义文件的"生命周期"，考虑将电子文件运动的终点延伸至"永久使用"。

二是文件价值形态的动态变化。引起文件阶段性变化的根本原因是文件价值形态的规律性变化。随着人工智能技术的应用，文件形成者产生、保管、利用和销毁的整个过程阶段性并非固定不变，而是更强调连续性、整体性运动，文件运动的各阶段的分界线愈发模糊、但联系也更为紧密，那么文件的价值形态也将发生更为频繁和深刻的变化。

3.3.1.3 档案价值鉴定理论面临的挑战

一是责任归属与技术理性的问题。责任归属和监管方面，若在档案鉴定过程中出现档案价值判断错误，导致隐私或敏感信息泄露等问题应由谁来承担法律责任？虽然今年7月发布的《生成式人工智能服务管理暂行办法》明确了人工智能服务的提供者应当依法承担网络信息内容生产者责任，履行网络信息安全义务；涉及个人信息的，依法承担个人信息处理者责任，履行个人信息保护义务。但档案领域的人工智能技术监管真空化依然存在，档案鉴定面临着不明确的法律和伦理指导。另一方面，人工智能将档案鉴定工作从人文理性推向技术理性，若任由这种技术理性"自由开放式"发展，人类历史的记录交由算法来决定存毁，这显然是错误的且违背人工智能发明的初衷。

二是技术伦理的问题。一方面，档案数据可信性和数据隐私问题。算法、算力、数据是推动人工智能的三驾马车。人工智能应用档案鉴定需要海量的代表性档案数据进行模型训练、决策制定，而这又与档案富含敏感信息、隐私内容相违背。另一方面，鉴定结果的解释性、可追溯性、平衡性问题。算法黑箱难以解释档案鉴定的决策过程，如果算法设计者本身带有某种价值偏见(如种族歧视)，算法偏见就难以保证模型的公平性、中立性，也会影响鉴定结果的可解释和可追溯。

3.3.2 人工智能对档案管理的安全风险

3.3.2.1 人工智能应用档案管理尚未充分验证

虽然档案业务使用人工智能技术进行了诸多尝试，甚至提出了档案领域的大语言模型

ArcGPT，但是人工智能技术应用于档案"收管存用"等业务环节中尚未得到充分验证。即使是主流应用人工智能技术的档案开放审核工作，也面临档案信息安全的新挑战。

一者，人工智能技术，如档案开放审核运用的神经网络技术，相对而言是较为年轻的领域，理论建立并不完备。如基于关键词 NLP 的人工智能技术，因"有词无义"导致的误判和"有义无词"导致的漏判常致使档案开放审核结果失真，实际应用效果不佳，也无法满足准确、迅速、高效辅助分析、判断文本的刚需。若将不能开放的档案判定为可开放，将对国家和社会信息安全造成十分不良的影响。

二者，人工智能系统的知识通常是基于大规模数据集训练的，但目前人工智能技术应用于档案开放审核的算法模型主要是基于少数档案数据训练得出的，可能存在背景知识缺失、数据预处理的质量问题，如数据标注准确率不足、缺乏特定领域或文化的深层次背景知识等。对于其是否能全面应用于所有档案的开放审核还有待验证。

3.3.2.2 人工智能应用存在档案业务运行风险

第一，档案数据隐私问题。在档案用户个人隐私中，生物特征、医疗数据、财务状况、负面事迹等信息，均属于个人隐私信息的内容。在管理档案用户数据过程中，滥用、误用人工智能技术，未经授权破坏、篡改和非法利用等，是对档案用户数据隐私的侵犯、档案用户数据安全的严重威胁。在业界，"精准营销"好比"精准诈骗"。那么，涉及精确的档案用户画像何尝不是对档案用户隐私的侵犯？档案馆若未经过用户授权使用人工智能技术追踪档案用户行为轨迹，通过采集档案用户的网络访问量、点击量、下载量和停留时长等行为数据绘制档案用户画像，准确预测档案用户潜在的需求，也是变相的档案用户数据隐私威胁。

第二，档案数据归档存储的安全问题。虽然人工智能能够实现海量档案数据的自动化归档和存储，但档案工作中 AIGC（人工智能生成内容）和 AI 衍生材料将重新定义档案归档存储的范围。一是人工智能生成的内容有没有版权。人工智能技术的发展与提升以体量庞大的受版权保护的作品数据供给为前提，AIGC 深陷版权保护舆论。克里斯·卡什塔诺娃（Kris Kashtanova）的作品《中途》（*Midjourney*）原本具有美国第一个 AI 生成作品的版权，但该作品版权最终被官方收回。在档案修复领域，破损档案可借助一种扩散（Diffusion）机器学习的人工智能方法，修复和补充档案元素，扩散模型利用现有的数据（如照片）添加随机噪声，训练以重新设计或恢复该照片。对老照片和破损档案的修复，是一种有益补充，还是一种技术损坏？这种修补生成的"新档案"版权归谁？二是在存储人工智能输出的结果文件之外，是否还要保存人工智能算法等大量材料。档案工作应用人工智能的过程中，是只保存输出的结果文件，还是同时保存人工智能使用的算法和输入文件？如数据集、代码表、日志等。可解释人工智能(XAI)认为档案专家在留存文件证据性背景信息的目标下，需要兼顾人工智能结果输出文件、智能算法等大量材料的存储。

第三，档案数字化和自动整理的安全风险。虽然人工智能能够自动处理大量数据，但错误或篡改的数据输入可能影响到档案的完整性和可信性。确保数字化和自动整理过程的文件/档案真实性和其完整性是一个重要挑战。以图片生成技术为例，生成对抗网络(Generative Adversarial Networks，GAN)可以生成高分辨率的清晰图片。基本思想是对机器学习模型进行对抗性训练，参与对抗性训练的生成器和鉴别器分别由神经网络组成，生成器创建新内容，鉴别器检查内容是否真实，训练过程中两者不断升级，生成器最终能够生成鉴别器分辨不出真假的数据。人工智能安全专家宋晓东(Dawn Song)教授认为：对抗性机器学习包括实验性地将训练的样本输入给算法，以显示其已经受过训练的信息，或以导致系统失灵的方式输入，可能会给任何希望在商业领域利用 AI 力量的人带来严重问题。使用"对抗学习"算法，破坏了联邦文件的真实性和完整性，生成时的输出已被破坏，因此可能对政府运作、面向公众开展的业务以及最终的文件/档案或数据产生不利影响。

3.3.2.3 人工智能的"幻觉"挑战档案的真实性

人工智能"幻觉"是"人工智能以一种令人信服但完全编造的方式来表达自己"，其被喻为随机鹦鹉(Stochastic Parrot)，鹦鹉可以模仿人类的话语，却不理解话语背后的含义，无论人工智能输出的结果听起来多么令人信服，都不代表其能理解语言背后或周围世界的更深层次的含义。

人工智能的"幻觉"挑战档案的真实性，表现在其能够生成高度逼真的虚假信息、图像、音频和文本，使人们误以为这些内容是真实的档案材料。这种虚假信息的生成可能导致档案中存在虚假或伪造的记录，威胁到档案的完整性和可信度。比如，"杭州3月1号取消限行"这条信息，就被证实是人工智能所撰写的假新闻。又如，ChatGPT 按照马泰奥·卡涅卢蒂(Matteo Cargnelutti)的要求，成功生成了一个虚构的 1998 年的 LIL 网站的"About"页面，并将其包装成 WARC 文件，而我们难以判断这个历史网页是由聊天机器人生成的还是真实的。

3.3.3 人工智能对档案知识的理解偏差

3.3.3.1 "对齐困难"导致价值观偏离

山姆·奥特曼(Sam Altman)(OpenAI 公司 CEO)在 2023 年 5 月北京智源大会上进行了

首次中国演讲，提到的三个关键词之一是"对齐"。"人工智能对齐"要求人工智能系统的目标要和人类的价值观与利益相对齐(保持一致)。这种"对齐"就好比"给孙悟空戴上紧箍咒"。否则，可能会出现人工智能的行为并不符合人类意图的目标、在多种设定目标冲突时做出错误取舍、伤害人类的利益或者脱离控制。

人工智能对档案知识的挑战主要表现为价值观的不一致性。在档案知识中，可能涉及不同个体或文化的价值观和伦理原则。人工智能系统的设计和训练过程通常由开发者决定，他们的价值观可能会在系统中体现出来，这可能导致系统在理解和处理档案知识时产生某种倾向。

3.3.3.2 "算法黑箱"导致透明性不足

端到端学习或 E2E 学习(End-to-End Learning)无法避免"算法黑箱"，即模型从头到尾被指示执行一项任务，一次性解决所有问题。特别是深度学习的人工智能模型，通常以复杂的数学结构进行训练，这些结构难以用人类理解的方式来解释。比如，用于预测罪犯是否有可能重新犯罪的"罪犯社会危险性智能评估工具"(COMPAS)系统就是高风险系统的一个例子。这使得模型的决策过程变得不透明，难以解释为什么模型会做出特定的预测或推荐，不可解释性可能影响人们对人工智能模型的信任。

"算法黑箱"问题主要涉及人工智能模型的不可解释性，导致档案工作决策过程解释性和可追溯性缺失。在档案鉴定的应用中，档案鉴定专家和决策者需要考虑如何结合人工智能技术与传统的鉴定方法，以确保解释性和可追溯性；可能会对不可解释的模型产生疑虑，因为他们无法理解模型是如何得出某个结论的，进而限制人工智能在档案知识领域的广泛应用，尤其是在需要高度可信度和透明度的情境下。

3.3.3.3 "算法偏见"导致公平性缺失

"算法偏见"是指人工智能模型在数据训练中受到带有主观性的操纵算法、不平衡或有偏见数据的影响，导致模型在某些特定群体或情境下表现不佳。偏见可能源自训练数据不平衡或存在偏见或数据收集方法等因素。例如，IBM、微软和旷视 Face++三家公司的人脸识别产品存在女性和深色人种的识别正确率低于男性和浅色人种可达 34.3%。英国达勒姆警方使用的"危害评估风险工具"(Harm Assessment Risk Tool)，把白人定为单独作案、风险低，黑人被判定为未来罪犯的概率是白人的两倍，这一工具的底层算法带有人为的固有偏见。

在档案鉴定等领域，算法偏见可能导致不公平的决策或错误的鉴定结果，从而损害了应用的精度和效度，使得档案管理效率与效益失衡。在档案鉴定中，这可能导致不公正的档案鉴定的发生。因此，需要思考如何处理数据偏见和不平衡，以及如何确保模型的公平性和中立性。档案鉴定专家需要积极采取措施来纠正和减轻模型的偏见。

3.3.4　人工智能提高硬软件环境配置条件

3.3.4.1　对基础设施和计算资源提出更高要求

在应用人工智能时，部分档案机构在应用人工智能时存在基础设施、计算资源不足的问题。以机器学习的档案鉴定为例，首先需要开发、训练海量、干净和打标签的大型数据集，该训练需要充足的软硬件和计算资源，小型档案机构面临现实的应用门槛。但应当注意的是，其出发点均是为了节省人力物力、推动档案工作高效开展。如果只考虑理想化的技术应用而忽略现实客观条件，则可能会影响档案工作的效益。如美国俄勒冈州档案馆在发现应用机器学习工具会严重超出经费预算后，转而采用高级数据分析工具来简化档案的鉴定审核。

为解决基础设施和计算资源问题，部分档案机构会选择云平台，为档案业务工作提供云计算性能。如智能机器人任务、嵌入式软件和应用程序有助于确保档案经由机器人数字化并存储在云端，将快速、顺利地访问文件和档案转变成现实。然而，这也存在一定的安全风险。2023 年国家保密委通报一起某省档案数字化失密事件，某外包服务公司用移动介质拷贝窃取 3000 余份数字档案上传互联网网盘，并出售至境外，造成严重的档案安全事故。

即使市场上有诸多免费的人工智能工具，但是档案工作对人工智能设备的可靠性有很高要求，尤其是人工智能校对系统的数据检测需要设备长时间工作。例如，人工智能校对系统的数据检测的设备的工作量可能要连续工作几十、几百个小时，可想而知，对于设备的可靠性要求也是非常高。计算机在使用人工智能工具中容易出现各种不可预知、灾难性故障，比如计算机病毒程序，破坏档案数字化数据；硬盘出现故障，导致数据泄密等。

3.3.4.2　对模型调整和数据更新提出更高标准

一是"模型固化"导致档案工作效度缺失。"模型固化"是指训练好的机器学习或深度学习模型在特定环境、数据分布或时间段内，由于长期不进行更新或调整致使性能下降的情况，可能会导致应用精度和效度的缺失。档案工作实践的环境和需求、数据和问题的特性不断发生变化，若模型被固化在某个特定情境或需求下，不定期更新或重新训练，将导致模型在新环境或情境下的性能下降，从而影响应用效度，定期的模型更新和维护是确保模型精度和效度的关键因素，如一个用于医疗诊断的模型可能在新的疾病出现时表现不佳。

二是档案数据不足或不具代表性导致精度缺失。基于大规模数据的预训练的大语言模型，是提供 AI 通用语言理解和生成的基础，然而其在档案行业的应用有待考量。如广大机关和企事业单位的档案工作中，待处理的大量档案是以文本为主体的非结构化数据，但鉴于档案数据常具敏感、涉密属性，对信息安全有着较高乃至极高要求，需要大样本标注、训练数据的技术并不适合。然而，当模型在特定的训练数据上进行了训练，并且这些数据不足或无法充分代表实际应用场景时，模型可能会固化在这个有限的数据分布上。即机器学习发生过拟合(Overfitting)问题，其功能过于贴近训练数据，只能识别所述数据中的特定示例，而无法识别新数据。因此，如果在档案工作的实际应用中遇到新的数据分布，模型可能会失去准确性，导致应用精度下降。

3.3.5　人工智能对档案工作者的挑战

3.3.5.1　基于"依赖过度"的技术决定论

2007 年图灵奖得主约瑟夫在《理解和改变世界》一书中提出：人工智能最大的威胁不是超越人类，而是人类过分依赖。比起所谓的超越人类，人工智能会带来的最大威胁是人类对它的依赖可能导致我们无限让渡自己的判断，丧失决策权，最终成为"奴隶的奴隶"。

谢丽教授参照不同职业被计算机替代的可能性的研究指标，对 ARMA 提出的 Records and Information Management Core Competencies 模型进行评估后发现，基于文件与信息管理职业(RIM)目前的特点，我们尚有能力与人工智能竞争。然而，随着人工智能技术的快速发展，档案工作者若过于依赖自动化和智能化工具，将决策交给算法，决策让渡将越来越普遍，造成档案工作者的主体性消解，忽视了他们自身的专业判断和经验，导致档案工作者的技能退化和"技术性失业"(由于技术进步所引起的失业)。档案工作者若过度依赖 AI，忽略了自己的审查和核实职责，结果影响了档案的质量，可能导致档案工作者失去对档案管理过程的控制。

3.3.5.2　基于"责任缺位"的监管真空化

应用人工智能技术之前需要讨论一个很重要的责任归属和监管议题：谁是责任代理人？谁是监管者？当人工智能系统出现故障(如自动驾驶汽车"失控")时，责任应当由谁承担？由谁对人工智能技术进行监管？我国在《新一代人工智能治理原则》中强调建立人工智能问责机制，明确研发者、使用者和受用者等的责任。《关于规范和加强人工智能司法应用的意见》提出辅助审判原则，人工智能辅助结果仅可作为审判工作或审判监督管理的参考，司法责任最终由裁判者承担。2023 年 7 月发布的《生成式人工智能服务管理暂行办法》中，明确人工智能服务的提供者应当依法承担网络信息内容生产者责任，履行网络信息安全义务；涉及个人信息的，依法承担个人信息处理者责任，履行个人信息保护义务。

《中华人民共和国档案法》（简称《档案法》）提出档案馆和机关、团体、企业事业单位以及其他组织应加强档案信息化建设，并采取措施保障档案信息安全。监督检查包括档案信息化建设和信息安全保障情况；发生档案损毁、信息泄露等情形的，应当及时向档案主管部门报告。由此可见，在档案领域，一方面，针对人工智能应用的具体法律规范并不清晰，需要更为具体和更具操作性的法律规范作为指引，为档案管理实践提供指导。另一方面，监管单位法律适用信心不足，监管机构和法规可能无法及时跟上技术的发展，导致档案管理领域的人工智能技术监管真空化，档案工作者可能面临不明确的法律和伦理指导。监管真空化可能使档案工作者在处理敏感信息和隐私数据时存在不确定性，难以确定应对技术挑战的最佳实践。因此，档案工作者需要积极参与伦理和法律框架的制定，以应对人工智能技术导致的档案管理"责任缺位"的监管真空化问题。

4 人工智能在档案管理中的典型应用 模式及技术方案

4.1 档案管理视角下的应用模式

4.1.1 模式

模式（Pattern）是对主体行为方式、方法、途径的描述、提炼和抽象，是解决某一类问题的可行方法论，亦是理论和实践之间的中介环节，具有简单性、重复性、稳定性、易操作性等特点。模式在实际运用中必须结合具体应用场景，实现一般性和特殊性的有效衔接，并根据实际情况的变化随时调整要素与结构，才能具有可操作性。

档案管理工作是用科学的原则和方法管理档案，为党和国家各项事业服务的工作。它的基本内容包括：档案的接收与征集、整理、鉴定、保管、编目与检索、编辑与研究、统计和利用服务。档案管理工作是迎合社会实践活动的需要而产生和发展的。国家机关、社会组织和个人在参与社会活动时形成了大量纸质和非纸质的记录载体，社会活动的延续又需要将这些载体继续留存使用。记录载体形成后的自然状态并不能完全满足社会对其实际利用的需要，为此，必须采用科学、规范、有序的方式方法对这些记录载体进行专门的管理，这就形成了档案工作。

基于此，我们将"模式"这一概念引入档案管理工作，将档案管理工作模式定义为：从实际档案工作经验中总结出的用于解决档案管理工作过程中所遇见的问题的方法论，能够作为指导档案管理工作实践的标准形式，是联结档案基础理论与档案实践工作的媒介，具有重复性、稳定性、规范性、知识性等特点。将模式这一具有指导性作用的行为准则应用于档案管理工作，有助于规范工作行为、指导实践方法、重塑服务模式、提高工作效率。

4.1.2 应用模式

应用模式(Application Pattern)是在软件或系统中，用于描述特定功能或操作方式的模式，主要用于解决软件开发过程中遇见的各种问题，具有可重用性和可扩展性。它是对某些特定应用场景下问题的一种系统性、规范化的处理方法。应用模式在不同行业领域中存在不同的应用场景：在企业领域，应用模式通常关注如何组织和管理企业资源、业务流程以及人力资源；在网络领域，应用模式通常关注如何设计和优化网络架构、协议和算法；在数据库领域，应用模式通常关注如何优化数据存储、完善查询方式和处理其他事务。

人工智能作为一门交叉型综合性技术学科，主要研究和开发用于模拟、延伸和拓展人类智能的理论、方法和技术，是新一轮科技革命和产业变革的重要驱动力量。它尝试了解智能的实质，并生产出一种新的，能以与人类智能相似的方式做出反应的智能机器，其关键技术主要包括七大类：机器学习、知识图谱、自然语言处理、人机交互、计算机视觉、生物特征识别、虚拟现实/增强现实。在人工智能领域，应用模式通常关注如何设计和实现智能算法、机器学习和神经网络、人机交互等。

当前，智能科技迅猛发展、智能技术日益成熟，借助人工智能技术实现突破的成功行业案例数不胜数。新时代在向档案机构发起邀约，邀请档案机构大胆探索与智能技术融合协作的新型路径，将人工智能技术应用到档案管理工作中，促进档案管理工作的智能化、科技化发展。目前，档案学界已经开始着眼于人工智能对档案工作的驱动：陈艳红等从新一代人工智能生成内容的"档案身份"认定内涵出发，梳理了新一代人工智能生成内容档案身份认定面临的风险与困境，并提出降低认定风险的措施，为档案工作实践中关于新一代人工智能生成内容的档案认定与管理提供参考借鉴；杨巍围绕图像超分辨率智能修复算法原理和技术发展脉络，将人工智能超分辨率技术应用于照片档案修复工作，降低了图像档案的修复成本，为照片档案的修复和利用提供新的技术路径；孙琳等指出人工智能技术在城建档案管理工作中的可行性，并阐述了档案智能检索与利用、档案开放鉴定、档案智慧服务、档案分类整理和档案安全保护的可能应用场景；最后提出推进数字转型、制度建设和人才培养的应用策略。林空等利用人工智能的相关技术——音频转译文本技术和人脸识别技术，对音视频档案进行结构化处理，实现"以图找图、文字搜图、分帧查询"等一站式检索，实现了音视频档案的崭新利用。

可见，当前学界已经将人工智能技术与档案工作的结合作为新的研究热点和关注方向。人工智能技术与档案管理工作的结合推广必须作为档案事业的未来发展要点。基于此，将人工智能技术引入档案管理工作，可以总结归纳出适用于档案管理工作的人工智能应用模式，实现档案管理工作的模式化、简单化、智能化，推动档案资源有序整合、检索方式迭代升级、服务体验有效提升、利用方式丰富多样。

4.1.3 人工智能应用模式在档案管理工作中的价值体现

在当前信息量呈指数级增长的数据环境下，全面化、个性化、便捷化、精准化成为满足用户服务需求的新重点。人工智能所具备的智能性、创新性、高效性、自主性、协同性等特点，为实现用户精准服务提供了坚实的技术支撑。将人工智能技术引入档案管理工作，可以实现对海量数据的有效管理，工作流程的快速推进，多元载体的智能保管、服务模式的迭代升级以及个人信息的机密保障，推动以人工劳动为主的传统档案管理工作模式向以人工智能技术为主的智能档案管理工作模式转变。

人工智能应用模式在档案管理工作中的价值体现主要表现为以下八个方面：

4.1.3.1 创新交互形式

档案机构作为向社会提供档案信息服务的科学文化事业机构，肩负着参与公共文化服务的职责，在一定程度上能够反映出该地区的社会历史风貌、地方行政能力和城市文化水平。传统的交互形式要求档案机构为用户提供"一对一"或"一对多"的交互服务，对档案服务人员的专业能力、知识结构和时间精力要求较高，并受到工作人员专业知识水平和用户理解能力的限制。

步入人工智能时代，档案机构的信息和数据迎来新一轮爆发，在面临用户数量增多和需求质量提升的情况下，却依然存在用户自助查档不便、机构服务水平不高等问题，直接或间接地影响了用户的业务体验和档案机构的服务水平。随着可应用于档案管理工作的自然语言处理、计算机视觉、智能机器人等人工智能技术成果被相继研发与实际应用，当前档案机构的服务模式和交互形式将得到彻底改变，促进档案机构整体管理与服务水准更高效、更智能。同时，借助人机交互模拟人人交互，也将实现无障碍交流和语义理解，创造全新、智能、便捷的交互形式。

4.1.3.2 提高工作效率

在传统的档案管理工作中，档案收集、整理、鉴定、保管、编目与检索、统计、编辑和研究、利用八大环节的开展均以人工劳动方式为主。大量的重复性工作，严重制约着档案管理工作效率的提高。

而在信息技术日益成熟和人工智能广泛应用的背景下，基于已有档案数据信息、自然语言处理技术和机器学习技术等生成的人工智能工作系统，能够独立完成中文分词、词性标注、句法结构分析、语义分析等工作，实现关键词自动提取、档案自动摘要、档案自动分类、整合归档等操作，为档案管理工作提供智能助力，将档案从业人员从繁重的脑力判断和体力劳动工作中解放出来，有效提升档案工作的效率和准确性。

4.1.3.3 保障档案安全

长期以来，国内档案机构兼具"文化属性"和"保密属性"的双重性质，担负着"为党管档、为国守史、为民服务"的神圣职责，在实际工作开展中始终坚守"安全第一"的底线。档案作为宝贵的历史信息载体，其安全性和保密性对于保护国家利益、传承历史记忆和维护信息安全具有重要意义。

档案安全主要包括两个方面：实体安全和使用安全。实体安全主要指档案库房的安全：通过推动智能档案库房的建设，对档案存放场所的环境，包括温度、湿度、安防监控、消防系统、漏水检测、防盗报警以及灯光照明等设备实行自动控制调节，对设备的运行、保养、维护实现智能化管理，保证库房的实时安全检测，为档案实体营造出绝对安全的环境，筑牢保卫档案安全的坚实屏障。使用安全方面，运用生物识别技术、计算机视觉，如人脸识别、虹膜识别、掌纹识别等，确保在档案的使用过程中做到专人使用、按规使用，并实现使用痕迹追踪，加固档案库房的安全防线，实现普通档案室向现代智能化、科学化、无人化管理的智能档案室转变。

4.1.3.4 完善检索服务

检索服务是档案机构向社会提供的基本服务之一，但传统的档案检索工具主要包括目录、索引和指南，无论是用户通过树状结构展开，还是利用关键词搜索匹配条目，都需要具备一定的专业信息素养，且无法保障查询结果的准确性和完整性。

借助自然语言处理、机器学习、智能识别驱动的人工智能检索技术，能够为用户提供关键词、文件来源、年份、类别、文号、档号等多种检索方式，充分理解输入检索词的内在语义，对用户的检索目的进行分析，检索出包括文字、图像、音频、视频等多种类型的相关档案信息，保障查全率和查准率，使档案利用者的使用体验更便捷、信息呈现更丰富，不仅能够及时获取自己所需的知识，还能够得到可能会用到的档案信息，构建优质、精确、完备的档案信息检索服务体验。同时，智能系统还可以基于大数据对用户过往检索信息进行收集、分析、关联、匹配，了解用户的信息利用兴趣、习惯、专业偏好、倾向领域等内容，通过模糊逻辑，推送用户可能感兴趣的档案信息，提供个性化、高质量、高关联的信息推送服务。

4.1.3.5 优化知识服务

档案知识服务是建立在档案信息服务基础之上的，以用户目标为驱动、对档案知识内容实现深度挖掘的深层次档案服务，它需要档案服务部门真正理解档案知识服务的内涵，并根据用户的需求，创造性地提供有效、高质的服务。其主要内容包括：基于档案可提供何种知识服务；知识服务模式有哪些；可融合哪种智能技术来提供知识服务。以往档案服务部门提供的档案知识服务大多为案例参考、档案信息咨询等，并没有理解真正意义上的知识服务。并且多以传统的被动服务模式为主，没有真正建立起以用户需求为导向的现代档案知识服务认知体系。

将人工智能技术应用于档案知识服务，对原始档案资源实现深度挖掘，通过应用自然语言处理、模式识别、机器学习、知识图谱等相关技术，对用户的个人身份信息和历史检索信息进行联结分析，及时准确地掌握利用者的个性化信息需求，并基于其知识背景、职业身份、检索偏好等建立用户知识结构图谱，实现以用户为中心的、全面、及时、专业的智能化档案知识服务。

4.1.3.6 提供编研素材

档案编研，即以馆（室）藏档案为主要创作素材，以满足社会利用需求为目的，在对档案内容进行深入研究的基础上，对相关文献进行收集、筛选、解析、编撰，形成不同形式的出版物，以供社会各界利用。档案编研对于宣传档案知识内涵、挖掘档案内在价值具有重要意义。在档案编研工作中，编研素材质量的好坏与完整直接影响到编研成果的水平，传统的档案编研工作是从数量庞大、类型多样的馆藏档案中人工查找获取信息，查找的目的与范围往往受限于事先设定的编研主题、馆藏档案数量以及编研人员的个人知识结构，一方面，档案信息可能被多次重复获取，造成时间成本和劳动成本的浪费；另一方面，获取的信息仅能支持一次性编研成果的生产，难以实现信息的重复利用。此外，传统编研成果多以纸质出版物形式发布，受印刷数量、信息载体的限制，编研成果的传播和利用范围有限。

基于知识图谱、自然语言处理等人工智能技术建构的智能编研系统，能够在编研素材收集时通过智能检索引擎、智能推荐等功能，实现深度检索，保障档案编研素材的查全率和查准率，提高档案编研的质量和效率。同时，以人工智能为技术支撑，以档案资源为数据支撑的大型语言模型，能够构建多种类型的大规模档案知识数据集，根据编研需求，筛选相关文本语料，自动生成编研主题相关文本，为档案编研工作提供助力。

4.1.3.7 推动思维转变

由于我国的档案机构属于公共事业单位，工作性质稳定，大多档案工作人员的从业年限较长，长期从事重复性工作，易缺少创新意识，对新环境和新技术的接受程度较低。而人工智能技术在档案管理工作中的推广和应用，对档案从业者及其继续教育工作提出了更高的要求。以人工智能技术为助力建设的档案事业，其从业人员应当从繁重的日常业务中解脱出来，更加专注于本职工作，如专门从事档案信息需求分析的人员，应当从用户特点、大众需求、文化教育需要、当前工作重心等方面全面挖掘信息、知识、文化；专门研究档案服务改进的人员，应当对过往用户的需求行为和检索偏好进行分析，为社会大众提供多角度、全方位的服务；专门从事应用系统开发的人员，应当时刻关注前沿科技的发展进步，实现先进技术与档案工作的结合，使其业务工作更加智能。

人工智能技术赋能档案机构，有助于从业人员主动突破机械性、重复性的档案工作方式，破除因循守旧、墨守成规的思想观念，不断进行继续教育和自我提升，增强工作中的知识含量和脑力运用，强化科学技术的学习和运用能力，使自己成为具有创新意识和学习能力的专业档案人才。

4.1.3.8 强化层级协作

传统的档案管理工作主要采用线性逻辑对档案信息资源、档案业务工作进行串联管理，不同部门之间、不同业务环节之间缺乏有效的协同机制，易产生"信息孤岛""业务孤岛""数据孤岛"等问题，难以实现不同机构之间甚至是同一机构不同部门之间的业务协同。

借助人工智能技术对档案机构中各种形式的实体档案按照用户查询和利用的需求进行一站式整合，同时，具有感知功能的档案智慧管理平台将海量异构分布的数据资源进行汇聚融合，构建一站式服务。通过信息共享、事件关联、业务协同等手段，打破传统档案机构中数据资源和实体资源被距离和壁垒所分割的状态，将资源组织方式由零散转变为统一，摆脱区域内"资源孤岛"和"应用孤岛"的窘境，实现相关业务整合，进行并发处置或程序处置，使整个档案工作流程的运作形式具备较强的协作能力和关联性。

4.2 人工智能在档案管理中的典型应用模式

划分依据不同，所得出的应用模式亦存在不同。目前学界和业界对人工智能在档案管理中应用模式有多种划分方式：按照我国档案业务管理流程对人工智能在档案管理中的典型应用模式进行划分，可分为智能档案收集应用模式、智能档案整理应用模式、智能档案保存应用模式、智能档案利用应用模式和智能档案编研应用模式；按照人工智能的技术发展层次进行划分，可分为运算智能应用模式、感知智能应用模式和认知智能应用模式；按照人工智能技术的进展与发展趋势进行划分，可分为知识表示技术在档案管理工作中的应用模式、知识获取技术在档案管理工作中的应用模式和知识应用技术在档案管理工作中的应用模式；按照人工智能的智能程度进行划分，可分为弱人工智能档案应用模式和强人工智能档案应用模式；按照智慧档案馆构成要素进行划分，可分为人工智能在档案中的应用模式、人工智能在馆员中的应用模式、人工智能在用户中的应用模式、人工智能在设备中的应用模式和人工智能在环境中的应用模式；按照人工智能技术的应用场景划分，可分为智能档案成熟场景应用模式、智能档案新兴场景应用模式和智能档案未来场景应用模式；按照人工智能的主要研究方向进行划分，可分为认知人工智能应用模式、机器学习应用模式和深度学习应用模式；按照人工智能核心技术来划分，可分为通用机器学习应用模式、人工智能感知应用模式、人工智能认知应用模式和人工智能系统应用模式。

综上所述，人工智能在档案管理中的典型应用模式形式多样，因此，我们选取五种较为典型的应用模式展开阐述。

4.2.1 基于档案工作流程的典型应用模式

冯惠玲在《档案学概论》一书中将我国档案管理工作的基本内容总结为以下八个环节：档案收集工作、档案整理工作、档案鉴定工作、档案保管工作、档案编目与检索工作、档案统计工作、档案编辑和研究工作、档案利用工作。以此为参考，我们将人工智能在档案管理中的应用模式划分为智能档案收集应用模式、智能档案整理应用模式、智能档案保存应用模式、智能档案利用应用模式以及智能档案编研应用模式。

4.2.1.1 智能档案收集应用模式

智能档案收集应用模式主要是指依托于人工智能技术，按照档案管理范围对档案数据进行自动收集和智能鉴定。档案信息收集是档案数据存储、清洗、分析和应用的首要环节，在丰富数字档案信息资源和开展后续实践工作中具有重要的作用。自动收集是智能系统在确定收集范围的基础上，按照档案管理的范围和要求对电子档案、元数据、日志、用户反馈等信息数据进行的自动化收集、归档。例如，山东省威海市环翠区档案馆积极推进"国家级单套制、单轨制试点"建设，投资 340 万元建设了区域档案信息一体化智能研究平台，依托于智能采集模型的人工智能采集系统业务水平达到专业档案工作人员水平的八成以上，彻底解决了基层档案员业务重复培训和人员流动性大的问题。

智能鉴定则是指通过构建鉴定模型或运用机器学习、自然语言处理、文本挖掘、语义分析等技术对档案数据的收集范围和保管期限进行自动化、智能化鉴定。例如广东省深圳市龙华区档案馆通过调用智能档案鉴定组件，采用相关词分析和文本分类等技术对档案内容进行深度理解，按照划分控制使用范围进行信息甄别，实现档案数据开放鉴定的智能化。同时建立语义审核模型，结合深度学习，不断提升档案开放鉴定效率和精确度。

4.2.1.2　智能档案整理应用模式

智能档案整理是指按照档案管理工作的理论和实践要求，运用自然语言处理技术使智能设备具备在中文分词、词性标注、句法结构分析、语义分析等方面的能力，实现智能组件、分类、排列、编号、编目（著录）、统计等整理行为。智能整理的典型技术包括使用生物特征识别技术对文本、录音、录像中的手写体、语音、图像等进行特征抽取；运用自然语言技术对文本档案进行分析，辅助编目和著录；运用计算机视觉技术对照片档案进行人脸识别并自动分类；运用大数据技术对文本进行自动聚类、分类等。

例如澳大利亚新南威尔士档案馆应用光学字符识别技术和 TRIM 软件对 31000 个文件夹中包含的 400000 多个电子文档进行自动分类，帮助政府快速有效地识别、分类和迁移大量文件。该团队使用的自动分类解决方案主要包括三个阶段：第一阶段利用光学字符识别（OCR）程序将图像文件转换为可读文本；第二阶段由内容索引服务器对文件编制索引，第三阶段将文件转发到自动分类模块进行分类。

4.2.1.3　智能档案保存应用模式

智能档案保存应用模式主要包括智能安防和智能消防。智能安防是指运用传感器、计算机视觉、生物特征识别等技术实现档案馆/室的智能化安全防护。如通过人脸、指纹、掌纹、虹膜等生物特征识别技术实现对建筑内外的人员监控和进出管理；智能消防是借助智能监测设备实现对湿度、温度、气体、烟雾的探测，实时监测潜在的起火因素，及时发现安全隐患，启动灭火装置并自动报警，将火灾危害扼杀在"萌芽"阶段。

例如，江苏省太仓市档案馆借助具备人脸识别、视网膜识别和虹膜识别的门禁系统对馆内进出人员的身份进行识别控制，并且利用可以跟踪识别定位的监控安防系统实时保障馆内安全，以及采用可识别代码行为特征的智能防火墙等技术来对库房档案资源进行全面检测，加强档案管理的保密性，保障档案信息不被泄露。

4.2.1.4 智能档案利用应用模式

智能档案利用应用模式主要包括智能检索和利用。智能检索是基于知识图谱、知识库、专家库等，运用自然语言处理、机器学习等技术构建的搜索引擎，能够对用户输入的检索词进行语义识别、词性分析、词性标注，自动关联相关档案并统计数量和种类，同时进行关联档案分析，用可视化的语义网络形象地展示某一档案及其相关档案的网络关系结构，提升用户检索体验，实现全方位、多层次、智能化、可视化检索。例如太仓市档案馆在档案数字化和 OCR 成果的基础上利用智能 Agent 技术建构"全文检索"功能，定期地扫描馆藏数字档案的存储区域，把可用的文字信息自动分类后存入指定的全文数据库（CFS 文件）中。用户检索全文时，系统在保存的全文数据库中同步搜索，使其查询时间控制在 0.1 秒以下，实现高效、高质检索。

智能利用是基于大数据分析、自然语言识别等技术，通过用户画像、历史数据分析等方式，把握用户的多样化、个性化需求，为用户推送可能需要或可能感兴趣的档案信息，构建智能、便捷、个性的档案利用服务。例如昆山市档案馆为积极融入数字政府建设，与"鹿路通"App 等平台合作开发建成了集受理、认证、查询、出证等功能于一体的"网上查档大厅"。市民通过实名认证和人脸识别的双重保障后，可以直接在手机端查询申领婚姻、出生证明、独生子女、工资、招工、调动、残疾证七类民生档案。"网上查档大厅"设置自助查询和申请查询两种查档方式，直接关联身份证号的婚姻证明、出生医学证明、残疾证申领等档案可进行自助查询。2023 年 4 月，"网上查档大厅"已完成 2022 年度婚姻档案、出生医学证明档案的数据挂接查询利用，实现利用"零时差"。

4.2.1.5 智能档案编研应用模式

智能档案编研应用模式主要包含智能编辑和研究。智能编研是指运用数据挖掘、文本挖掘、知识图谱、自然语言处理、人工智能生成内容（AI-Generated Content，AIGC）等技术为档案编研提供丰富、高质量的素材，提高档案编研的质量和效率，实现深层次、多维度编研。

例如由武汉大学智慧档案实验室主持研发的 ArcGPT 问典，通过构建包含档案标准、档案政策法规、档案学术论文等多种类型的大规模档案知识数据集，并标注了面向档案业务场景的提示语料进行针对性预训练，在多项档案评测任务中均取得了好成绩。ArcGPT能够自动检索和组织主题相关档案文件，筛选相关文本语料，通过文本语义关联、上下文自然语言处理、文本生成技术自动生成编研主题相关文本，并支持书写格式和写作风格预设。

4.2.2　基于人工智能技术发展的典型应用模式

安俊秀等在《人工智能原理、技术及应用》一书中依据人工智能技术近年来的进展与发展趋势将其划分为知识表示技术、知识获取技术、知识应用技术。将这一划分方式引入人工智能在档案管理中的应用模式，可以划分为知识表示技术在档案管理工作中的应用模式、知识获取技术在档案管理工作中的应用模式、知识应用技术在档案管理工作中的应用模式。

4.2.2.1　知识表示技术在档案管理工作中的应用模式

知识表示（Knowledge Representation）是指把知识客体中的知识因子与知识关联起来，便于人们识别和理解知识。知识表示主要研究用什么样的方法将解决问题所需的知识存储于计算机内，便于正确的使用知识，合理地展现知识，使得问题的求解变得高效、便捷，便于计算机处理。知识表示技术的研究既要考虑到知识的表示与存储，还要考虑到知识的利用和开发。

知识图谱（Knowledge Graph，KG）作为知识表示的代表性技术，它支持将知识进行具有条理性的组织，提供方便用户使用的访问方式，其应用包括语义搜索、问答系统、大数据语义分析以及智能知识服务。知识图谱技术可与档案服务工作相结合，通过档案数据抽取框架，构建馆藏档案资源中关于人、物、组织、事件等实体及其内在的关联关系，在用户对档案服务提出需求时，可以借助知识图谱分析其身份职业、检索偏好、知识背景，按照不同维度组织档案信息结构图谱，为用户的精准利用提供技术支持。

4.2.2.2　知识获取技术在档案管理工作中的应用模式

知识获取（Knowledge Acquisition）是指机器或系统如何获取知识。知识获取可以分为狭义知识获取和广义知识获取：狭义的知识获取是指机器通过系统设计、程序编制和人机交互获取知识；而广义的知识获取是指借助机器学习主动或半主动地获取知识。知识获取的代表技术包括机器学习和深度学习。

机器学习(Machine Learning)是人工智能领域的一个关键分支,其核心目标在于探究如何使计算机系统能够通过数据学习来改善自身性能,而无须人为显式编程。机器学习提供了一种高效、自适应的方法来处理海量数据和不断变化的网络环境。其所具备的数据处理能力、数据挖掘能力和信息洞察能力,能够有效地提高生产力和工作效率。目前,学界和业界已经对机器学习技术在手写档案识别、隐私档案识别、档案密级划分、主题分类等方面的应用展开初步探索。例如,来自罗马第三大学的学者们与梵蒂冈秘密档案馆的研究人员共同发起了名为"自动转录项目(In Codice Ratio)"的项目,通过将机器学习技术中的深度卷积神经网络和统计自然语言模型相结合,逐步将档案内容自动转录为计算机内存储的文字。

深度学习(Deep Learning,DL)是人工神经网络的分支,通过机器学习算法,使计算机有能力从大量已有数据中学习出潜在的规律和特征,以用来对新的样本进行智能识别或者预测未来事件发生的可能性。借助深度学习网络模型对照片档案中的内容进行特征提取,根据指定的特定条件自动对照片档案进行分类,为照片档案信息的智能检索提供有效支持。

4.2.2.3 知识应用技术在档案管理工作中的应用模式

知识应用(Knowledge Application)主要指机器获取到知识后如何将其应用到具体的实践场景中。知识应用的代表技术包括计算机视觉、自然语言处理和智能机器人。

计算机视觉(Computer Version,CV)是分析、研究让计算机的智能化达到模拟人类双眼视觉的一门研究科学,即依靠智能化的计算机实现对于客观存在的三维立体化世界的理解及识别。简而言之,计算机视觉技术就是利用了摄像机和电脑来替代人眼,使得计算机拥有人的双眼所具有的分割、分类、识别、跟踪、判别、决策等功能。计算机视觉在档案管理工作中的应用场景较为广泛,不仅能对照片档案的特征进行识别,从而实现智能分类,还可能对档案机构人员进行身份识别,实现智能档案安防等。

自然语言处理(Natural Language Processing,NLP)作为人工智能的子领域,其研究的重点在于实现人与计算机之间的信息交互,让计算机能够理解并使用人类的语言。Ben-Gurion 档案馆和微软以色列公司就通过开发智能检索技术,实现对以色列开国元勋 Ben-Gurion 数千页日记和其他手稿(已实现数字化)的全文实时检索。该项目尝试应用知识图谱和自然语言处理等智能技术在归档档案中建立相似性,并以交互式地图的形式进行展示。智能检索的应用提升了档案检索的查全率与查准率,缩短了研究人员获取所需档案的时间,也为以色列乃至全世界研究人员的深入检索提供了便利。

智能机器人(Intelligent Robot)的原理是通过各种传感器设备获取环境信息，利用人工智能进行识别、理解、推理、判断和决策来完成特定任务。因此，智能机器人除了具有感知环境能力和简单的适应环境能力外，还具有较强的识别理解功能和决策规划功能。目前已有学者提出智能机器人在档案库房中的应用：通过智能机器人对馆藏档案温湿度进行自动记录、监控异常情况、日常档案巡检等；通过智能机器人实现新入库档案的上架、借阅档案的出库、归还档案的入库、年度档案实体的盘点等工作；通过智能机器人标准化的内置程序，实现已有实体档案的装订、盖档号章、编制页码、装盒等日常整理工作，部分代替档案从业人员的日常整理工作。

4.2.3　基于人工智能智能程度的典型应用模式

《人工智能标准化白皮书(2018 版)》认为人工智能是知识的工程，是机器模仿人类利用知识完成一定行为的过程。根据人工智能是否能真正实现推理、思考和解决问题，白皮书将人工智能划分为弱人工智能和强人工智能。基于此，我们对人工智能在档案管理中的应用模式进行划分，可分为弱人工智能档案应用模式和强人工智能档案应用模式。

4.2.3.1　弱人工智能档案应用模式

弱人工智能，又称窄人工智能(ANI)，是指不能真正实现推理和解决问题，针对特定任务而设计和训练的智能机器，它们仅具备观察和感知的能力，可做到一定程度的理解和推理，AlphaGo 是弱人工智能的典型代表，是一种仅擅长于游戏领域的人工智能。

弱人工智能技术主要包括模式识别、自然语言处理、机器学习、数据挖掘等，可与档案管理工作的全过程相结合。例如借助自然语言处理实现语义检索；利用知识图谱构建可视化档案知识网络；利用大语言模型实现智能档案编研；利用人脸识别技术实现照片档案智能分类；利用人机交互减少人工成本等。

4.2.3.2　强人工智能档案应用模式

强人工智能(AGI)，是指拥有自我思维和自我意识的智能机器，能够独立解决一些之前没有遇到过的问题，这类机器可分为类人(机器的思考和推理能够具备类似人的思维)与非类人(机器产生了和人完全不一样的知觉和意识，能够使用和人完全不一样的推理方式)两大类。拥有 AGI 的机器不仅能作为工具，同时可以像人类一样，进行思考、计划、理解复杂理念等。

强人工智能在档案工作中的可能应用场景主要集中于智慧问答、智能编研、辅助决策等方面，有助于实现档案工作的高度智慧化，向用户提供高质量的知识服务。但受到目前科技发展水平的限制，强人工智能的训练和应用还难以实现。

4.2.4 基于档案馆智慧服务类型的典型应用模式

档案机构是我国重要的文化事业单位和档案利用中心，根据已有的技术条件和服务基础，在此基础上提供的智慧服务包括智能导航服务、档案智能检索、智能化自助服务、个性化档案信息服务、智慧空间服务、档案网络社区。基于此，我们将人工智能在档案管理工作中的应用模式划分为智能导航服务应用模式、档案智能检索应用模式、智能化自主服务应用模式、个性化档案信息服务应用模式、智慧空间服务应用模式、档案网络社区应用模式。

4.2.4.1 智能导航服务应用模式

社会公众作为档案机构的主要服务对象，其知识背景和信息素养参差不齐，在寻求档案服务的过程中需要特定的指引和向导。基于人工智能技术构建面向公众的档案智能导航服务，能够实现智能化、无人化、交互式的服务导览。

基于人工智能技术建构的智能导航服务主要包含智能导览平台和智能交互机器人。依托知识图谱、大数据分析、自然语言处理等技术建构的智能导览平台能够充分理解用户的检索意图，调出所有相关的信息，保障查全率和查准率。具备识别理解能力和决策规划能力的智能机器人能够通过与用户的语音对话和文本交流了解对方意图，规划并引导用户获取所需信息。

4.2.4.2 档案智能检索应用模式

智能检索是指通过已有的档案管理数据和用户利用数据评估档案资料的重要性、借阅频次等，对检索结果进行排序，提高检索效率。从检索方式上看，智能检索服务能够提供目录检索、元数据检索、全文检索、关键词检索等多种检索方式，满足用户的不同检索需求。

基于人工智能技术建构的智能检索服务，能够理解检索词的深层含义和语词之间的内在逻辑关系，并在数据库中调出与之可能相关联的信息，构建完整的信息知识网络，提高检索服务的质量。

4.2.4.3 智能化自助服务应用模式

档案自助服务涵盖身份认证、查档预约、档案转递和在档证明等多个方面，种类多样、重复性高，对档案工作人员的专业水平要求较低。

基于人工智能技术建构的智能化档案自助服务平台能够基于用户的身份信息、历史行为、职业性质等，了解档案所在单位和所需业务流程，并为公众提供邮寄、预约查档、开具证明等服务。用户仅需通过简单的自助操作就可以立即实现业务办理，最大程度节省用户的时间精力。

4.2.4.4 个性化档案信息服务应用模式

由于技术水平和人员数量的限制，以往的档案个性化服务主要针对特定访问团体、特定查档用户开展，针对普通用户开展的个性化服务较少。

基于人工智能技术建构的个性化档案信息服务，能够根据访问用户的年龄、学历、职业、检索历史等特征划分为不同群体，分析群体的档案信息需求特征，并为特定的用户群体设置特色服务专栏，定期推送与用户相关或用户可能感兴趣的档案信息，从被动服务转变为主动服务。

4.2.4.5 智慧空间服务应用模式

空间是开展档案服务必不可少的场所。智慧空间服务是指通过对空间内环境和设备的升级改造，为用户提供智能、舒适的环境。

基于人工智能技术建构的智慧空间服务，一方面，通过感知设备实时监控场馆内的温度、湿度、气体、烟雾，保障空间内的恒温恒湿与安全预警。另一方面，充分利用闲置空间，设置智能服务终端、智能导览平台、智能引导机器人等，搭建智能化、全方位的智能服务体系，减少用户的问询成本和时间成本。

4.2.4.6 档案网络社区应用模式

档案网络社区是以社区为单位的，内嵌于档案智慧服务平台的个人档案信息平台，用户在平台通过身份认证和实名核验后，就可以匹配到自己的档案信息，实现档案业务线上办理。

基于人工智能技术建构的档案网络社区包括两方面：个人档案状态和线上档案业务办理。借助档案网络社区，用户可以随时随地了解自己的个人档案信息和档案转递状态。同时还可以通过业务系统实现档案转递、在档证明、信息查询等业务在线办理，足不出户尽享便捷。

4.2.5　基于人工智能技术层次的典型应用模式

经过多年人工智能的理论研究与实践应用，目前业界广泛认为，人工智能的核心能力可以分为三个层面，分别是计算智能、感知智能、认知智能。以人工智能技术层次为依据对人工智能在档案管理中的应用模式进行划分，可分为运算智能技术在档案管理中的应用模式、感知智能技术在档案管理中的应用模式、认知智能技术在档案管理中的应用模式。

4.2.5.1　运算智能技术在档案管理中的应用模式

运算智能，即机器具备超强的存储能力和超快的计算能力，可以基于海量数据进行深度学习，利用历史经验指导当前环境。随着计算力的不断发展，储存手段的不断升级，运算智能已经实现。运算智能的主要应用领域包括模式识别、优化计算、经济预测、金融分析、智能控制、机器人学习、数据挖掘等。

运算智能技术在档案工作中的应用主要集中于库存档案的实时统计、智能检测、智能检索，如徐辛酉等提出的基于 YOLOv4 的图像检测技术在老照片档案智能检索中的实验表明，在模糊的老照片中，YOLOv4 模型检测五个类别对象的 AP 值均高于 90%，其中对建筑物的 AP 值高达 94.56%，为老照片档案的智能检索提供了可行路径。

4.2.5.2　感知智能技术在档案管理中的应用模式

感知智能是指使机器具备视觉、听觉、触觉等感知能力，可以将非结构化的数据结构化，并用人类的沟通方式与用户互动。感知智能目前用于实现人类可以简单完成的、重复度较高的工作，比如人脸识别、语音识别、声纹识别、虹膜识别等。

感知智能技术在档案工作中的应用主要集中于视觉识别：利用人脸识别技术，对照片档案进行识别归类或对档案室进出人员进行身份核对。如许振哲提出通过卷积神经网络运作弥补人脸识别技术的缺陷，提取图片的特征向量相互匹配，对视频画面解码，为视频人物添加索引信息，提升档案检索利用效率。

4.2.5.3　认知智能技术在档案管理中的应用模式

认知智能是从人类大脑的研究和认知科学中汲取灵感，结合跨领域的知识图谱、因果推理、持续学习等，赋予机器类似人类的思维逻辑和认识能力，特别是理解、归纳和应用知识的能力。其代表技术包括机器学习、自然语言处理（NLP）、知识图谱等。认知智能需要具有对采集的信息进行处理、存储和转化的能力，对业务需求的理解及对分散数据、知识的治理能力，以及针对业务场景进行策略构建和决策，提升人与机器、人与人、人与业务的协同、共享和博弈的能力。

认知智能技术在档案工作中的应用主要集中于智慧问答、人机交互，根据用户需求提供知识服务。如王雪荻等提出的依托 OCR 识别技术、机器学习、自然语言理解、语音识别技术构建的人工智能问答系统，能够对用户问题进行 N-gram 特征、正则表达式特征、主题模型特征等多维度特征提取，并使用自然语言处理技术处理原始问题，通过智能分词、纠错、词嵌入转换等处理，结合特征提取得到的多维度数据，形成用户问题的高维度空间向量表示，最终实现与用户的智能问答交互。

4.3 人工智能在档案管理中的典型技术方案

4.3.1 总体设计原则

信息化系统总体设计原则是指在设计和开发信息化系统时，需要遵循的一系列基本原则。这些原则包括先进性原则、实用性原则、规范性原则、安全性原则、可靠性和稳定性原则、易用性原则、可持续性原则、可行性和经济性原则等。

4.3.1.1 先进性原则

设计应该采用先进的技术和理念，以满足不断变化的市场需求和技术发展的要求。在设计过程中，应该充分考虑未来的发展趋势和技术变革，选择具有前瞻性和适应性的技术方案。例如，可以采用云计算、大数据、人工智能等新兴技术，提高系统的处理能力和智能化水平。

4.3.1.2 实用性原则

设计应该以实际需求为基础，注重解决实际问题和提高工作效率。在设计过程中，应该充分了解用户的需求和使用习惯，确保系统的实用性和可操作性。例如，可以采用模块化和可扩展的设计思路，方便进行功能的定制和扩展。

4.3.1.3 规范性原则

设计应该遵循一定的规范和标准，以确保系统的一致性和互操作性。在设计过程中，应该参考相关的国际国内标准和行业标准，制定统一的设计规范和接口标准。例如，可以采用 SOA 架构和 Web 服务技术，实现系统的松耦合和互操作性。

4.3.1.4　安全性原则

设计应该注重数据的保护和隐私的安全。在设计过程中，应该采取有效的安全措施，如加密技术、访问控制、权限控制等，确保系统的安全性。例如，可以采用多层次的安全策略，包括物理安全、网络安全、应用安全和数据安全等方面。

4.3.1.5　易用性原则

设计应该注重用户体验，使系统易于操作和使用。在设计过程中，应该充分考虑用户的需求和使用习惯，采用直观友好的界面设计和交互方式，提高用户的满意度和使用效率。例如，可以采用响应式设计和自适应布局技术，适应不同终端设备的使用需求。

4.3.1.6　可持续性原则

设计应该考虑到未来的可持续发展，为未来的业务发展留下足够的空间。在设计过程中，应该充分考虑系统的可扩展性和可升级性，方便进行功能扩展和升级。同时，也应该考虑系统的能源消耗和碳排放等问题，采取相应的措施降低其对环境的影响。例如，可以采用绿色计算和节能技术，减少系统的能耗和碳排放量。

4.3.1.7　可靠性和稳定性原则

设计应该注重数据的可靠性和稳定性。在设计过程中，应该采取有效的备份和恢复策略，确保数据的安全、准确和完整。同时，也应该考虑系统的容错性和可恢复性，确保系统的稳定性和可靠性。例如，可以采用高可用性的设计和部署方案，保证系统的连续运行和服务的可用性。

4.3.1.8　可行性和经济性原则

设计应该考虑到实施的可行性和经济性。在设计过程中，应该充分考虑项目的投资回报率和成本效益比，选择具有可行性和经济性的技术方案和实施方案。例如，可以采用敏捷开发和迭代式的设计思路，降低项目的风险和成本。

4.3.2　档案资源数据化技术方案

4.3.2.1　总体建设目标

档案资源数据化是一种新型的档案资源处理模式，它通过运用包括人工智能技术在内的新一代信息技术，对电子档案和数字档案等档案资源进行处理，将各种传统载体形式的档案资源转化为机器可理解和处理的数据形式的过程。档案资源数据化工作开展后可以有效提升档案管理工作效率、提高档案资源开发程度、促进档案资源的利用共享、体现档案数据资源价值。

4.3.2.2　应用架构设计

档案资源数据化应用架构设计如图 4-1 所示：

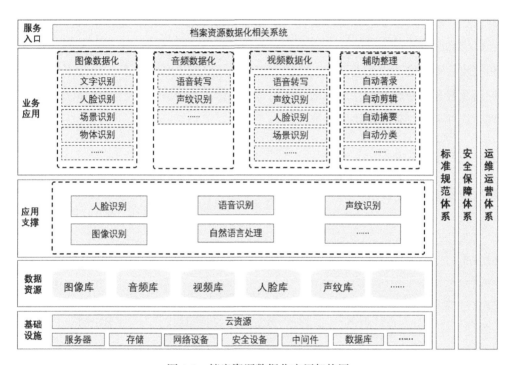

图 4-1　档案资源数据化应用架构图

（1）服务入口：档案资源数据化相关系统。

（2）业务应用：档案资源数据化的重点在文本、图像、音频、视频等档案资源的数据化，应根据文本、图像、音频、视频等档案资源的特点并结合人工智能技术设计业务应用的功能。其业务应用功能主要有预处理、图像数据化、音频数据化、视频数据化、辅助整理等。

（3）应用支撑：应用支撑主要为支撑应用功能运行的技术（工具、引擎或组件）。根据设计的应用功能模块内容，所涉及的应用支撑主要有：OCR 识别技术、语音识别技术、声纹识别技术、人脸识别技术、图像识别技术、自然语言处理技术、机器翻译技术等。

（4）数据资源：应用系统中主要为文本、图像、音频和视频档案资源，所以数据资源主要为文本库、图像库、音频库和视频库。运用相关技术对以上数据资源进行加工、处理还可以形成人脸库、声纹库等数据资源。

（5）基础设施：基础设施主要分为两类，一类是云资源，由云资源提供应用系统所需的服务、内存、存储、算力等资源；一类是物理资源，主要有服务器、磁盘阵列、网络设备、安全设备、操作系统、数据库、中间件等资源。

（6）保障体系：保障体系包括标准规范体系、安全保障体系、运维运营体系。标准规范体系是对信息系统建设进行规范和标准化的体系，包括数据标准、技术标准和管理标准等。通过建立统一的标准与规范体系，可以保证平台规范、安全、稳定运行。安全保障体系是保障信息系统安全的体系，主要负责应对各种信息安全风险。按照国家网络安全等级保护相关政策和标准要求建立运行、维护、更新与信息安全保障体系，保障平台网络、数据、应用及服务的稳定运行。运维运营体系是确保信息系统正常运行的体系，包括硬件设备管理、软件系统管理、网络管理等。

4.3.2.3 数据架构设计

数据架构如图 4-2 所示：

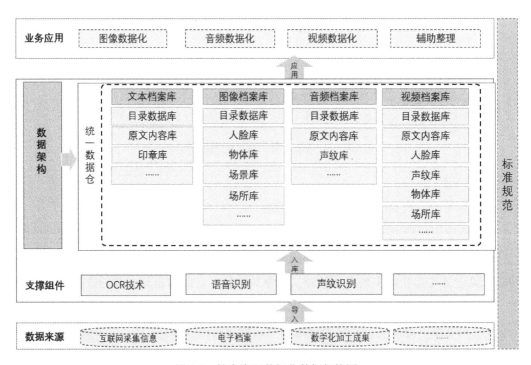

图 4-2 档案资源数据化数据架构图

（1）数据来源：应用系统的数据来源于互联网采集的数据资源；传统载体数字化加工成果；业务系统产生并归档的电子档案。

（2）支撑组件：进入系统中的档案资源经过支撑组件处理后进入档案资源库中，涉及的支撑组件主要有：OCR识别技术、语音识别技术、声纹识别技术、人脸识别技术、图像识别技术、自然语言处理技术、机器翻译技术等。

（3）数据架构：统一数据仓中主要包含文本档案库、图像档案库、音频档案库和视频档案库。其中文本档案库包括目录数据库、原文内容库、印章库等；图像档案库包括目录数据库、原文内容库、人脸库、物体库、场景库、场所库等；音频档案库包括目录数据库、原文内容库、声纹库等；视频档案库包括目录数据库、原文内容库、人脸库、声纹库、物体库、场景库、场所库等。

（4）业务应用：统一数据仓可以为业务应用提供数据支撑，同时将业务应用产生的新数据存入统一数据仓，可以丰富数据仓内容及数据量。业务应用主要有图像数据化、音频数据化、视频数据化、辅助整理等业务应用。

（5）标准规范建设：主要有各类数据标准、数据采集标准、数据入库标准、数据应用标准等。通过规范、统一各类数据各个过程的数据标准规范对数据进行统一、高效、安全的管理。

4.3.2.4 功能框架设计

功能框架设计如图4-3所示：

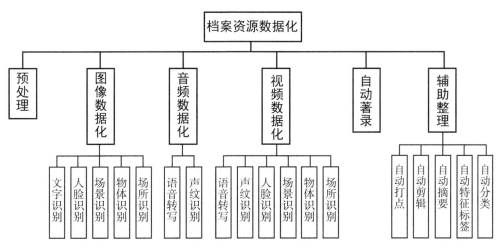

图4-3 档案资源数据化功能框架设计图

档案资源数据化功能模块分为：

（1）预处理；

（2）图像数据化：文本数据化、人脸识别、场景识别、物体识别、场所识别；

（3）音频数据化：语音转写、声纹识别；

（4）视频数据化：语音转写、声纹识别、人脸识别、场景识别、物体识别、场所识别；

（5）自动著录；

（6）辅助整理：自动打点、自动剪辑、自动摘要、自动特性标签、自动分类。

4.3.2.5　技术路线选择

档案资源数据化技术方案可能涉及的人工智能技术有 OCR 识别技术、语音识别技术、声纹识别技术、人脸识别技术、图像识别技术、自然语言处理技术、机器翻译技术等。

4.3.2.6　系统功能规划

（1）预处理：

为更好地开展档案资源数据化工作，为提高档案资源数据化成果质量，在进行档案资源数据化前，需提供对图像、音频、视频等档案资源质量检测、数据修复等预处理操作。具体档案修复相关功能参见"智能档案修复技术方案"内容。

（2）图像数据化：

① 文字识别。

应支持识别印刷简体档案资源中的文字；

应支持识别印刷繁体档案资源中的文字；

应支持识别手写简体档案资源中的文字；

应支持识别手写繁体档案资源中的文字；

应支持识别印刷外文档案资源中的文字；

宜支持识别手写外文档案资源中的文字；

应支持识别横版和竖版文字；

应支持识别表格中的文字和印章中的文字；

应具备样本训练功能，用户可以通过提供已标注的样本数据进行训练，提高系统的识别准确率。系统应支持深度学习算法，通过不断学习和优化模型，提高文字识别的准确性。

② 人脸识别。

应支持识别并自动检测并提取图像档案资源中的人脸照片；

应支持用户手动选择和提取图像档案中的人脸照片；

应支持根据人脸库信息自动匹配并标注图像中的人脸信息；

应支持用户手动标注人脸信息；

应具备样本训练功能，用户可以通过提供已标注的样本数据进行训练，提高系统的识别准确率。系统应支持深度学习算法，通过不断学习和优化模型，提高人脸识别的准确性。

③ 场景识别。

应支持识别并自动检测并提取图像档案资源中的场景信息；

应支持手动提取图像档案资源中的场景信息；

应支持手动标注和自动标注图像档案资源中的场景名称，针对场景库中已有的场景应自动标注场景名称；

应具备样本训练功能，用户可以通过提供已标注的样本数据进行训练，提高系统的识别准确率。系统应支持深度学习算法，通过不断学习和优化模型，提高场景识别的准确性。

④ 物体识别。

应支持识别并自动检测并提取图像档案资源中的物体信息；

应支持手动提取图像档案资源中的物体信息；

应支持手动标注和自动标注图像档案资源中的物体名称，针对物体库中已有的物体应自动标注物体名称；

应具备样本训练功能，用户可以通过提供已标注的样本数据进行训练，提高系统的识别准确率。系统应支持深度学习算法，通过不断学习和优化模型，提高物体识别的准确性。

⑤ 场所识别。

应支持识别并自动检测并提取图像档案资源中的场所信息；

应支持手动提取图像档案资源中的场所信息；

应支持手动标注和自动标注图像档案资源中的场所名称，针对场所库中已有的场所应自动标注场所名称；

应具备样本训练功能，用户可以通过提供已标注的样本数据进行训练，提高系统的识别准确率。系统应支持深度学习算法，通过不断学习和优化模型，提高场所识别的准确性。

(3)音频数据化：

① 语音转写。

应支持音频档案资源识别转写成可编辑的文本数据；

宜具备对数字、日期、时间等数据返回格式化文本，并能够根据对话语境，智能断句并匹配标点符号；

语音转写支持的语种应包含中文普通话、中文方言和外文语种，如果是外文语种宜支持将外文翻译为中文，同时保留原语种文字；

应具备样本训练功能，用户可以通过提供已标注的样本数据进行训练，提高系统的识别准确率。系统应支持深度学习算法，通过不断学习和优化模型，提高语音识别的准确性。

② 声纹识别。

应支持手/自动识别并提取音频档案资源的声纹信息；

应支持手动提取音频档案资源中的声纹信息；

应支持对提取的声纹进行手动标注人名和自动标注人名，针对声纹库中已有的声纹应自动标注人名、注释等；

应支持按照声纹特征对转写文本进行分类；

应具备样本训练功能，用户可以通过提供已标注的样本数据进行训练，提高系统的识别准确率。系统应支持深度学习算法，通过不断学习和优化模型，提高声纹识别的准确性。

(4)视频数据化：

① 语音转写。

应支持音频档案资源识别转写成可编辑的文本数据；

宜具备对数字、日期、时间等数据返回格式化文本，并能够根据对话语境，智能断句并匹配标点符号；

语音转写支持的语种应包含中文普通话、中文方言和外文语种，如果是外文语种宜支持将外文翻译为中文，同时保留原语种文字；

应具备样本训练功能，用户可以通过提供已标注的样本数据进行训练，提高系统的识别准确率。系统应支持深度学习算法，通过不断学习和优化模型，提高语音识别的准确性。

② 声纹识别。

应支持自动识别并提取音频档案资源的声纹信息；

应支持手动提取音频档案资源中的声纹信息；

应支持对提取的声纹进行手动标注人名和自动标注人名，针对声纹库中已有的声纹应自动标注人名、注释等；

应支持按照声纹特征对转写文本进行分类；

应具备样本训练功能，用户可以通过提供已标注的样本数据进行训练，提高系统的识别准确率。系统应支持深度学习算法，通过不断学习和优化模型，提高声纹识别的准确性。

③ 人脸识别。

应支持识别并自动检测并提取图像档案资源中的人脸照片；

应支持用户手动选择和提取图像档案中的人脸照片；

应支持根据人脸库信息自动匹配并标注图像中的人脸信息；

应支持用户手动标注人脸信息；

应具备样本训练功能，用户可以通过提供已标注的样本数据进行训练，提高系统的识别准确率。系统应支持深度学习算法，通过不断学习和优化模型，提高人脸识别的准确性。

④ 场景识别。

应支持识别并自动检测并提取图像档案资源中的场景信息；

应支持手动提取图像档案资源中的场景信息；

应支持手动标注和自动标注图像档案资源中的场景名称，针对场景库中已有的场景应自动标注场景名称；

应具备样本训练功能，用户可以通过提供已标注的样本数据进行训练，提高系统的识别准确率。系统应支持深度学习算法，通过不断学习和优化模型，提高场景识别的准确性。

⑤ 物体识别。

应支持识别并自动检测并提取图像档案资源中的物体信息；

应支持手动提取图像档案资源中的物体信息；

应支持手动标注和自动标注图像档案资源中的物体名称，针对物体库中已有的物体应自动标注物体名称；

应具备样本训练功能，用户可以通过提供已标注的样本数据进行训练，提高系统的识别准确率。系统应支持深度学习算法，通过不断学习和优化模型，提高物体识别的准确性。

⑥ 场所识别。

应支持识别并自动检测并提取图像档案资源中的场所信息；

应支持手动提取图像档案资源中的场所信息；

应支持手动标注和自动标注图像档案资源中的场所名称，针对场所库中已有的场所应自动标注场所名称；

应具备样本训练功能，用户可以通过提供已标注的样本数据进行训练，提高系统的识别准确率。系统应支持深度学习算法，通过不断学习和优化模型，提高场所识别的准确性。

（5）辅助整理：

① 自动著录。

应支持对已数据化的照片、音频、视频档案资源自动提取、捕获并补充档案实体元数据。

针对图像档案资源，自动著录功能应支持规范的电子公文、固定版式相对固定的文件和文件中不同形状、不同颜色的印章。

应遵循国家或行业相关的档案元数据标准，自动著录的内容应符合各类档案元数据规范要求。

应提供人工校核的功能，允许用户对自动著录的元数据进行审核和修正。

宜支持系统用户配置自动著录模板，可以配置元数据名称及对应的值域。

宜提供样本训练的功能，允许用户通过标注样本来训练模型，提升系统的自动著录准确率。宜具备深度学习的能力，能够不断学习和优化模型。

宜具备对自动著录结果进行元数据著录质量检测功能，检测结束后应记录检测过程、检测结果、结果原因和修改建议等。

② 自动打点。

应支持根据音频和视频档案资源内容，自动为音频和视频档案资源打点，并自动添加打点说明。系统应具备音频和视频内容分析的能力，能够识别关键事件、重要片段等信息，并在相应的时间点上进行打点。系统应能够自动生成打点说明，对打点的内容进行描述和解释。

应支持用户手动添加打点和填写打点说明。除了自动打点功能外，系统应提供手动添加打点的功能，允许用户根据实际需求在任意时间点上进行打点。用户可以手动填写打点说明，对打点的内容进行详细的描述和解释。

③ 自动剪辑。

应支持根据音频和视频档案资源内容，自动将单个音频和视频档案资源进行剪辑，并给出剪辑说明。系统应具备音频和视频内容分析的能力，能够识别关键事件、重要片段等信息，并根据用户预设的规则，自动对音频和视频进行剪辑。并能够生成相应的剪辑说明，对剪辑的内容进行描述和解释。

应支持用户手动剪辑音频和视频档案资源。

④ 自动摘要。

应支持根据图像、音频、视频数据化结果提取关键信息自动生成摘要。

⑤ 自动特征标签。

应支持根据图像、音频、视频数据化结果进行语义分析，自动给档案添加特征标签。

⑥ 自动分类。

应支持根据图像、音频、视频数据化结果，自动划分机构(问题)，自动划分保管期限，自动排列先后顺序。

4.3.3 智能档案修复技术方案

4.3.3.1 总体建设目标

智能档案修复通过运用包括人工智能技术等新一代信息技术，它能够及时发现已受损档案资源，提升档案资源修复速度和效率，提高档案资源修复质量，确保档案资源的可持续性和可靠性。智能档案修复可以更好地保护档案资源，更好地保护档案资源，传承历史文化遗产，充分发挥档案在存史、资政、育人方面的作用。

4.3.3.2 应用架构设计

应用架构设计如图 4-4 所示：

(1)服务入口：智能档案修复相关系统。

(2)业务应用：智能档案修复业务应用功能主要有图像资源修复、音频资源修复、视频资源修复，其中图像资源修复包括图像质量检测、图像智能修复、图像生成等功能，音频资源修复包括音频质量检测、音频智能修复、音频生成等功能，视频资源修复包括视频质量检测、视频智能修复、视频生成等功能。

(3)应用支撑：应用支撑主要为支撑应用功能运行的技术(工具、引擎或组件)。根据功能框架设计内容，所涉及的应用支撑主要有：认知大模型、视觉分析、机器学习、深度

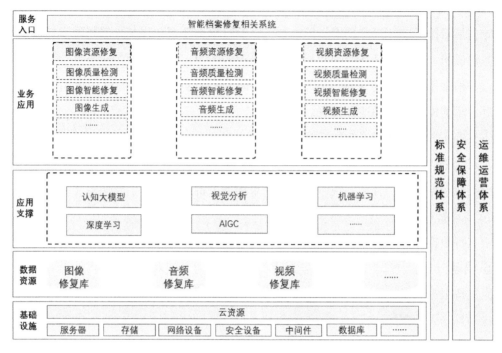

图 4-4 智能档案修复应用架构图

学习、AIGC 等。

（4）数据资源：主要包括待修复的图像库、音频库和视频库，修复过程中产生的图像库、音频库和视频库，修复完成后的图像修复库、音频修复库和视频修复库。

（5）基础设施：基础设施主要分为两类，一类是云资源，由云资源提供应用系统所需的服务、内存、存储、算力等资源；一类是物理资源，主要有服务器、磁盘阵列、网络设备、安全设备、操作系统、数据库、中间件等资源。这些资源为智能档案修复提供所需的计算和存储能力，保障系统的稳定运行。

（6）保障体系：保障体系包括标准规范体系、安全保障体系、运维运营体系。标准规范体系是对信息系统建设进行规范和标准化的体系，包括数据标准、技术标准和管理标准等。通过建立统一的标准与规范体系，可以保证平台规范、安全、稳定运行。安全保障体系是保障信息系统安全的体系，主要负责应对各种信息安全风险。按照国家网络安全等级保护相关政策和标准要求建立运行、维护、更新与信息安全保障体系，保障平台网络、数据、应用及服务的稳定运行。运维运营体系是确保信息系统正常运行的体系，包括硬件设备管理、软件系统管理、网络管理等。

4.3.3.3 数据架构设计

数据架构如图 4-5 所示：

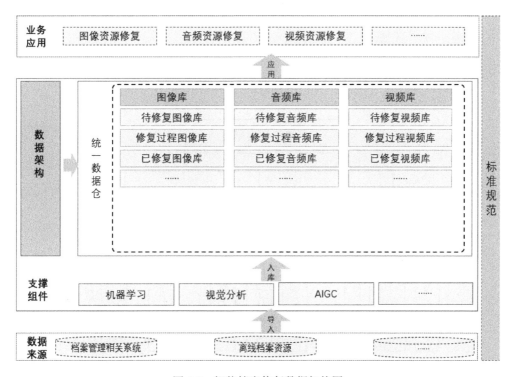

图 4-5 智能档案修复数据架构图

（1）数据来源：数据来源主要包括档案管理相关系统和离线档案资源。这些数据通常以版式文件、图片、音频或视频的形式存在。

（2）支撑组件：进入系统中的档案资源经过支撑组件处理后进入档案资源库中，涉及的支撑组件主要有：认知大模型、机器学习、深度学习、视觉分析、AICG 等。

（3）数据架构：统一数据仓中主要包含图像库、音频库和视频库。其中图像库包括待修复图像库、修复过程图像库、已修复图像库，其中音频库包括待修复音频库、修复过程音频库、已修复音频库，其中视频库包括待修复视频库、修复过程视频库、已修复视频库。

（4）业务应用：统一数据仓为业务应用提供数据支撑，同时业务应用产生的新数据存入统一数据仓，丰富数据仓内容及数据量。业务应用主要有图像资源修复、音频资源修复、视频资源修复。

（5）标准规范建设：主要有各类数据标准、数据采集标准、数据入库标准、数据应用标准等。通过规范、统一各类数据各个过程的数据标准规范对数据进行统一、高效、安全的管理。

4.3.3.4 功能框架设计

功能框架设计如图 4-6 所示：

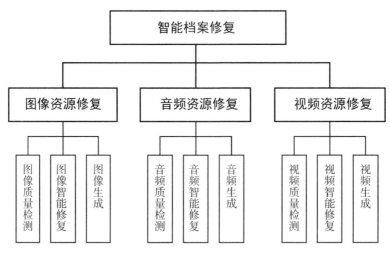

图 4-6 智能档案修复功能模块图

智能档案修复功能模块分为图像资源修复、音频资源修复、视频资源修复，其中图像资源修复包括图像质量检测、图像智能修复、图像生成等功能，音频资源修复包括音频质量检测、音频智能修复、音频生成等功能，视频资源修复包括视频质量检测、视频智能修复、视频生成等功能。

4.3.3.5 技术路线选择

智能档案修复技术方案可能涉及的人工智能技术有：认知大模型、机器学习、深度学习、视觉分析、AIGC 等。

4.3.3.6 系统功能设计

（1）图像资源修复：

① 图像质量检测。

应支持智能检测图像清晰度、污点、污线、黑边、倾斜度、色彩、噪点、水印、完整性等。通过使用先进的图像处理算法和人工智能技术，系统能够自动识别并分析图像中的各种质量问题。能够检测图像的清晰度，判断是否存在模糊或失焦的情况；能够检测图像中的污点、污线等瑕疵，以及黑边、倾斜度等问题。可以识别过曝、过暗或颜色偏差等图像的色彩问题；可以准确检测噪点和水印问题；可以评估图像是否有缺失或损坏的部分。

宜支持根据图像质量问题分类展示。为了更好地帮助用户理解和处理图像质量问题，系统可以将不同类型的问题进行分类展示。例如可以将清晰度问题归为一类，将污点和污线问题归为另一类。用户可以更方便地浏览和定位特定类型的质量问题，并进行相应的修复操作。

应支持根据图像质量问题向用户推荐图像修复方式。基于对图像质量问题的智能分析和理解，系统可以根据具体的问题类型向用户提供相应的修复建议。对于清晰度问题，系统可以推荐使用去模糊算法进行修复；对于色彩问题，系统可以推荐调整曝光度或色彩平衡等参数；对于噪点问题，系统可以推荐使用降噪算法进行处理。通过个性化的修复建议，用户能够更高效地解决图像质量问题。

应支持手动标记图像质量问题。除了自动检测图像质量问题外，系统还应该提供手动标记的功能，让用户能够自主地标注图像中的质量问题。用户可以根据自己的需求和判断，对图像进行更准确的分析和修复。手动标记功能可以为用户提供更大的灵活性和控制性，以满足不同情况下的修复需求。

② 图像智能修复。

应支持对污点、污线、黑边周围的正常区域进行学习，去除污点、污线、黑边。系统可以分析并学习污点、污线、黑边周围正常区域的特征，然后利用这些特征来修复图像中的相应问题。可以有效地去除或降低图像中的污点、污线、黑边，提升图像的质量和清晰度。

应支持对印痕、缺失部分周围的正常区域进行学习，修复印痕、缺失部分。系统可以通过对印痕和缺失部分周围正常区域的学习和分析，生成相应的修复结果。基于周围正常区域的学习方式能够实现更自然和准确的修复效果，使图像恢复原有的完整性和美观度。

应支持通过对水印区域的分析，区分背景与水印，并将水印替换为背景颜色或背景图案，去除图像中的水印。系统可以准确地定位和分析水印区域。然后，根据背景和水印的差异，将水印区域替换为背景颜色或背景图案，从而实现去除水印。

应支持去除或降低图像中的噪声，使图像变得清晰。系统可以减少图像中的噪声干扰。可以有效地去除或降低噪声水平，从而改善图像的质量和清晰度。

应支持超分辨率重建，通过算法提高图像的分辨率，使图像变得清晰。系统可以通过对低分辨率图像进行分析和处理，生成高分辨率的图像。可以提高图像的细节表现力和清晰度，使图像更加逼真和精细。

应支持运动模糊修复，针对由于相机移动产生的模糊图像进行修复，使图像变得清晰。系统可以对相机移动导致的模糊进行准确估计和补偿，可以恢复图像中的细节和清晰度，使图像看起来更加锐利和清晰。

应支持有损压缩修复，修复因有损压缩导致图像质量下降的问题。系统可以对有损压缩后的图像进行修复，可以恢复图像中丢失的细节和色彩信息，提高图像的质量和清晰度。

应支持色彩校准、色彩平衡，使图像中的颜色准确、色彩自然。系统可以对图像中的色彩进行调整和校准，通过调整色温、饱和度、亮度等参数，可以实现更准确和自然的色彩表现，使图像看起来更加真实和生动。

应支持亮度和对比度调整，可以使图像看起来更清晰、更明亮。系统可以调整亮度和对比度参数，改变图像的明暗程度和对比度效果。可以使图像看起来更加明亮、清晰和饱满。

如果图像中的某些区域的颜色丢失或无法获取，可以根据周围区域的颜色信息来估计丢失或无法获取的颜色，可以生成合理的颜色填充结果，使图像看起来更加完整和一致。

应支持"一键式"图像色彩修复。为了提供用户友好的操作体验，系统应该提供简单易用的界面和操作方式。用户只需点击一个按钮或执行一个简单的命令，就可以启动自动的色彩修复过程。这样可以减少用户的干预和操作负担，提高修复效率和使用便捷性。

生成新的图像文件同时需保留原图像文件。在进行图像修复的过程中，系统应该生成一个新的修复后的图像文件，同时保留原始的未修复的图像文件作为备份或参考。这样方便用户进行后续的比较和评估，同时也保留了原始数据的安全性和可追溯性。

③图像生成。

应支持根据已有图像生成新的图像。用户可以选择一张现有的图像作为基础，然后通过添加、删除或修改元素来创建一个全新的图像。

图像生成时应支持添加提示词。提示词是一种指导图像生成的方式，它可以帮助模型更好地理解用户的需求，并生成更符合预期的图像。

应支持设置图像尺寸和分辨率等参数。系统应该提供灵活的参数设置选项，用户可以根据需要调整图像的大小和清晰度。

（2）音频资源修复：

① 音频质量检测。

应支持智能检测音频的噪声、音量、音调、音色、缺失等质量问题。通过先进的算法和模型，系统能够准确地识别音频中的各种问题，并提供相应的解决方案。

宜支持根据音频质量问题分类展示。系统可以根据不同的音频问题进行分类，例如将噪声问题分为环境噪声和设备噪声，将音量问题分为过小和过大等。这样，用户可以更直观地了解音频质量的问题所在，并有针对性地进行修复。

应支持根据音频质量问题推荐音频修复方式。系统可以根据音频问题的具体情况，提供相应的修复建议。例如，对于噪声问题，系统可以推荐使用降噪算法进行处理；对于音量问题，系统可以推荐调整增益或均衡器等参数来改善音质。

应支持手动标记音频质量问题。除了自动检测音频问题外，系统还应该提供手动标记的功能，让用户能够自主地标注音频中的质量问题。这样，用户可以根据自己的需求和判断，对音频进行更准确的分析和修复。

② 音频智能修复。

应支持去除或降低背景噪声，提升人声清晰度。通过先进的降噪算法和处理技术，系统能够有效地消除音频中的环境噪声、设备噪声等干扰因素，使人声更加清晰、易于理解。

应支持提升或降低声音的音量。用户可以根据需要自由调整音频的音量水平，使其适应不同的听觉环境和需求。系统可以提供灵活的音量控制功能，让用户轻松实现音频的增益或减弱。

应支持自动调整声音的频率。系统可以通过分析音频信号的频率特性，自动调整音频的频率范围，以优化音质和听感。这样可以使音频更加平衡、自然，并提高听众的听觉体验。

应支持自动调整声音的音色。系统可以根据音频的特点和用户需求，自动调整音频的音色参数，如均衡器、混响等，以改善音频的整体质感和表现力。这样可以使音频更加丰富、生动，并增加听众的情感共鸣。

宜支持根据音频缺失部分周围的正常区域，生成音频内容。当音频中存在缺失部分时，系统可以根据周围正常的音频内容进行推测和填充，以恢复完整的音频信息。这样可以提高音频的完整性和可用性。

应支持"一键式"音频修复。为了方便用户的使用，系统应该提供简单易用的界面和操作方式，使用户能够通过简单地点击或设置即可完成音频修复的过程。这样可以节省用户的时间和精力，提高修复效率。

生成新的音频文件同时需保留原音频文件。在进行音频修复的过程中，系统应该生成一个新的音频文件来保存修复后的结果，同时保留原始的音频文件作为备份或参考。这样可以确保用户对修复结果的满意度，并提供后续的处理和分析的可能性。

③ 音频生成。

应支持将文字转化为音频，生成的音频应真实自然，可以将用户输入的文字内容转化为音频，生成的音频应该具有高质量和自然度，让用户感觉像在与真人交流一样。

宜支持根据原音频文件生成新音频文件，这项功能可以根据用户提供的原音频文件，生成一个新的音频文件，这个新的音频文件是对原音频文件的复制。

合成音频应支持多语种、多方言，可以根据用户的需求，将文本内容转化为不同的语种或方言进行朗读。

应支持调整合成音频的语调、语速、音量等，可以根据特定场景的需求，对生成的音频进行调整，可以选择更快或更慢的语速，更高或更低的音量，以及不同的语气和语调等。

宜支持定制音频声纹，可以根据用户的要求，为生成的音频设置特定的声纹。

应提供多种导出格式选项，系统应该提供多种导出格式选项，例如常见的 MP3、WAV 等格式。

应支持批量处理和自动化流程，系统应该提供批量处理功能，能够同时将多个文本转换为音频。还可以提供自动化流程，让用户可以通过简单的操作完成复杂的任务，提高工作效率。

（3）视频资源修复：

① 视频质量检测。

应支持智能检测视频的对比度、亮度、清晰度、色彩、噪声、条纹、斑点、水印等。系统可以自动识别并分析视频中的各种质量问题。例如，可以检测视频中的过曝或欠曝区域，可以检测视频中的模糊或不清晰区域，可以检测视频中的色彩失真、噪声、条纹、斑点、水印等问题。

应支持根据视频质量问题推荐视频修复方式。系统可以根据视频的具体情况推荐适合的修复方式。对于对比度过低的视频,系统推荐提高画面的对比度;对于色彩失真的视频,系统推荐恢复真实的色彩;对于有噪声干扰的视频,系统推荐改善画面质量。通过智能推荐修复方式,用户无须专业知识即可快速解决视频质量问题。

应支持手动标记视频质量问题。用户可以在观看视频时进行标注,指出视频中存在的具体问题,如对比度、亮度、清晰度等问题。

② 视频智能修复。

应支持自动校正视频的对比度和亮度。系统可以自动检测视频中的过曝或欠曝区域,并调整亮度以获得更好的视觉效果。可以根据视频内容的特点,自动调整对比度,使画面更加鲜明清晰。

应支持去除或降低视频噪点。系统能够识别噪点并去除噪点,提高视频的清晰度。

应支持提升视频清晰度和帧率。系统可以将低分辨率的视频转换为高分辨率的视频,并提高帧率,使画面更加流畅。

应支持修复视频中的条纹、斑点。视频在拍摄或传输过程中可能会受到各种干扰,导致出现横向或纵向的条纹、斑点等问题。系统能够检测并修复条纹、斑点问题,使画面更加平滑自然。

应支持去除视频中的文字或图片水印,动态或静态水印。对于视频中有文字或图片水印,系统应该能够识别并去除这些水印,使视频更加干净整洁。

应支持调整视频音量,优化音调和音色。对于视频的音量过大或过小,或者声音的音调或音色不够理想,系统应该能够调整视频的音量,并优化音调和音色,使声音更加清晰、自然。

应支持调整画面比例,视频可能需要调整为不同的画面比例。系统应该能够根据需要将视频调整为适合的画面比例,如16∶9、4∶3等比例。

应支持调整视频画面的饱和度。饱和度是指颜色的鲜艳程度,对于视频的画面可能过于暗淡或过于鲜艳,系统应该能够调整视频画面的饱和度,使其色彩更加真实自然。

应支持校正、调整视频色彩。对于视频的色彩可能存在偏差或失真,系统应该能够校正和调整视频的色彩,使其更加准确和真实。

应支持"一键式"视频修复。为了方便用户的使用,系统应该提供简单易用的界面和操作方式,使用户能够通过简单地点击或设置即可完成视频修复的过程。这样可以节省用户的时间和精力,提高修复效率。

生成新的视频文件同时需保留原视频文件。在进行视频修复的过程中,系统应该生成一个新的视频文件来保存修复后的结果，同时保留原始的视频文件作为备份或参考。这样可以确保用户对修复结果的满意度，并提供后续的处理和分析的可能性。

③ 视频生成。

宜支持将图片和文字转化为视频。用户可以选择将多张图片或文字内容导入系统，然后将其转化为视频。

宜支持根据原视频文件生成新视频文件。用户可以上传待修复原始视频文件，并选择需要进行处理的参数，系统可以根据用户的选择生成新的视频文件。

视频生成时宜支持添加提示词。在生成视频的过程中，系统可以提供添加提示词的功能，帮助用户更好地组织和展示视频内容，提示词可以是关键词、标签或者说明文字，用于描述视频的主题、内容或者用途。

宜支持设置视频画面比例。用户可以根据需要选择不同的画面比例，如 16∶9、4∶3等，可以根据不同的播放设备或者展示场景来调整视频的画面比例，以达到最佳的观看效果。

宜支持设置视频分辨率。用户可以根据需要选择不同的视频分辨率，如 720p、1080p 等。

宜支持设置视频帧率。用户可以根据需要选择不同的视频帧率，如 30fps、60fps 等。

宜支持设置音频语种，定制音频声纹。用户可以根据需要选择不同的音频语种，如中文、英文等。系统还可以提供定制音频声纹的功能，让用户可以根据声音特点进行个性化设置，使得生成的视频更加独特和个性化。

宜支持设置视频播放速度、音量。用户可以加快或减慢视频的播放速度和音量大小。

4.3.4 智能档案检索技术方案

4.3.4.1 总体建设目标

智能档案检索通过运用包括人工智能技术的新一代信息技术，实现对文本、图像、音频、视频等档案资源的深层次、全方位的便捷检索，能够快速、精准从海量的档案资源库中检索出所需的档案数据。智能档案检索可以提高档案资源社会价值，提高档案资源利用效率，提高社会公众利用档案满意度，提升档案利用服务水平。

4.3.4.2 应用架构设计

应用架构设计如图 4-7 所示：

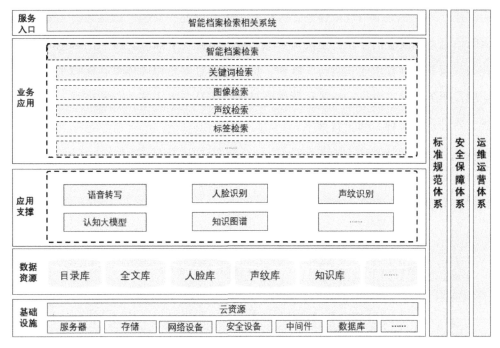

图 4-7　智能档案检索应用架构图

（1）服务入口：智能档案检索相关系统。

（2）业务应用：智能档案检索业务主要有关键词检索、图像检索、声纹检索、标签检索等功能。

（3）应用支撑：应用支撑主要为支撑应用功能运行的技术（工具、引擎或组件）。根据功能框架设计内容，所涉及的应用支撑主要有：OCR 识别技术、语音识别技术、声纹识别技术、人脸识别技术、图像识别技术、自然语言处理技术、认知大模型、知识图谱等。

（4）数据资源：主要包括业务应用所需的目录库、全文库、图片库、音频库、视频库、人脸库、声纹库、指物体库、场景库、场所库、标签库、知识库、关键词库、汉字拼音库等。

（5）基础设施：基础设施主要分为两类，一类是云资源，由云资源（如政务云）提供应用系统运行所需的计算资源、存储资源、备份资源等；一类是物理资源，主要有服务器设备、存储设备、备份设备、网络设备、安全设备等硬件设备，以及操作系统、数据库、中间件等系统软件资源。这些资源为智能档案检索提供所需的计算和存储能力，保障系统的稳定运行。

（6）保障体系：保障体系包括标准规范体系、安全保障体系、运维运营体系。标准规范体系是对信息系统建设进行规范和标准化的体系，包括数据标准、技术标准和管理标准等。通过建立统一的标准与规范体系，可以保证平台规范、安全、稳定运行。安全保障体系是保障信息系统安全的体系，主要负责应对各种信息安全风险。按照国家网络安全等级保护相关政策和标准要求建立运行、维护、更新与信息安全保障体系，保障平台网络、数据、应用及服务的稳定运行。运维运营体系是确保信息系统正常运行的体系，包括硬件设备管理、软件系统管理、网络管理等。

4.3.4.3 数据架构设计

数据架构如图 4-8 所示：

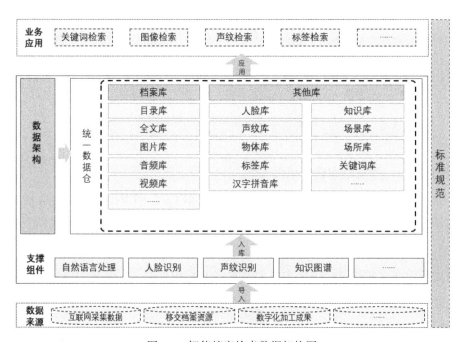

图 4-8　智能档案检索数据架构图

（1）数据来源：数据主要是档案资源库，来源包括互联网采集的数据资料、档案形成单位移交的档案资源、数字化加工成果等。这些数据通常以版式文件、图片、音频或视频的形式存在。

（2）支撑组件：进入系统中的档案资源经过支撑组件处理后进入档案资源库中，涉及的支撑组件主要有：OCR 识别技术、语音识别技术、声纹识别技术、人脸识别技术、图像识别技术、自然语言处理技术、认知大模型、知识图谱等。

（3）数据架构：统一数据仓中主要包含档案库和其他库。其中档案库包括目录库、全文库、图片库、音频库、视频库等，其他库包括人脸库、声纹库、指物体库、场景库、场所库、标签库、知识库、关键词库、汉字拼音库。

（4）业务应用：统一数据仓为业务应用提供数据支撑，同时业务应用产生的新数据存入统一数据仓，丰富数据仓内容及数据量。业务应用主要有档案检索、接待服务等。

（5）标准规范建设：主要有各类数据标准、数据采集标准、数据入库标准、数据应用标准等。通过规范、统一各类数据各个过程的数据标准规范对数据进行统一、高效、安全的管理。

4.3.4.4　功能框架设计

功能框架设计如图4-9所示：

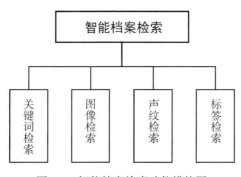

图4-9　智能档案检索功能模块图

智能档案检索功能模块可以分为关键词检索、图像检索、声纹检索、标签检索等功能。

4.3.4.5　技术路线选择

档案资源数据化技术方案可能涉及的人工智能技术有：OCR识别技术、语音识别技术、声纹识别技术、人脸识别技术、图像识别技术、自然语言处理技术、认知大模型、知识图谱等。

4.3.4.6　系统功能设计

（1）关键词检索：

应支持分析用户的查询历史和浏览行为，并根据这些信息为用户推荐相关的检索关键词；

应具备自动补全功能，在用户输入词语、拼音或者简拼时，系统可以根据已有的词库或者用户的查询历史给出相应的补全提示，用户选择或者继续输入；

应具备基于拼音的检索功能，用户输入拼音时，系统可以搜索出同音不同字的内容；

应具备拼写纠正功能，当用户输入的词语错误时，系统可以自动检测并给出可能的正确词语建议，帮助用户纠正错误并继续进行检索；

应具备输入关键词检索文本、照片、音频、视频内容的功能，能够对文本、照片、音频、视频等多种类型的档案资源进行检索；

应具备自然语言理解能力，能够理解用户以自然语言形式输入的查询条件，并根据语义理解给出相应的检索结果。宜集成认知大模型语言理解能力，提升自然语言理解能力；

应支持用户输入多个检索关键词进行检索，并根据这些关键词的组合来给出相应的检索结果；

应支持递进检索功能，允许用户在已有的检索结果中继续输入关键词进行进一步的检索。宜支持混合递进检索，如在图像检索结果中，用户可以输入与图像相关的关键词来缩小检索范围；

应支持在档案文件中进行定位检索条件出现的位置或时间；

应支持根据检索关键词在检索结果中的匹配程度对结果进行排序，按照匹配程度从高到低检索。

宜支持根据用户输入的条件，在知识图谱中匹配相应的三元组。匹配可以包括模糊匹配和精确匹配。

（2）图像检索：

应支持用户上传图片，以图像为基准进行相似度检索，并返回与图片相似的照片档案和视频档案；

应支持用户上传人脸照片作为检索条件，系统应识别人脸并检索出与之相关联的所有类型档案，检索结果宜按照文本、照片、音频、视频等分类展示。

应支持浏览档案时在档案文件中定位检索条件出现的位置或时间，能够准确地找到所需的信息。

应支持用户上传物体照片作为检索条件，系统应识别物体并检索出与之相关联的所有类型档案，检索结果宜按照文本、照片、音频、视频等分类展示。

应支持用户上传场景照片作为检索条件，系统应识别场景并检索出与之相关联的所有类型档案，检索结果宜按照文本、照片、音频、视频等分类展示。

应支持用户上传场所照片作为检索条件，系统应识别场所并检索出与之相关联的所有类型档案，检索结果宜按照文本、照片、音频、视频等分类展示。

应支持根据检索结果匹配程度从高到低排序检索结果，使用户可以快速找到最相关的档案；

宜具备自动识别和抽取上传照片中的内容的能力，识别并检索出相关联的所有类型档案，检索结果宜按照文本、照片、音频、视频等分类展示。

宜支持用户上传包含多张人脸照片的图片作为检索条件，可以识别所有人脸并检索出与之相关联的所有类型档案，检索结果宜按照文本、照片、音频、视频等分类展示。

宜集成拍摄设备、身份证信息识别设备，现场拍摄或读取图像作为检索条件，简化用户操作。

（3）声纹检索：

应支持用户上传音频文件作为检索条件进行检索，识别并检索出相关联的所有类型档案，检索结果宜按照文本、照片、音频、视频等分类展示；

应支持通过麦克风或其他录音设备在线录制音频作为检索条件，简化用户操作；

应支持根据检索结果匹配程度从高到低排序检索结果，使用户可以快速找到最相关的档案；

应支持浏览档案时在档案文件中定位检索条件出现的位置或时间，能够准确地找到所需的信息；

宜支持识别包含多个声纹的音频文件，识别的所有声纹作为检索条件，检索出与所有声纹相关联的所有类型档案，检索结果宜按照文本、照片、音频、视频等分类展示。

（4）标签检索。

应支持用户使用标签作为检索条件，通过选择或输入标签来进行检索；

应支持用户选择或输入多个标签作为检索条件，更准确地筛选出符合的档案；

当用户输入标签时，应支持自动联想并显示与输入相关的标签选项，以便用户选择；

应支持根据用户选择的标签对检索结果进行过滤，只展示符合标签条件的档案结果；

检索结果应按照文本、照片、音频、视频等分类展示；

应支持根据检索结果匹配程度从高到低排序检索结果，使用户可以快速找到最相关的档案；

应支持浏览档案时在档案文件中定位检索标签出现的位置或时间，能够准确地找到所需的信息。

4.3.5　智能档案服务技术方案

4.3.5.1　总体建设目标

智能档案服务通过运用包括人工智能技术在内的新一代信息技术，以及机器人等设备载体，提供了一系列便捷、个性的服务。其中包括自助档案查询服务，使用户能够方便地查询所需的档案信息。服务大厅接待服务，为用户提供个性化的服务。展厅接待服务，能够引导用户参观档案馆展览，提供可视化结果展示功能，将档案信息以直观的方式展示给用户。通过智能档案服务，可以提高档案资源的利用效率，提高社会公众的满意度，提升档案馆的服务水平。

4.3.5.2 应用架构设计

应用架构设计如图 4-10 所示：

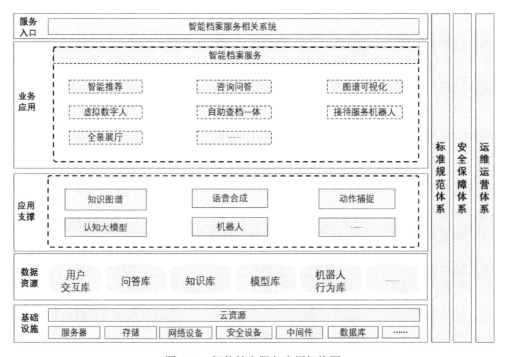

图 4-10　智能档案服务应用架构图

（1）服务入口：智能档案服务相关系统。

（2）业务应用：智能档案服务业务主要有智能推荐、咨询问答、图谱可视化、虚拟数字人、自助查档一体机、接待服务机器人、全景展厅等功能。

（3）应用支撑：应用支撑主要为支撑应用功能运行的技术（工具、引擎或组件）。根据功能框架设计内容，所涉及的应用支撑主要有：知识图谱、语音识别技术、语音合成技术、自然语言处理技术、人脸识别、动作捕捉技术、虚拟现实技术、认知大模型、机器人等。

（4）数据资源：主要包括业务应用所需的档案目录库、档案全文库、人脸库、声纹库、档案知识库、标签库、问答库等，还包括业务应用使用过程中产生的热词库、检索历史库、人脸库、知识库等。

（5）基础设施：基础设施主要分为两类，一类是云资源，由云资源（如政务云）提供应用系统运行所需的计算资源、存储资源、备份资源等；一类是物理资源，主要有服务器设备、存储设备、备份设备、网络设备、安全设备等硬件设备，以及操作系统、数据库、中间件等系统软件资源。这些资源为智能档案服务提供所需的计算和存储能力，保障系统的稳定运行。

（6）保障体系：保障体系包括标准规范体系、安全保障体系、运维运营体系。标准规范体系是对信息系统建设进行规范和标准化的体系，包括数据标准、技术标准和管理标准等。通过建立统一的标准与规范体系，可以保证平台规范、安全、稳定运行。安全保障体系是保障信息系统安全的体系，主要负责应对各种信息安全风险。按照国家网络安全等级保护相关政策和标准要求建立运行、维护、更新与信息安全保障体系，保障平台网络、数据、应用及服务的稳定运行。运维运营体系是确保信息系统正常运行的体系，包括硬件设备管理、软件系统管理、网络管理等。

4.3.5.3 数据架构设计

数据架构如图 4-11 所示。

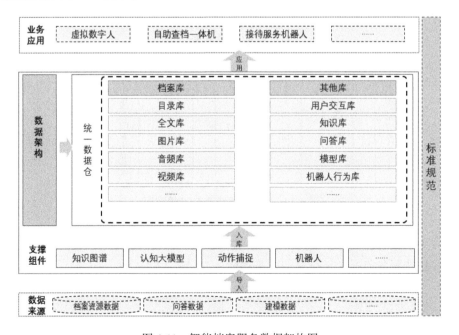

图 4-11 智能档案服务数据架构图

（1）数据来源：数据主要分为档案资源数据和其他数据，其中档案管理系统或者已有的档案资源，其他数据来源主要为外部导入或录入。

（2）支撑组件：进入系统中的档案资源经过支撑组件处理后进入统一数据仓中，涉及的支撑组件主要有：知识图谱、语音识别技术、语音合成技术、自然语言处理技术、人脸识别、动作捕捉技术、虚拟现实技术、认知大模型、机器人等。

（3）数据架构：统一数据仓中主要包含档案库和其他库。其中档案库包括目录库、全文库、图片库、音频库、视频库等，其他库包括用户交互库、知识库、问答库、模型库、机器人行为库等。

（4）业务应用：统一数据仓为业务应用提供数据支撑，同时业务应用产生的新数据存入统一数据仓，丰富数据仓内容及数据量。业务应用主要有智能推荐、咨询问答、图谱可视化、虚拟数字人、自助查档一体机、接待服务机器人、全景展厅等。

（5）标准规范建设：主要有各类数据标准、数据采集标准、数据入库标准、数据应用标准等。通过规范、统一各类数据各个过程的数据标准规范对数据进行统一、高效、安全的管理。

4.3.5.4 功能框架设计

功能框架设计如图 4-12 所示：

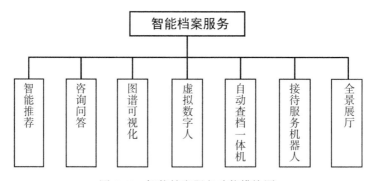

图 4-12 智能档案服务功能模块图

智能档案服务功能模块分为智能推荐、咨询问答、图谱可视化、虚拟数字人、自助查档一体机、接待服务机器人、全景展厅等功能。

4.3.5.5 技术路线选择

档案资源数据化技术方案可能涉及的人工智能技术有：知识图谱、语音识别技术、语音合成技术、自然语言处理技术、人脸识别、动作捕捉技术、虚拟现实技术、认知大模型、机器人等。

4.3.5.6　系统功能设计

（1）智能推荐：

应支持智能分析用户过往的搜索行为和整体用户群体的搜索趋势。可以识别出用户可能感兴趣的领域或主题，并据此推荐相关的检索关键词。

应支持利用检索热度统计信息，向用户推荐当前热门或潜在感兴趣的检索关键词。

应能够根据用户当前的检索结果，分析检索结果的内容特征、关联标签、元数据等信息，推荐相关联的其他档案资源，应支持推荐文本、照片、视频或音频等档案资源。

（2）咨询问答：

应能够理解用户用自然语言形式提出的问题，分析用户的咨询意图和上下文，自动生成或从现有知识库中挑选出最合适的答案来回应用户。

应具备主动以自然语言与用户进行多轮对话。可以通过提出问题来澄清用户需求、提供额外的解释信息或者引导用户完成特定操作。

应包含一个或多个问答库，这些库存放着可能被用户问到的问题及其对应答案。管理员应能够添加新的问答对、更新或删除现有问答对，以及管理问答库的不同版本，确保问答内容的时效性和准确性。

应能够智能地识别用户的提问意图，并触发相关的内部系统功能或控制设备执行相关操作。

（3）图谱可视化：

应能够将每个检索结果通过知识图谱的形式进行可视化展现，用户直观地理解检索结果之间的关联，并快速捕捉到关键信息；

应支持用户通过拖拽操作来调整图中节点的位置，用户应该能够逐级展开或收起节点，能够隐藏某些节点；

在知识图谱视图中，应提供关于实体的详细信息，包括名称、类型、属性和与之关联的各种档案资源（如文档、音频、视频、图片等）。用户可以深入了解每个实体的详细情况；

应该提供基于实体名称的检索和基于多个属性组合的复杂检索；

应支持用户设置各种过滤条件。过滤条件可能包括关系的层级深度、关系的数量、合并的方式、关系的方向、特定实体或关系的筛选。通过设置过滤条件，进一步缩小展示范围；

应支持多种知识图谱的可视化展示方式。例如，以力导向图形式展示实体之间的关系强度和网络结构；以层级图和树形图形式展示具有层级关系的数据集。

（4）虚拟数字人：

应能够模拟真人进行"面对面"的对话，提供实时的咨询回复和详细的讲解服务；

应能够准确解析用户的语言，理解用户意图，并提供准确的回答；

应具备知识库和逻辑推理能力，在专业领域提供深入的咨询和讲解服务；

应支持用户自定义虚拟数字人的外观，包括发型、肤色、服装等，应提供不同的声音选项和动作库，让用户可以定制虚拟数字人；

虚拟数字人应具备高度仿真的情感表达能力，包括高兴、悲伤、惊讶等多种情绪状态的表情和肢体语言；

虚拟数字人在发音时应能同步生成相应的唇形动作，口型与发音同步；

宜具备面部表情识别功能，能够捕捉和理解用户的面部表情，如微笑、皱眉等，并据此调整虚拟数字人的回应；

宜能够通过摄像头或其他传感器捕捉用户的肢体动作，如挥手、点头等，并使虚拟数字人能够相应地做出反应。

（5）自助查档一体机：

应支持验证查档人员身份信息，应支持人证比对、指纹比对等，只有经过身份认证的人员才能进行档案查询；

应具备权限控制功能，查档人员只能查询本人档案和开放档案；

应提供无障碍服务功能，支持用户调整页面的字体大小和样式，提供页面内容的语音播报功能。确保所有用户能够轻松地使用系统功能和浏览档案信息。

应该具有严格的权限控制，确保用户只能查询与他们相关的档案或被授权访问的开放档案。

应支持用户直接在系统中查看档案内容，应具有加盖电子签章功能并进行打印。

（6）接待服务机器人：

应具备自动识别来访人员功能，一旦识别到来访人员，使用语音主动进行接待和问候，从而提供一个温馨且专业的迎宾体验；

应提供多种指引和带领方式，如电子屏幕显示的文字指示、自动语音播报的路线说明或通过增强现实（AR）技术提供的图像引导。可以根据访客的位置和目的地动态调整，确保来访人员能够顺利到达所需位置；

应能够理解访客的问题并与访客进行自然语言的对话，提供相应的回答或服务；

应能够提供自动化的巡航讲解服务。应能够预设讲解路线和内容，机器人能够按顺序在各个展点提供讲解。应能够与现场的硬件设备联动，实现位置触发的互动体验；

应具备自动巡逻功能，按照预设的路线进行巡逻，能够自动监测异常行为，并在检测到潜在风险时发出预警。应能够将巡逻过程中的视频实时传输到监控系统，供安保人员监控和分析；

应能够与建筑内的其他智能系统(如闸机和电梯)进行联动，控制相关设备，为机器人提供无障碍的通行和移动能力；

应能够与第三方的软件和硬件设备对接。可以根据访客的行为或特定的触发条件，自动启动或控制其他系统和设备，如环境控制、照明系统或多媒体展示设备；

宜能够检测和理解人的身体动作，如挥手、点头等，并能根据来访人员动作做出互动响应；

应支持自动返航至充电桩并自动充电，确保机器人和系统能够持续运行并随时可用。

(7)全景展厅：

应能够按照物理展厅创建虚拟展厅，应支持无物理展厅直接创建虚拟展厅；

应支持用户从任何角度和位置探索展厅，查看展品和展品说明；

应提供多种直观的交互方式，包括支持用户通过点击、拖拽和缩放等操作探索展厅，支持通过悬停显示详细信息或弹出说明窗口来获取额外的信息；

应能够整合各种媒体资源，提供高分辨率的图片、互动视频和清晰音频解说等，提供一个动态和多元化的展示体验；

应支持用户通过电脑、智能手机或平板电脑等设备随时随地进行虚拟参观。

应兼容主流的虚拟现实(VR)头戴设备，让用户完全沉浸在虚拟环境中。宜支持混合现实(MR)技术，结合现实世界的元素和虚拟内容，创造更丰富的用户体验；

宜具备用户行为分析的能力，通过跟踪和分析用户在虚拟展厅中的互动数据，可以帮助管理者了解用户的兴趣和偏好，这些数据可以用来优化展品的布局、改进用户界面。

宜支持集成虚拟数字形象作为用户的导览员，能够根据用户的行为和需求提供个性化的指导和信息服务。

4.3.6　智能档案开放审核技术方案

4.3.6.1　总体建设目标

智能档案开放审核通过运用包括人工智能技术的新一代信息技术，辅助档案开放审核工作人员开展档案开放审核工作，推进单位档案开放审核工作进程。实现制定规范开放审核方案、快速提取待审核档案、提升档案开放审核效率、扩大档案开放利用范围等。智能档案开放审核能有效降低开放审核工作门槛，缩短开放审核周期，提高档案利用服务水平。

4.3.6.2 应用架构设计

应用架构设计如图 4-13 所示：

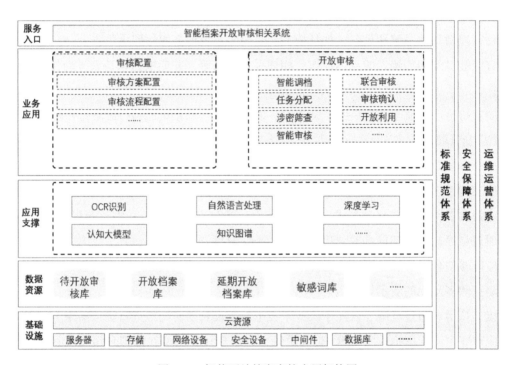

图 4-13　智能开放档案审核应用架构图

档案开放审核系统的应用架构设计主要包括以下几个部分：

（1）服务入口：智能档案开放审核相关系统。

（2）业务应用：智能档案开放审核应用主要包括审核配置和开放审核，审核配置主要包括审核方案配置、审核流程配置等功能，开放审核主要包括智能调档、任务分配、涉密筛查、智能审核、联合审核、审核确认、开放利用等功能。

（3）应用支撑：应用支撑主要为支撑应用功能运行的技术（工具、引擎或组件）。根据设计的应用功能模块内容，所涉及的应用支撑主要有：OCR 识别技术、深度学习、自然语言处理技术、认知大模型、知识图谱等。

（4）数据资源：开展档案开放审核时形成待开放审核档案库，开放审核工作完成后形成开放档案库和延期开放档案库，开放档案对社会公布后形成公开档案库等数据资源。

（5）基础设施：基础设施主要分为两类，一类是云资源，由云资源提供应用系统所需的服务、内存、存储、算力等资源；一类是物理资源，主要有服务器、磁盘阵列、网络设备、安全设备、操作系统、数据库、中间件等资源。这些资源为智能档案开放审核提供所需的计算和存储能力，保障系统的稳定运行。

（6）保障体系：保障体系包括标准规范体系、安全保障体系、运维运营体系。标准规范体系是对信息系统建设进行规范和标准化的体系，包括数据标准、技术标准和管理标准等。通过建立统一的标准与规范体系，可以保证平台规范、安全、稳定运行。安全保障体系是保障信息系统安全的体系，主要负责应对各种信息安全风险。按照国家网络安全等级保护相关政策和标准要求建立运行、维护、更新与信息安全保障体系，保障平台网络、数据、应用及服务的稳定运行。运维运营体系是确保信息系统正常运行的体系，包括硬件设备管理、软件系统管理、网络管理等。

4.3.6.3　数据架构设计

数据架构如图 4-14 所示：

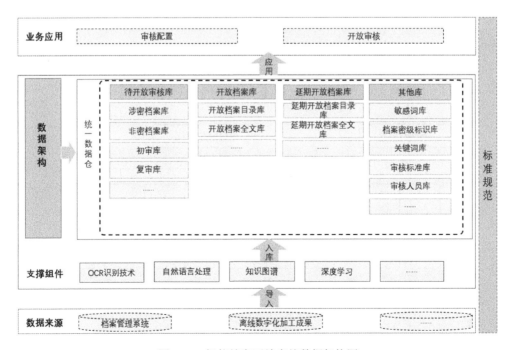

图 4-14　智能档案开放审核数据架构图

（1）数据来源：智能档案开放审核的数据来源主要有以下两个方面，一是从档案管理系统中调取需要进行开放审核的档案，二是将数字化加工成果导入到应用系统中。

（2）支撑组件：进入系统中的档案资源经过支撑组件处理后进入统一数据仓中，涉及的支撑组件主要有：OCR识别、深度学习、认知大模型、自然语言处理、知识图谱等。

（3）数据架构：统一数据仓中主要包含待开放审核库、开放档案库、延期开放档案库、其他库。其中待开放审核库包含涉密档案库、非密档案库、初审库、复审库等，开放档案库包括开放档案目录库、开放档案全文库，延期开放档案库包括延期开放档案目录库、延期开放档案全文库，其他库包括敏感词库、档案密级标识库、关键词库、审核标准库、审核人员库等。

（4）业务应用：统一数据仓为业务应用提供数据支撑，同时业务应用产生的新数据存入统一数据仓，丰富数据仓内容及数据量。业务应用主要有审核配置、开放审核等。

（5）标准规范建设：主要有各类数据标准、数据采集标准、数据入库标准、数据应用标准等。通过规范、统一各类数据各个过程的数据标准规范对数据进行统一、高效、安全的管理。

4.3.6.4 功能框架设计

功能框架设计如图4-15所示：

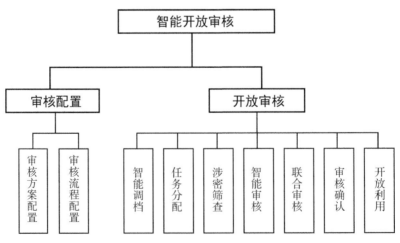

图4-15　档案开放审核功能框架设计图

智能档案开放审核功能模块包括审核配置和开放审核，审核配置主要包括审核方案配置、审核流程配置等功能，开放审核主要包括智能调档、任务分配、涉密筛查、智能审核、联合审核、审核确认、开放利用等功能。

4.3.6.5 技术路线选择

智能档案开放审核技术方案可能涉及的人工智能技术有 OCR 识别技术、深度学习、自然语言处理技术、认知大模型、知识图谱等。

4.3.6.6 系统功能规划

（1）审核配置：

① 审核方案配置。

应支持制定档案开放审核计划，可根据实际工作需要配置年度审核计划、专项审核计划、行业审核计划、临时审核计划等，审核计划至少应包含审核人员、审核范围、审核标准和审核方法；

应支持审核标准配置功能，不同的审核计划可配置不同审核标准，工作人员可在开展开放审核工作时查看审核标准；

不同年度审核计划应支持配置不同审核方法；

涉及联合审核的年度审核计划，审核人员应包含档案形成或者移交单位人员；

应支持通过复制历史年度审核计划生成新的年度审核计划；

本年度审核计划完成后，应支持自定义触发条件，自动生成下一年度审核计划，年度审核计划中的审核范围自动生成，审核标准、审核方法自动继承；

已制定的年度审核计划在执行前应提交至档案主管部门审批确认，应支持在线审批和离线审批。

② 审核流程配置。

应该支持集成工作流引擎，工作流引擎能够自动化处理流程中的提交申请、审批、通知和记录等。

应支持用户根据年度审核计划中的具体审核方法来配置新的审核流程。用户能够配置新的审核阶段、指定审核人员、设置审核时间限制等。适应不断变化的审核需求和政策更新；

宜支持审核流程的版本控制，记录每次更改内容，并能进行跟踪和审计。

（2）开放审核：

① 智能调档。

系统应能够根据预设的开放审核范围标准自动调取符合条件的待审核档案。能够根据档案的成文日期、年度、全宗等信息进行筛选；

针对年度、日期内容不规范，年度、日期为空，年度、日期内容错误的档案，应支持根据目录信息和全文信息智能判定是否属于待开放审核档案并给出判定原因，例如根据单位存在时间、地方名称使用时间、特定政策发布时间等依据。针对该部分待开放审核档案应醒目显示，并需要人工确认；

应提供多维度筛选功能。用户可以根据年度、责任者、密级等关键属性来过滤档案列表，从而快速找到需要关注或处理的档案；

宜支持对经济、教育、科技、文化等特定类型的档案进行筛选，针对该部分档案可以提前进行开放审核工作，以满足社会公众的需求。

② 任务分配。

应能够根据预先设定的档案开放审核计划，自动将待审核档案分配给相应的审核人员；

这个过程应考虑审核人员的专业技能、当前工作负载和档案的特殊要求，以确保任务的合理分配和审核工作的高效进行；

应提供多种任务分配模式，包括按照任务数量平均分配（确保每个审核人员获得相似数量的审核任务），按照待审核全宗分配（将特定全宗的档案分配给特定审核人员或团队），确保工作的均衡分配和专业化处理；

除了自动分配任务外，还应支持审核人员根据自身的情况主动领取任务；

宜能够分析审核人员的历史审核记录，智能分配相关联或相似的档案，这样审核人员可以更容易地识别问题并做出准确的判断；

在任务分配后，应支持审核人员提交转分配任务申请。申请批准后任务被重新分配给其他审核人员；

为确保审核人员及时知晓待审核任务，应提供多种消息提醒方式，包括系统内消息提示、电子邮件通知和短信通知等，确保审核人员即使在系统离线状态下，也能及时收到任务通知。

③ 涉密筛查。

系统应内置一套标准化的密级标识体系，如"公开""内部""秘密""机密"和"绝密"。同时应提供密级标识的维护管理功能，允许管理员根据组织的政策和法规变化进行密级标识的增加、修改或删除操作；

应能够自动从大量的待开放审核档案中筛选出涉密档案。这一过程应基于档案的元数据、内容特征和预设的密级标准进行。系统还应能够提供清晰的筛选原因，以便于审核人员理解和复核；

应具备涉密筛查结果审批流程。标记为涉密的档案须经过专门的审批流程，审批为涉密的档案不能作为开放档案；

对于涉密档案的处理，应提供一系列特殊功能，包括非明文化处理（对敏感内容的隐藏）、数据导出（允许在符合规定的安全条件下导出涉密档案）以及安全删除功能（确保非涉密软件中不保存涉密档案）；

宜采用深度学习技术，并支持样本训练功能，根据涉密档案的人工审核结果不断学习和训练，系统可以自我提升，提高涉密档案的识别准确率，减少人工干预，提升自动化处理能力。

④ 智能审核。

应提供基础敏感词库，这些敏感词通常与法律、政策或规范相关。为了适应不断变化的环境和要求，应提供全面的敏感词库维护管理功能，包括新增敏感词、修改现有敏感词的定义、导入新的敏感词列表以及删除不再适用的敏感词等；

应提供基础开放审核规则库，这些规则定义了档案是否可以开放的条件和标准。应支持用户对开放审核规则库进行新增、修改、导入和删除等操作；

系统应在初审环节提供智能审核功能，根据预设的敏感词库、开放审核规则库、档案内容等，自动将待审核档案划分为待开放档案和延期开放档案，并给出明确的划分依据，作为审核人员审核时的参考依据；

宜支持用户设置开放档案的比例限制。达到平衡公众的信息需求和保密工作的要求；

在复审环节复审结果能够继承初审的结果，并在此基础上进行进一步的审核；

应具备自主学习能力并支持样本训练。通过不断地自主学习复审结果和人工样本训练，提高智能审核的平均准确率；

应支持人工审核功能，对于被智能审核划分为开放的档案，审核人员需逐一进行复审，以确保审核的准确性。在进行人工审核时，系统应显示智能审核的划分依据，以辅助审核人员开展审核工作。

⑤ 联合审核。

应在初审和复审环节支持档案馆与档案的原形成单位或移交单位进行联合审核。可以通过共同审查档案内容，来确保审核结果的准确性；

应提供在线和离线两种联合审核方式，以适应不同单位或部门的实际操作需求。应支持审核人员在不连接系统的情况下进行审核工作，并将审核结果导入系统。网络连接的情况下应支持在线联合审核；

应支持用户将审核记录导出为标准格式文件，如 CSV 或 Excel。同时也应支持将外部生成的审核记录导入系统中，继续进行后续的开放审核流程。

⑥ 审核确认。

应具备档案主管部门审核流程，支持审核为延期开放档案提交至档案主管部门审核，生成审核报告；应支持在线实时审核，也支持离线审核。离线审核方式应允许用户导出审核记录和延期开放档案的目录，档案主管部门审核完成后，将审核结果导入到系统中。

系统应支持用户定制《×××档案开放审核工作表》模板，支持在线生成《×××档案开放审核工作表》。

宜支持集成数字签名和电子签章功能，在线进行签名和盖章。

系统应能够根据开放档案审核过程及结果，自动生成档案开放审核报告。同时，系统还应提供审批功能，确保生成的报告经过审查和批准。

档案的开放审核工作完成并获得批准后，系统应自动或手动更新档案的开放标识，以反映档案最新的状态。

⑦ 开放利用。

宜建设独立的开放档案库；

应支持导出开放档案目录和开放档案，应支持封装为规范的信息包后导出；

宜支持与档案共享利用相关系统建立档案公布接口，在线向社会开放利用：宜建设档案公布接口，将已开放的档案通过网络平台在线向社会开放，供公众查询、下载和使用。

4.3.7 智能档案编研技术方案

4.3.7.1 总体建设目标

智能档案编研通过运用包括人工智能技术的新一代信息技术，它能够辅助编研人员开展档案编研各项工作。实现快速搭建编研主题、目录框架，编研所需档案资源收集齐全、深度分析，编研文本内容层次结构合理内容丰富，最后形成档案编研成果。智能档案编研能有效降低档案编研工作门槛，减少编研工作人员投入，缩短编研周期，提高编研成果水平。

4.3.7.2 应用架构设计

应用架构设计如图 4-16 所示：

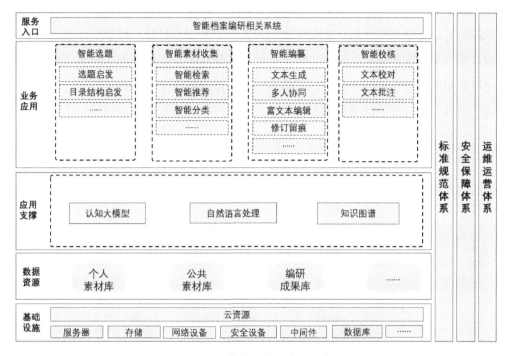

图 4-16　智能档案编研应用架构图

（1）服务入口：智能档案编研相关系统。

（2）业务应用：智能档案编研管理的重点在搭建编研主题目录框架，编研素材收集齐全、深度分析，编写内容层次结构合理内容丰富，形成最终的编研成果。其业务应用功能主要有智能选题、智能素材收集、智能编纂、智能校核等。

（3）应用支撑：应用支撑主要为支撑应用功能运行的技术（工具、引擎或组件）。根据功能框架设计内容，所涉及的应用支撑主要有：认知大模型、知识图谱、自然语言处理等。

（4）数据资源：应用系统中主要有调档的档案资源和个人上传的文件资料，这些数据在系统内容分为个人素材库和公共素材库。已经完成编研的编研成果形成编研成果库。

（5）基础设施：基础设施主要分为两类，一类是云资源，由云资源提供应用系统所需的服务、内存、存储、算力等资源；一类是物理资源，主要有服务器、磁盘阵列、网络设备、安全设备、操作系统、数据库、中间件等资源。这些资源为智能档案编研提供所需的计算和存储能力，保障系统的稳定运行。

（6）保障体系：保障体系包括标准规范体系、安全保障体系、运维运营体系。标准规范体系是对信息系统建设进行规范和标准化的体系，包括数据标准、技术标准和管理标准等。通过建立统一的标准与规范体系，可以保证平台规范、安全、稳定运行。安全保障体系是保障信息系统安全的体系，主要负责应对各种信息安全风险。按照国家网络安全等级保护相关政策和标准要求建立运行、维护、更新与信息安全保障体系，保障平台网络、数据、应用及服务的稳定运行。运维运营体系是确保信息系统正常运行的体系，包括硬件设备管理、软件系统管理、网络管理等。

4.3.7.3   数据架构设计

数据架构如图 4-17 所示。

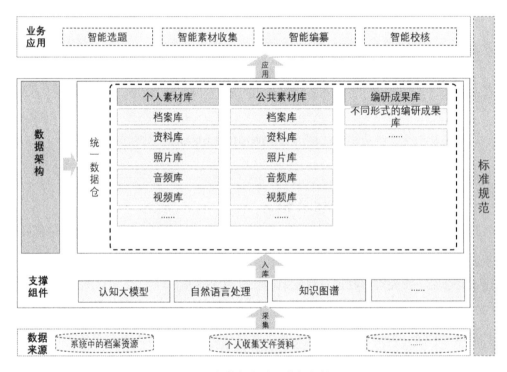

图 4-17   智能档案编研数据架构图

(1)数据来源：智能档案编研应用系统的数据来源主要有以下两个方面：一是调取数字档案馆相关系统的档案资源，二是工作人员线下收集的各类文件资料。

(2)支撑组件：进入系统的档案资源经过支撑组件处理后可进入档案资源库中，涉及的支撑组件主要有：认知大模型、自然语言处理、知识图谱等。

(3)数据架构：统一数据仓中主要包含个人素材库、公共素材库、编研成果库。其中个人素材库包括档案库、资料库、照片库、音频库、视频库，公共素材库同样包括档案库、资料库、照片库、音频库、视频库，编研成果库主要是不同展现形式的编研成果库。

（4）业务应用：统一数据仓为业务应用提供数据支撑，同时业务应用产生的新数据存入统一数据仓，丰富数据仓内容及数据量。业务应用主要有智能选题、智能素材收集、智能编纂、智能校对等。

（5）标准规范建设：主要有各类数据标准、数据采集标准、数据入库标准、数据应用标准等。通过规范、统一各类数据各个过程的数据标准规范对数据进行统一、高效、安全的管理。

4.3.7.4 功能框架设计

功能框架设计如图 4-18 所示：

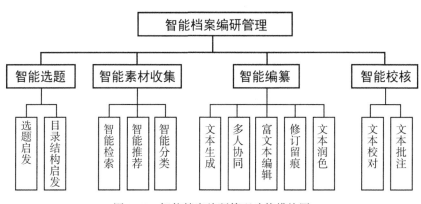

图 4-18 智能档案编研管理功能模块图

智能档案编研管理功能模块分为智能选题、智能素材收集、智能编纂及智能校核。其中智能选题包括选题启发、目录结构启发等功能；智能素材收集包括智能检索、智能推荐、智能分类等功能；智能编纂包括文本生成、多人协同、富文本编辑、修订留痕、文本润色等功能；智能校核包括文本校对、文本批注等功能。

4.3.7.5 技术路线选择

智能档案编研技术方案可能涉及的人工智能技术有认知大模型、知识图谱、自然语言处理等。

4.3.7.6 系统功能设计

(1)智能选题：

① 选题启发。

宜支持针对档案数据化内容自动抽取人名、地名、组织机构、日期等信息的功能，用户可方便地发现档案资源总库内的高频内容。系统可以自动识别并提取出档案中的人名、地名、组织机构以及日期等重要信息。用户可以快速发现其中出现频率较高的内容，从而更好地了解档案的主题和重点。

宜支持根据档案数据化内容智能生成档案主题，并对自动识别出的主题进行聚类，帮助用户发现新的编研主题。系统可以对档案数据化内容进行分析和理解，自动生成相关的主题标签。系统可以将相似主题的档案进行聚类，帮助用户发现新的编研主题。用户可以更加全面地了解档案的内容和关联性，为后续的研究工作提供有价值的参考。

宜支持自动分析档案之间的关联关系，帮助用户发现不同档案类别之间的联系和关系点，提供选题启发。系统可以自动分析档案之间的关联关系。例如，发现不同档案之间存在的共同主题、共同涉及的人物或事件等。这样，用户可以更好地理解不同档案类别之间的联系和关系点，从而获得选题的启发和灵感。

宜集成认知模型能力，通过问答对话的方式提供选题启发。系统能够理解和回答用户提出的问题。用户可以与系统进行对话，询问关于档案的问题，系统可以根据已有的知识和推理能力，为用户提供相关的选题启发。

② 目录结构启发。

宜集成认知模型能力，根据已选定的编研主题，自动生成编研目录结构，可多次重新生成全部或部分目录结构。系统可以根据用户选择的编研主题，自动分析和理解相关的内容，并生成相应的目录结构。可以多次重新生成全部或部分目录结构，以满足用户在不同阶段的需求变化。

应支持以树状图或图形化的方式展示目录层次结构。为了更直观地展示编研目录的层次结构，系统可以采用树状图或图形化的方式进行展示。用户可以通过图形化的界面，清晰地了解目录的层级关系和组织结构，从而更好地理解和掌握整个编研内容的框架和脉络。

应支持搜索和快速导航，用户可以通过关键词检索目录信息，点击目录可快速定位到编研内容。提供目录搜索功能，用户可以通过输入关键词来检索目录信息。系统会根据关键词的匹配程度，定位到相关的目录。用户可以点击目录直接快速定位到对应的编研内容，提高浏览和阅读的效率。

（2）智能素材收集：

① 智能检索。

在用户权限范围内应支持多种档案检索方式，具体智能检索内容可参见"智能档案检索和利用技术方案"部分内容。

② 智能推荐。

应支持根据编研主题和目录自动从档案资源库中推荐相关档案数据资源。系统可以根据用户选择的编研主题和目录，自动从档案资源库中筛选出相关的档案数据资源。

编研用户权限范围外的档案应提供利用申请审批流程，审核通过后作为编研工作使用。对于编研用户权限范围外的档案，系统应提供利用申请审批流程。用户可以通过在线提交申请，说明所需档案的目的和用途，经过相关部门的审核和批准后，方可作为编研工作使用。

应支持根据已调档案或个人上传素材智能推荐相关联的档案资源。系统可以基于已调取的档案或个人上传的素材，推荐相关联的档案资源。

③ 智能分类。

应支持对个人素材库和公共素材库里的素材进行自动分类。通过使用智能分类算法，系统可以自动将素材按照不同的属性、主题或内容进行分类。

宜支持多种分类规则，不同用户可以选择不同分类规则进行展示。系统应该提供多种分类规则供用户选择。用户可以根据自己的使用习惯，选择适合自己的分类规则来展示素材库。例如，可以根据时间顺序、字母顺序、文件类型等进行分类。

素材库的不同层级宜支持按照不同分类规则展示。在素材库中，通常会有不同的层级结构，例如文件夹、子文件夹等，系统应该支持在不同层级上按照不同的分类规则进行展示。例如，在文件夹层级上可以根据时间顺序展示素材，而在子文件夹层级上可以根据文件类型展示素材。

（3）智能编纂：

① 文本生成。

应支持根据编研主题和目录自动生成文本内容，生成的文本内容不应偏离素材库内的资源内容。系统可以根据用户选择的编研主题和目录，自动从素材库中提取相关的文本内容，并生成符合要求的文本。生成的文本内容应该与素材库内的资源内容保持一致，确保信息的准确性和可靠性。

应支持根据用户输入的提示词，生成文本内容。除了根据编研主题和目录自动生成文本内容外，系统应支持根据用户输入的提示词来生成文本内容。用户可以提供一些关键词或关键短语，系统可以根据这些提示词进行文本生成。

应支持多次生成文本内容，并且可以查看、复制历次生成的文本内容。系统应该支持多次生成文本内容，并能够查看和复制历次生成的文本内容，进行比较和选择。

生成的文本内容的字体、段落、编号等样式宜与上下文保持一致。为了提高生成的文本内容的可读性和一致性，系统应该确保生成的文本内容的字体、段落、编号等样式与上下文保持一致。

② 多人协同。

应支持文档的多人多端在线预览、编辑，即时显示所有变更记录。系统应该支持多人同时在线预览和编辑文档，用户可以即时看到其他成员对文档所做的修改和评论。应具备变更记录功能，记录每次文档的修改历史，方便用户查看和追溯。

应支持插入批注与回复。在多人协作编辑文档时，系统应该支持插入批注和回复功能。用户可以在文档中添加批注，提出观点或提出疑问，其他成员可以对这些批注进行回复和讨论。

应支持跟踪变化、查看/恢复历史文档版本。在多人协作编辑文档的过程中，可能会出现错误或需要进行回退的情况，系统应该支持跟踪变化和查看/恢复历史文档版本功能，用户可以查看文档的历史版本，了解每个版本的修改内容和时间，并根据需要恢复到之前的版本。

应支持联动后台组织架构、虚拟团队和个人，空间及空间内的文件夹、文档支持权限控制，包括可管理、可编辑、仅查看和无权限，有效控制文件查看范围。系统应该支持与后台组织架构、虚拟团队和个人进行联动，并对空间及空间内的文件夹、文档进行权限控制。不同的用户可以根据其角色和权限设置，拥有不同的操作权限，包括可管理、可编辑、仅查看和无权限等。确保只有授权的用户能够访问和操作相应的文档。

③ 富文本编辑。

应支持插入表格、图标、图片、动态图、音频、视频、超链接等，插入的内容可以在线查阅。系统应该支持用户插入各种多媒体元素，如表格、图标、图片、动态图、音频、视频和超链接等。用户可以在编辑文档时选择相应的元素进行插入，并可以在文档中直接查看和浏览这些内容。

上传文件时应支持批量上传和断点续传功能。系统应该支持批量上传功能，允许用户一次性选择多个文件进行上传。系统应该支持断点续传功能，当上传的文件较大或网络不稳定时，用户可以随时中断上传过程，并在稍后继续上传未完成的部分。

④ 修订留痕。

应支持修订模式,详细记录编研成员的各项操作内容,记录内容需展示对文件的每一步操作行为。系统应该支持修订模式。在修订模式下,会详细记录每个编研成员对文档所做的各项操作内容,包括添加、删除、修改文本等。

应支持可设置水印的使用范围和水印的种类,包括文字水印和图片水印。系统应该支持用户设置水印的功能,用户可以在编辑文档时选择是否添加水印,并可以设置水印的使用范围和使用种类。使用范围可以是整篇文档或指定的部分内容,使用种类可以是文字水印或图片水印。

宜支持文件阅览时开启水印,防止截屏、录屏等。系统应该支持在文件阅览时开启水印功能,用户在阅览时系统会自动在文档上显示预设的水印信息。

⑤ 文本润色。

应支持检查文章中的语法错误、拼写错误和标点符号使用是否正确。系统应该具备语法和拼写检查功能,能够自动检测并标记出文档中的语法错误、拼写错误和标点符号使用不正确的地方。

应支持检查文章中使用的词汇是否准确、恰当,是否有更好的替代词可以使用。系统应该具备词汇检查功能,能够分析文档中使用的词汇是否准确、恰当,并提供替代词的建议。

应支持检查文章中的句子结构是否清晰、简洁,是否符合语言习惯。系统应该具备句子结构检查功能,能够分析文档中的句子结构是否清晰、简洁,并判断是否符合语言习惯。

应支持检查文章的段落组织是否合理,每段的主题是否明确,段落之间的过渡是否自然。系统应该具备段落组织检查功能,能够分析文档中段落的组织是否合理,每段的主题是否明确,以及段落之间的过渡是否自然。

宜支持检查文章的风格和语气是否符合写作目的和读者需求,是否有过于主观或情感化的表达。系统应该具备风格和语气检查功能,能够分析文章的风格和语气是否符合写作目的和读者需求,并判断是否存在过于主观或情感化的表达。

宜支持检查文章的逻辑是否连贯,思路是否清晰,论证是否有力。系统应该具备逻辑检查功能,能够分析文档的逻辑是否连贯,思路是否清晰,以及论证是否有力。

宜支持检查文章的格式和排版是否规范、整洁,是否符合学术或出版要求。系统应该具备格式和排版检查功能,能够分析文档的格式和排版是否规范、整洁,并判断是否符合学术或出版要求。

应支持根据已写文本内容，按照以上要求重新生成文本内容。系统应该具备重新生成文本内容的功能，可以根据已写文本内容进行分析和修改，以符合上述各项要求。

(4)智能校核：

① 文本校对。

应支持自动检测档案中的拼写、语法错误，并提供纠正建议。系统应该具备拼写和语法检查功能，能够自动检测档案中的拼写错误和语法错误，并给出相应的纠正建议。

应支持自动检测档案中格式是否符合规范要求，如标题层级、段落缩进等，并提供调整建议。系统应该具备格式检查功能，能够自动检测档案中的格式是否符合规范要求，如标题层级是否正确、段落缩进是否一致等，并提供相应的调整建议。

应支持自动检测文章中的数字、标点、成语、敏感词、政治术语、地点、不文明用语等，并提供修改建议。系统应该具备内容检查功能，能够自动检测文章中的数字、标点、成语、敏感词、政治术语、地点、不文明用语等，并提供相应的修改建议。

应支持校对结果按照不同错误类型进行分类、展示，并可以快速定位错误位置。系统应该具备错误分类和定位功能，能够将校对结果按照不同的错误类型进行分类展示，并提供快速定位错误位置的功能。

应支持针对不同的错误类型构造可复用、可动态增删的规则库，每一类规则包括通用规则和专用规则。系统应该具备规则库管理功能，能够根据不同的错误类型构造可复用、可动态增删的规则库，并为每一类规则提供通用规则和专用规则。

应支持样本训练和深度学习能力。系统应该具备样本训练和深度学习能力，能够通过分析大量的样本数据进行训练和学习，从而提高校对的准确性和智能化程度。

宜支持"一键式"同意并按照建议自动修改文本内容。系统应该提供"一键式"同意并按照建议自动修改文本内容的功能。用户只需点击一次按钮即可同意所有建议并进行自动修改，省去了逐个确认和修改的烦琐操作。

宜支持修改撤回功能。系统应该提供修改撤回功能，允许用户在修改后撤回之前的修改操作。

② 文本批注。

应支持用户在编研文本特定位置添加文字批注，以便记录问题、提供解释或补充说明。系统应该具备文字批注功能，允许用户在编研文本的特定位置添加文字批注。用户可以在需要标记的位置插入文字批注，用于记录问题、提供解释或补充说明。

5 国内外人工智能在档案行业的典型应用实践案例

5.1 历史档案 OCR 识别应用实践案例

5.1.1 背景与目标

档案数字化作为档案信息化的重点工作，正如火如荼地进行。然而，纸质档案扫描所产生的数字化副本大多是以图像形式存在的文件，没有可以用来进行检索的文本，也就是说，计算机只认识档案的外表，却不认识其内在的文字，用户通过计算机仅能看到档案的外貌，却不能对其中的内容进行引用、检索等，这无疑给档案数字化成果利用工作带来不便，也会使档案利用工作存在无效和低端供给较多、有效和中高端供给不足的短板，无法充分发挥档案资源的效能。为了满足档案用户的利用需求，使得档案数据化工作更加有效、彻底，就要应用 OCR 技术，将图像档案中的文字转换为文本格式。目前，常规的 OCR 引擎只能识别格式规整、字体规范、手写清晰的档案，但对于格式不统一、手写不规范、字体无规律的海量档案，特别是中华人民共和国成立前及成立初期的档案难以准确识别，这也是各档案部门普遍面临的难题，直接影响到档案资料全文是否能够被检索和分析利用。为此，安徽省档案馆、科大讯飞联合开展了历史档案 OCR 识别应用项目。

光学字符识别的英文缩写为 OCR（Optical Character Recognition，光学字符识别），是指电子设备（例如扫描仪或数码相机）检查纸上打印的字符，通过检测暗、亮的模式确定其形状，然后用字符识别方法将形状翻译成计算机文字的过程，即针对印刷体字符，采用光学的方式将纸质文档中的文字转换成为黑白点阵的图像文件，并通过识别软件将图像中的文字转换成文本格式，供文字处理软件进一步编辑加工的技术。

针对不同档案版面的特点，结合《档案数字副本光学字符识别（OCR）规范》（DA/T

77—2019），研发档案业务专业 OCR 引擎至关重要，OCR 引擎在档案数据化中的应用能够给 1949 年以前档案的全面数据化及其开发利用带来突破性进展，也能够为档案数据的分析、利用奠定基础。

5.1.2 现状与问题

目前 OCR 技术的主要场景包括 1949 年以前的历史档案内容识别提取。1949 年以前的历史档案识别存在以下问题：纸张新旧不一、手写体字迹不规范、排版版式不统一、固定格式与非固定格式交错展示、字迹深浅不一等。历史档案 OCR 识别需要大量的样本进行机器学习，样本需要精心组织挑选，不局限于安徽省档案馆，也可借鉴其他馆藏样本；对于学习主体而言，要研究相关年代的公文格式，对不同书法的展示形式要有一定的认知，这有利于历史档案数据建模的发展。基于现有的馆藏档案，前期研究的重点在于楷体字、版式文件、印刷体的文字检测与识别，在一定研究成果积累的基础上，逐步进行行书、草书及个别字体的文字检测与识别。另外，需要对印章和固定格式进行专项训练识别。最终，使历史档案识别达到期望的效果。

历史档案 OCR 识别应用项目共获取档案数据约 33000 份，来源于安徽、山东、辽宁等地，有些数据以 PDF 的形式呈现，可以裁剪成多张图片供引擎训练使用。通过对历史档案数据进行标注、提取、训练等一系列工作，经过数据积累和引擎结果纠正，逐渐形成初期的历史档案 OCR 识别引擎。图片识别效果如下：

（1）对于字迹较清晰的文稿，在目前的繁体字识别模型中已经达到很好的效果，第一阶段在 80% 以上，第二阶段加 5000 张类似数据进行训练，达 85% 左右。

（2）对于字迹清晰的横、纵向印刷体繁体字在现在的繁体字识别模型中效果显著，可识别范围及识别准确率等指标均处于较高水平。

（3）对于字迹清晰、字间距较大的行书文稿，在目前的繁体字识别模型已经获得不错的效果，实现识别 80% 任务目标。但是该批档案数据中存在一些手写样本和草书样本，目前的识别模型不能很好地识别出结果。

（4）对于手写文稿和报纸文稿，目前的繁体字识别模型全文识别结果一般，利用小图框选识别，可实现局部单一文章高识别准确率。

5.1.3 建设过程

历史档案 OCR 识别平台开发：

5.1.3.1 档案繁体识别功能

通过对民国时期繁体进行数据标注、拆分、字词分析、字词训练，实现民国历史档案繁体 OCR 识别引擎构建。通过繁体引擎对历史档案进行整体识别，通过行列拆分，将内容根据行列和字符间距进行区分、归类。

同时，可以根据繁体内容，以及繁-简关联数据库，自动将内容中的繁体字转换成简体字(如图 5-1 所示)。

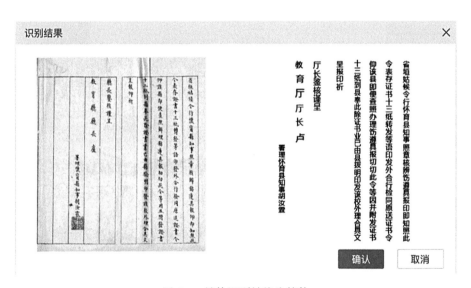

图 5-1　繁体识别转换为简体

5.1.3.2 档案简体识别功能

通过采集大批量、不同类型的数据，建立强大的简体资源库。对相同字、形近字等进行归类、关联、特征提取、区分等操作，提升简体识别引擎能力。通过上传图片，系统自动进行内容识别处理(如图 5-2 所示)。

5.1.3.3 档案框图识别功能

框选图片中部分区域，对区域中内容进行识别，识别结果自动进入文本框，可人为修正(如图 5-3 所示)。

图 5-2　档案简体识别

图 5-3　档案框选识别

5.1.3.4　历史文书档案著录功能

通过繁体字、简体字的 OCR 识别能力引擎，实现区域化框图识别功能，实现在著录过程中，著录工作者直接通过框选内容，OCR 引擎将识别结果直接进行著录填写。还可以通过语音能力辅助进行内容著录(如图 5-4 所示)。

图 5-4　档案著录

5.1.3.5　正确率统计功能

在著录过程中，将 OCR 识别内容与经过人工修改纠正的结果进行对比，确认识别结果的正确性，统计系统中 OCR 识别能力的正确率(如图 5-5 所示)。计算公式如下：

$$正确率 = \frac{识别结果总字数 - 修改字数}{识别结果总字数} \times 100\%$$

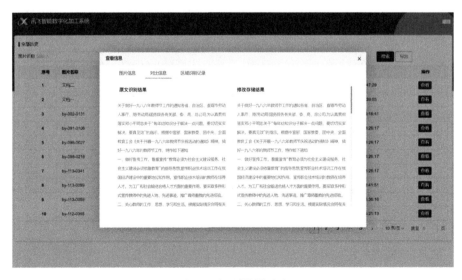

图 5-5　识别结果对比

历史档案 OCR 识别平台开发的技术选型：

结合人工智能技术，利用科大讯飞独创的基于深度神经网络模型的端到端文字识别技术上的相关研究经验，对历史档案 OCR 识别引擎进行研究，主要研究内容有：

对档案年代、内容、版式及相关内容进行分析、分类及标注，提取文字共性。项目研究的 OCR 识别对象主要集中在明清时期、民国时期、中华人民共和国成立前及成立初期等不同时间段。

对不同时期、内容、版式的档案数字化副本，利用科大讯飞图像处理上的核心技术对图像进行降噪、倾斜校正分析。

利用机器深度学习能力，通过海量档案样本数据的训练，提高 OCR 识别引擎的识别效率及精准度。

根据不同历史时期档案、不同模板格式的内容进行部分定制化识别分析，完成不同的 OCR 识别引擎开发，主要涵盖印刷体、手写体，简化字（规范简化字和不规范简化字）、繁体字等，横版排版、竖版排版、表格嵌入式、图片含文字等。

研究 OCR 识别引擎机器学习能力、模型提升机制、自主纠错能力。

应用相关技术，研究开发可集成不同时期、内容、版式的 OCR 识别引擎的专业档案 OCR 软件。

5.1.4 特色亮点

从全国档案行业来看，发展历史档案繁体字识别，是为了进一步推动历史档案著录、利用等工作。随着时代的变化，繁体字渐渐不为人们所了解，但是档案馆中保存着大量的实体历史档案。历史档案的著录、识别工作成了迫在眉睫的首要工作。通过提升历史档案 OCR 识别的训练和识别能力，方便和简化了历史档案数字化工作，大大提高工作效率和准确率。该实践项目的主要创新如下：

5.1.4.1 图像处理核心技术提升档案数字化副本识别率

传统 OCR 基于数字图像处理和传统机器学习等方法对图像进行处理和特征提取。常用的二值化处理有利于增强简单场景的文本信息，但对于复杂背景二值化的收效甚微。传统方法上采用 HoG 对图像进行特征提取，然而 HoG 对于图像模糊、扭曲等问题鲁棒性很差，对于复杂场景泛化能力不佳。基于深度学习的飞速发展，该项目使用基于 CNN 的神经网络作为特征提取手段。得益于 CNN 强大的学习能力，配合大量的数据以增强特征提取的鲁棒性，面临模糊、扭曲、畸变、复杂背景和光线不清等图像问题均可以表现良好的鲁棒性。

5.1.4.2 基于机器深度学习的文字检测模型提高识别精准度

在项目中，将检测问题看作一种广义的"分割问题"，以 end-to-end 的方式预测文字区域 mask。在 mask 的基础上进行坐标回归、字符切分、行分析等操作，从而得到最终的文字行坐标。该方法在 FCN 的基础上，将 RNN 引入文字检测任务中，以获取更大的横向感受野。该模型复杂度相对较小，执行效率相对较快，通过使用 DD-NMS 有效解决了中文数据集上的顶点分不清的导致的字重复被框或大框套小框等问题，对尺度、方向、复杂背景的鲁棒性均较强，对于水平文字效果非常好。

5.1.4.3 基于全卷积序列网络模型的档案繁体字专项识别

用深度网络代替传统的人工特征，可大幅提升识别率。字符和单词分类网络与传统方法类似，采用 CNN 对字符和单词进行分类。字符分类网络的训练相对容易，但由于完全不考虑语义信息，其准确率相对较低。此外，字符和单词识别方法的性能严重依赖于文本切分的精度。针对此问题，采用基于全卷积序列网络模型的字符识别方法，将具有待识别的字符的图像按照字符的排列方向裁剪为若干字符条，利用全卷积网络识别模型获取字符条的特征图，对字符条的特征图进行变形处理，得到字符条的携带上下文信息的特征序列，基于该特征序列预测字符条中的字符。由于卷积运算不依赖于前一步的状态且与输入序列的长度无关，因此可以进行并行计算，大大加快了特征序列的建模过程，而且，相对于循环神经网络，卷积网络参数少，计算复杂度较低，占用的内存空间和运行时间也较少，易于部署。在此框架下，训练集的准备也更加简单，只需标注整行对应的文字内容，无须标注每个字符的具体位置。

5.1.5 应用效果

随着档案数字化工作的不断推进，国家档案局于 2019 年年底正式发布了《纸质档案数字复制件光学字符识别（OCR）工作规范》，并于 2020 年 5 月 1 日起正式实施，对档案 OCR 工作的开展提出了明确的指导意见，对 OCR 识别的准确率以及保存格式等内容提出了明确的评价指标。此外，在数字档案馆建设指南里，也提及软件方面需要配备 OCR 相关工具，未来，随着科技的不断进步，OCR 技术将会进一步发展和创新。通过与人工智能和自然语言处理技术的结合，OCR 技术可以更好地理解和解释文档中的内容，提供更智能化和人性化的服务。OCR 技术的应用范围也将继续扩大，涉及更多行业和领域。随着技术的不断发展，OCR 技术在档案行业的应用前景将更加广阔，为提高效率和提供优质服务作出贡献。

2020 年 6 月，安徽省档案馆开始使用历史档案 OCR 识别软件对馆藏历史档案进行全文识别。通过历史档案 OCR 识别软件，实现了不同年代、字体、内容、版式的历史文书档案全文识别，将图像中的文本信息转换为纯文本信息，目前已完成 1943389 件原文的识别，实现了全文档案检索利用。另外，针对民国文书档案，软件配置了民国文书档案著录规范，结合智能繁转简和题名自动生成规则，实现民国文书档案 OCR 框选识别，辅助档案著录工作。项目研究成果嵌入安徽省数字档案馆系统中，自系统部署上线以来，软件运行平稳，系统兼容性好，达到了预期目标。

5.2 档案开放审核应用实践案例

5.2.1 背景与目标

开展档案开放审核工作是做好档案利用工作的前提，档案开放审核工作对人员知识层次、知识结构有较高的要求，相关工作人员需要了解掌握开放审核档案的历史背景、档案形成单位的职能性质，准确把握档案开放审核的政策依据。由于档案馆能够承担开放审核工作的部门人员数量有限，采用人工传统方法进行划控开放审核速度慢、结果一致性差、效率低，给档案的开放利用造成极大的障碍，这也是困扰档案界的一大难题。新时代档案开放审核工作面临新的机遇与挑战，围绕"四个好""两个服务"的目标要求，如何加强和做好档案开放审核工作，是各级档案部门需要思考和解决的问题。

一是档案开放审核工作进展缓慢，档案开放程度相对较低。各级综合档案馆都保存着数据量庞大、门类繁多的档案，由于没有进行有效开放审核，无法及时有针对性地向社会提供利用，档案开放工作与我国社会主要矛盾变化不相适应，不能很好满足新时代党和国家工作大局对档案的需要，不能满足人民群众对档案日益增长的需求，人民群众"获得感""满意感"有待提高。

二是档案开放审核专业力量配备不足，工作进展较缓。一方面，大多数档案馆没有设置专门从事档案开放鉴定业务的部门，一般是将开放审核职责作为众多业务中的一项赋予某个业务部门，导致开放审核专业力量存在不足，又或是聘请档案馆离退休工作人员进行开放审核，工作的连续性不足。加上档案馆存在开放审核人员队伍不稳定、专业素质参差不齐、针对开放审核专门的交流培训不足等问题，使得档案开放审核出现标准不一，宽严失当，极大地影响了开放审核工作的质量。不仅如此，开放审核需要具体到每一卷、每一件、每一页档案内容，人工审核效率低，无法高效且精准地处理庞大的档案数据，严重制约工作进度。

三是档案形成或移交单位存在档案开放审核工作落实不到位的情况，许多档案形成或移交单位未能按要求规范开展档案开放审核工作，导致档案接收进馆后，档案开放审核工作绝大部分积压在档案馆。

鉴于以上原因，利用人工智能辅助开展档案开放审核已经成为档案数字化转型和走向开放的必然选择。自 2018 年始，安徽省档案馆将人工智能技术应用于档案开放审核工作，进行基于人工智能技术的档案智能"开放审核"研究和应用实践。

5.2.2　现状与问题

目前档案开放审核逐渐向数字化、智能化方向发展，但仍存在一些问题和挑战，如信息化程度低、数据安全、资金投入不足等。同时，各地档案管理部门在推进档案开放审核工作的过程中，也在不断完善相关政策法规，提高档案管理水平，以适应社会发展的需要。档案开放审核的问题可以从以下几个方面来分析：

第一，信息化程度低，许多档案开放审核工作仍然依赖于传统的手工操作，信息化程度较低，导致工作效率低下，容易出现错误。

第二，数据安全问题，随着信息化的发展，档案数据的安全性问题日益突出。如何确保档案数据的安全存储、传输和使用，防止数据泄露、丢失和损坏，是档案开放审核面临的主要问题。

第三，资金投入不足，档案开放审核工作需要投入一定的资金，包括购置设备、培训人员等，但目前许多单位的档案开放审核工作资金投入有限，影响了工作的开展。

第四，人才队伍建设不足，档案开放审核工作需要具备专业知识和技能的人才，但目前档案行业的人才队伍建设相对滞后，缺乏足够的专业人才来支撑档案开放审核工作的发展。

第五，安全保密问题，随着档案数字化和信息化的发展，档案数据的安全和保密问题日益突出。如何在保障档案资源共享的同时，确保档案数据的安全和保密，是档案开放审核面临的重要挑战。

5.2.3　建设过程

相关研究成果及技术研发内容展示如下：

5.2.3.1 档案开放审核业务系统流程设计

为了更好地满足档案专业领域的需求，机器需要跟随档案专业领域的专家学习开放审核知识。通过不断地训练和学习，机器可以提高开放审核的效率和精准度，从而保证开放审核的质量。为了实现这一目标，需要建立专业文本分类识别引擎，引擎可以帮助机器快速准确地识别出不同类型的档案文件，从而提高开放审核的准确性。同时，还可以利用档案多维分析建模技术，对档案进行深入的分析和研究，以便更好地理解档案的内容和意义。此外，还需要研究机器解读档案原文的语义分析及阅读理解技术。通过这些技术，机器可以理解档案中的文字和信息，从而实现对档案的智能解读。这将有助于提高档案管理工作的效率，同时也可以为档案开放审核流程规范提供有力的支持。

基于以上技术和应用需求，研究开发了智能开放审核平台。这个平台主要分为三个部分：档案开放审核辅助、知识树管理和档案开放审核规则管理。

档案开放审核辅助部分是为了帮助用户更高效地进行开放审核操作。通过提供一系列的辅助工具和方法，用户可以更方便地完成开放审核任务，提高工作效率。知识树管理部分则是为了方便用户对档案知识进行管理和查询。通过构建知识树结构，用户可以快速查找到所需的档案资料，同时也可以将新的知识和信息添加到知识树中，形成一个完善的档案知识体系(如图5-6所示)。

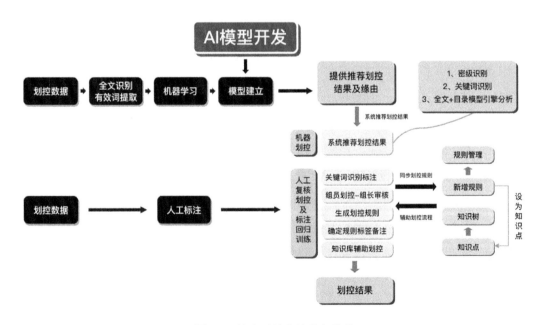

图5-6 档案开放审核业务流程

最后，档案开放审核规则管理部分则是为了确保开放审核过程的规范性和一致性。通过对开放审核规则进行统一管理和控制，我们可以确保所有的开放审核操作都符合规定的标准和要求，从而保证开放审核质量。

5.2.3.2 对档案识别和语义分析，建立档案数据分词方法

系统导入待开放审核的档案数据，在对档案识别和语义分析的基础上，建立档案数据分词方法，实现语句到短句的切分，识别档案中的短语、名字、命名实体等，对识别出来的信息进行统一管理(如图 5-7 所示)。

序号	档号	题名	利用要求	状态	划控推荐值	成文日期	完成日期	操作
1	L001-002(2)-0241-021	[关于对王无畏改进乡保小学意…	利用全文	待控制	开放	—	—	标注
2	L001-002(2)-0241-022	[关于南京市私立现代初级中学…	利用目录	待控制	开放	—	—	标注
3	L001-002(2)-0241-023	[关于报送南京市私立现代初级…	利用目录	待控制	开放	—	—	标注
4	L001-002(2)-0241-024	[关于抄发中央政治学校研究部…	利用目录	待控制	开放	—	—	标注
5	L001-002(2)-0241-025	安徽省立职业学校三十五年秋季…	利用目录	待控制	开放	—	—	标注
6	L001-002(2)-0241-026	安徽省中等学校一览表	利用目录	待控制	开放	—	—	标注
7	L001-002(2)-0241-027	国立中学回皖设置中学三十五…	利用目录	待控制	开放	—	—	标注
8	L001-002(2)-0241-028	国立中学回皖设置中学三十五…	利用目录	待控制	开放	—	—	标注
9	L001-002(2)-0241-029	[关于要求来安县长造册报送学…	利用目录	待控制	开放	—	—	标注
10	L001-002(2)-0241-030	[关于灵璧、盱眙、定远三县并…	利用目录	待控制	开放	—	—	标注

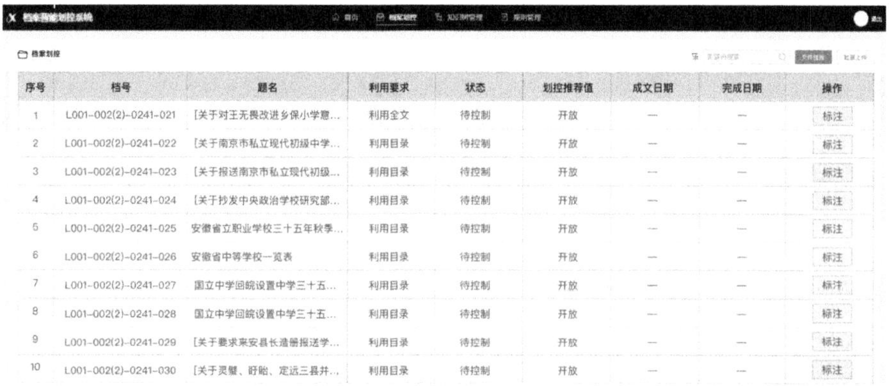

图 5-7 档案开放审核系统-待开放审核档案页面

5.2.3.3 机器解读，建立智能开放审核算法引擎

根据单件档案的开放审核结果，系统采集档案目录数据、提炼原文内容，完成档案分类、文本内容分词；按照标密文件开放审核、关键词开放审核(如图 5-8 所示)。

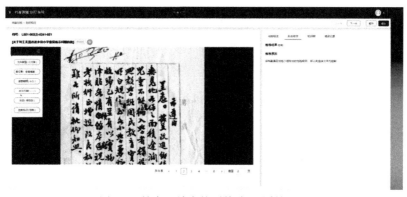

图 5-8 档案开放审核系统-标注详情页面

通过分词分类算法及关联学习训练，形成开放审核算法引擎，对数据进行开放审核，结果输出为机器开放审核结论。可持续对关键数据进行标注，逐步提高开放审核的精准度，保证开放审核的质量，对后续开放审核操作提供开放审核辅助。

5.2.3.4 根据不同类型档案标注，积累生成开放审核知识点

根据不同历史时期档案形成的历史背景，将涉密、涉政治事件、涉案、涉军、涉外、涉宗教、涉民族、涉边界、涉人事、涉诉讼、涉处分等问题的内容进行主题分析，提炼敏感词、关联句，积累生成知识点。建立不同时期、不同档案门类、不同控制缘由的关键词、关键规则库，最终形成一个完整的开放审核知识点库(如图 5-9 所示)。

图 5-9 档案开放审核系统-标签管理

5.2.3.5 建立规则库，形成知识体系，辅助人工开放审核

通过标注数据，收集规则后，可根据文种类型、文件标签对规则进行自动分类及标签化处理，并赋予开放审核结果属性。通过规则可辅助提高开放审核准确度；同时规则可形成知识点并关联关键词、标记开放审核结果属性形成知识树，通过专家录入/接入第三方知识数据库，形成档案关键知识信息总库(如图 5-10 所示)。

5.2.3.6 知识树自动匹配，推荐开放审核知识

根据全文图文识别结果，识别关键知识点、规则、关键词。同时对推荐知识树中的知识点进行结果匹配。并给出相关知识点词条、注释、信息描述，对人工开放审核提供数据

知识支撑。支持关键信息跨页定点定位阅览、主动提示。

图 5-10　档案开放审核系统-知识树管理

安徽省档案馆应用人工智能技术，利用文本分类、语义分析的相关研究经验，对人工智能技术在档案开放审核中的应用进行研究(如图 5-11 所示)。主要研究内容如下：

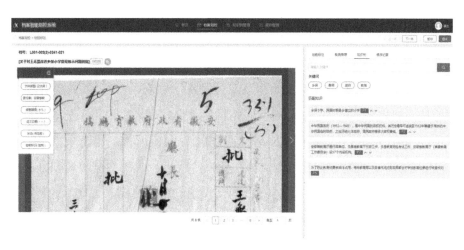

图 5-11　档案开放审核系统-开放审核详情知识树页面

对档案本身内容语义的分析。

在对档案 OCR 识别和语义分析的基础上，建立档案数据分词算法，实现从语句到短语的切分，识别档案中的短语、名词、命名实体等。

机器跟着档案开放审核领域专家进行学习如何开放审核，通过训练，提高智能开放审核的效率和精准度，保证开放审核的质量。

根据不同历史时期档案形成的历史背景，将涉密、涉政治事件、涉案、涉军、涉外、涉宗教、涉民族、涉边界、涉人事、涉诉讼、涉处分等问题的内容进行主题分析，提炼敏感词，积累生成敏感词库。

对档案多维分析建模，机器解读，档案原文语义分析及阅读理解，建立不同时期各个档案门类的词库，最终形成一个完整的开放审核知识库。

根据档案馆对开放审核相关规定和要求建立规则库。

根据开放审核词库建立专业文本分类识别引擎。

应用相关技术，结合档案开放审核流程规范，研究开发智能开放审核软件系统。

5.2.4　特色亮点

通过深入调查研究、建立合作机制、开发应用系统和全面部署实施等步骤，认真做好相关研究。结合人工智能技术，利用基于 CNN（卷积神经网络）、语言技术平台 LTP 分词、文本分类技术的研究成果，构建人工智能计算机档案开放审核引擎、构建档案开放审核知识库、规则库，开发智能档案开放审核平台。主要创新点如下：

5.2.4.1　构建机器智能开放审核引擎

档案开放审核引擎本质上是一种先进的文本分类系统，在该引擎中，采用了 BERT 预训练模型，该模型在大规模文本数据上进行了预训练，学到了丰富的语义信息。BERT 预训练模型的核心架构是多层 Transformer，它在自然语言处理领域取得了显著的成果。与传统的循环神经网络（RNN）和卷积神经网络（CNN）相比，Transformer 模型具有并行计算能力强、具有 Self-attention 机制、捕捉长距离依赖关系等优点。在档案开放审核任务中，利用 Transformer 模型的强大表征能力，并通过微调该模型，有效地提取了文本的特征信息，实现高精度的分类。同时，为了更好地利用文本数据的特征，BERT 预训练模型同时获取了题名特征和原文特征，这种多维度的特征融合策略可以有效地提高模型的精准度，使得模型能够更好地理解和挖掘文本数据的内在信息。

为了进一步提高模型的泛化能力，采用文本对抗 fgm（Fast Gradient Method）策略，这是一种强大的正则化技术，训练模型时通过在输入数据中添加微小的扰动，从而提高模型对噪声和异常数据的鲁棒性。通过这种方法，BERT 预训练模型在面对具有挑战性的数据集时，仍然能够保持良好的性能。另外，在模型训练过程中，对训练数据还进行了清洗和增强。清洗操作主要是去除无关的信息和噪声，确保模型能够在干净的数据上进行训练。

增强操作则是通过一些技巧(如同义词替换、句子重组等)来扩充训练数据,从而增加模型的泛化能力。经过多轮迭代训练,最终利用开发集挑选出了最优模型,并封装成智能开放审核引擎。

5.2.4.2　构建档案开放审核知识库

采用开放审核过程伴随快速人工采集标注的方法,获取开放审核依据规则点,机器采集公共源词条、词库、文库数据比对词条,对规则点数据知识化关联处理,形成开放审核知识点。通过不同历史时期档案形成的历史背景,将涉密、涉政治事件、涉案、涉军、涉外、涉宗教、涉民族、涉边界、涉人事、涉诉讼、涉处分等问题的内容进行主题标签分类,最终实现分级分类的综合档案开放审核知识库构建。目前,已经积累知识点约 5000个,持续积累中。

5.2.4.3　构建档案开放审核规则库

通过构建开放审核规则库,标注数据,收集规则后,根据文种类型、文件标签对规则进行自动分类及标签化处理,并赋予开放审核结果属性。通过规则可辅助提高开放审核准确度,降低档案鉴定工作的难度,提高档案鉴定的效率,而规则也在持续积累中。

5.2.4.4　智能开放审核平台

通过智能开放审核平台,针对档案开放审核的结果,机器智能开放审核引擎首先给予"开放/延期控制"结论及依据,实现开放审核初筛;平台利用文本分析、关键字词定位技术,对档案原文中的内容知识点自动识别提取,知识库、标签关联推荐,实现人工审核过程的快速阅读、知识获取;平台具备开放审核依据采集标注、规则管理、知识管理、多人多级审核功能;创新传统人工开放审核流程,整体实现"机器开放审核+知识推荐+规则采集+流程审核"一体化的开放审核新方法。

5.2.5　应用效果

档案开放审核是对不同门类档案的开放权限和范围进行界定,该项目从计算机技术角度出发,将自然语言处理中的文本分类技术应用于档案开放权限范围分类工作。对经过OCR 识别的数字化成果和原生电子档案进行自然语言处理、文本分类研究,并结合开放审核敏感词、开放审核知识点库、规则库,对档案是否开放和开放范围作出判断。本项目以提升档案开放审核的精确性、准确度为研究的重要技术指标,同时鉴于馆藏档案数量庞大、种类繁多，档案开放审核效率也是项目研究的性能指标。

结合国家档案局有关开放审核规定和指导意见以及安徽省档案馆对开放审核的具体要求，对不同门类的档案和档案的不同时期，按照档案的开放审核标准分别开放审核。在业务上，一方面，选取民国时期相关全宗中已完成人工开放审核的档案进行机器开放审核学习，通过人机开放审核结果比对，提炼结果，修正模型。另一方面，选取不涉及敏感政治专题的全宗，对其中未开放审核的档案直接进行机器开放审核，并进行人工校核，同时修正模型。通过不同门类不同年代的档案机器开放审核，提炼相关规则，达到在不同的档案门类中的应用。同时，考虑到主观性对于模型的影响，通过提供尽可能多的档案数据进行模型的训练及演练，进行逐步完善。在数据训练与验证中，选取了安徽省总工会共50369件档案进行数据验证，其中BERT模型准确率在80%以上，符合项目效果预期。

得益于人工智能、机器学习、深度学习等领域的理论研究与技术发展，基于卷积神经网络的文本分类技术等新的文本分类技术不断涌现，本项目开创性地将人工智能技术与档案开放审核业务工作有效地结合起来，对人工智能在档案管理中应用做了深入的研究，为开展档案开放审核工作探索了新的途径。

《档案法》第27条规定，"县级以上各级档案馆的档案，应当自形成之日起满二十五年向社会开放。经济、教育、科技、文化等类档案，可以少于二十五年向社会开放"。《国家档案馆档案开放办法》指出，自形成之日起满二十五年的国家档案馆的档案，经开放审核后无须限制利用的应当及时向社会开放。经济、教育、科技、文化等类档案，经开放审核后可以提前向社会开放。《"十四五"全国档案事业发展规划》对加快推进档案开放工作提出具体要求，并要求"加强大数据、人工智能等新一代信息技术在数字档案馆(室)建设中的应用"以及建立健全机关、企业事业单位档案开放审核建议机制以及各级国家档案馆馆藏档案解密和开放审核有关制度，实现档案开放审核工作法治化、规范化、常态化。同时，在2023年度国家档案局科技项目立项选题指南中，将"档案开放智能审核方法和技术研究"列为重点科技项目。人工智能技术的发展和应用对社会产生了深刻影响，也为档案开放审核工作带来了重要机遇。通过推动档案开放审核智能化应用，有助于最大程度提升档案开放审核工作效率，满足档案用户的需求，实现档案资源的价值，助推档案事业高质量发展。

智能开放审核平台在安徽省馆内部署使用后，通过智能开放审核系统，实现了档案线上开放审核、知识库管理、开放审核规则管理等功能，辅助档案开放审核小组进行档案鉴定开放审核工作。档案开放审核功能在档案目录与全文数据识别基础上，利用开放审核规则模型，将机器自动开放审核结果提供给开放审核人员，辅助人工审核判断工作。通过标注数据建立的规则库，规则可形成知识点并关联关键词、标记开放审核结果属性形成知识树，形成知识体系辅助人工开放审核工作。目前，根据馆内实际业务情况，已用档案智能开放审核引擎完成全馆档案数据初步筛查，共包括档案总件数 5452344 件。在实际业务逐件开放审核的过程中，已完成了 1949 年以前与 1949 年以后不同时期档案开放鉴定辅助工作，包括安徽省政府全宗汇集 63993 件档案，安徽省总工会 50369 件档案，安徽省劳动局 73064 件档案，安徽省民政厅 84587 件档案，徽州历史档案 6517 件。在选取的 5 个不同类型的档案全宗中，共选取验证档案总量 278530 件，经测算，与档案智能开放审核系统的审核结果进行比较，系统开放审核准确率达到了 91.13%，原先需要人工 3 个月完成的工作量，通过"机器审核+人工校验"的形式一周内即可完成，大幅度提升了开放审核工作效率。在馆内的数字档案馆系统建设中，完成了智能开放审核平台的集成，使开放审核的工作得到了质的提升。

5.3　音视频档案整理应用实践案例

5.3.1　背景与目标

信息时代下，人们对数据的利用提出了更高的要求，对音视频档案的利用也越来越普遍。但目前对音视频档案的整理工作，仅仅涉及著录一些简单的主题、责任者、文件格式等条目信息，而无法涵盖音视频档案的核心，更不用说全部信息内容，也就无法实现真正意义上的数据化。用户通过计算机检索音视频档案时只能看到有限的著录信息，要想真正了解档案的内容还需要打开音视频档案进行观看、收听等操作，这无疑给音视频档案采集、整理、著录和利用工作带来极大不便。

考虑到档案用户的利用需求，若要得到这些音视频档案的文本形态的电子档案，就要对这些档案进行文字化转换，但是处理这些海量馆藏音视频资料，仅仅依靠人工在短时间内是无法完成的。而人工智能在音视频领域的发展应用使历史音视频的文字离线转写、口述档案的实时转写、规范化的档案著录成为可能。

浙江省档案馆负责业务指导与场景输出，讯飞智元信息科技有限公司负责系统设计与技术实现，结合人工智能技术在音视频文件管理中的应用，利用科大讯飞基于 RNN(循环神经网络模型)独创的深度全序列卷积神经网络语音识别框架研究对音视频档案的整理利用进行研究。利用人工智能的相关技术，例如音视频档案转译文本技术，对音视频档案中的语音进行自动识别，并根据识别的结果输出文字，从而反映音视频档案的全部内容信息，而转译成文字后，就可以通过关键词精确的对音视频档案进行检索、管理和利用。同时，通过实现文字与音视频的同步，实现点击每一段文字都可以同步播放对应的音视频，实现音视频浏览时音频与字幕文字的同步，实际利用中可便于音视频档案的著录与检索。

5.3.2　现状与问题

基于科学技术研究的需求分析，目前主要涉及的音视频档案利用问题有以下几点：音视频文件整理著录过程中，需逐个打开听取或观看音视频来管理，大量音视频著录重复填写、不够精细化且效率低；音视频著录不准确，内容提炼不全面，造成无法检索利用；视频档案中，在检索描述内容、查找特定人物的视频文件检索利用上存在困难，在视频档案精细化管理上存在难点。

5.3.3　建设过程

针对目前音视频档案整理利用存在的问题，该项目对口述档案、重大活动档案等音视频档案数据进行处理解析，对音视频档案的信息进行自动提取，提取信息包括音视频名称、时长、切入点、责任人等信息，实现辅助信息著录功能。在解析的基础上，实现音视频档案检索，检索支持字音同步，播放时实时显示字幕，点击字幕或者音轨，可以达到同步效果，人工智能成果落地档案业务。检索口述的语音引擎训练持续进行中，目前完成专业词汇 8000 多个，完成离线设备数据存储方案落地。新增讯飞专业的人脸识别聚类引擎平台，辅助音视频档案管理。

首先，该项目研发了音视频档案转译文本的引擎。口述档案等实时语音以及离线的历史音视频识别应用下，中文语音通用场景识别率不低于 95%；面向人人对话的语音转写识别率不低于 90%；高噪、远场等特殊场景识别率不低于 85%。当利用人工智能技术进行语义理解时，针对上下文语义理解将中间结果进行智能纠错，确保语音转写文字的准确性；对音视频档案识别结果中出现数字、日期、时间等内容格式化成规整的文本。在实时语音转写的响应速度不高于 500ms；1 小时时长的离线语音不高于 10 分钟内完成全转写。并且在数据安全性方面，音视频转译文本支持离线部署和应用。

其次，该项目致力于研究提高音视频档案文本转化效率、符合国家著录规范的平台，并集成于数字档案馆中。在档案管理上，对于音视频档案内置打点规则进行虚拟打点切分；在档案利用上，对于转换后成本，可以实现字音同步，音视频时间轴定位，音视频数据可以反写到已有数字档案馆系统中。

最后，制造出适合口述档案征集、重大活动实时记录等档案采集情景下的小型化、离线应用设备。应用设备在采集完数据后，可以通过接口传输的方式将数据传输到音视频管理平台中进行加工处理，对档案数据进行深层次挖掘，达到盘活音视频档案的效果。

5.3.3.1 技术选型

音视频档案的利用关键旨在以智慧、便捷、高效的方式来展现利用声像档案所载内容，体现声像档案本身的强烈视觉冲击力，对此，项目核心成果——音、视频档案管理平台采用全球领先的语音转写技术与人脸识别技术，帮助档案管理者在海量新闻联播、口述视频、会议视频中挖掘价值信息，辅助档案管理者准确、高效进行声像档案鉴定、档案整理等工作。

该项目应用基于 AI 的语音识别和人脸识别技术实现了对音视频档案的数据化处理、自动拆分著录和智能化检索，对于音视频档案的采集、整理、管理、利用进行了探索性的研究，具有创新性。

该项目基于循环神经网络模型的深度全序列卷积神经网络语音识别框架，研发了音视频档案转译文本引擎、音视频档案智慧管理利用平台、适合口述档案采集的小型离线应用设备，在档案部门具有推广应用价值。

在音视频档案处理的基础上，该项目也对照片档案进行了研究，包括图片的相似度识别、图片的人物提取、图片的场景与物体识别等，声像档案(图片、音频、视频)的智慧化处理得到了广泛的应用。

5.3.3.2 问题与挑战

在浙江省档案馆与讯飞智元信息科技有限公司合作开展"人工智能技术在音视频档案整理利用"项目的过程中，保密问题是不可忽视的一大挑战。

由于项目涉及的音视频档案可能包含敏感信息，如个人隐私、商业秘密等，在数据的收集、存储、处理和传输过程中，需要采取严格的安全措施以防止数据泄露。其次，由于项目涉及人脸识别、语音识别等人工智能技术的应用，这些技术本身就涉及大量的个人信息处理，如何在保证技术应用的同时，保护个人隐私也是一大挑战。最后，对于项目的研究成果，如论文发表、专利申请等，也需要有明确的保密协议来规定哪些信息属于保密范围，不能公开发布或传播。

总的来说，保密问题是在进行此类项目合作时必须要考虑的重要问题，只有确保了数据的安全性和保密性，才能保证项目的顺利进行并取得预期的成果。

5.3.3.3 解决方式

在项目实施前，浙江省档案馆与讯飞智元信息科技有限公司签署科技项目合作研究保密协议，讯飞智元信息科技有限公司为浙江省档案馆提供人工智能核心技术研究服务，浙江省档案馆提供用于研究的档案数据，双方在项目研究期间保守档案数据秘密等有关事项，遵守相关保密协议的前提下完成科研项目的任务。

在数据采集上，讯飞档案机内建数据信息和各种功能文件信息系统，配套相应的数据管理模块，实现对本地数据的可视化管理，同时，内置数据访问控制功能，依据安全策略控制用户对资源的访问，操作系统和数据库系统的权限分离，避免共享账户的存在，从而实现单用户单数据，在讯飞档案机的系统层面，从源头杜绝数据对外分发与共享的情况发生。

5.3.4 特色亮点

浙江省档案馆建立起了基于科大讯飞语音转写、人脸识别等人工智能核心技术的音视频档案管理平台，能够对档案馆馆藏声像档案进行结构化处理，通过技术应用让声像档案可以实现"以图找图、文字搜图、分帧查询"等一站式检索，真正盘活馆藏声像档案。该项目目前已完成馆内口述史、新闻联播、会议档案等视频内容编辑管理，通过平台使用浙江省档案馆声像档案的日均处理归档效率大幅提升。

音视频档案管理平台作为浙江省首个应用人工智能技术的专业声像档案管理平台融入浙江省智慧档案馆建设中，具有创新性的特色亮点有以下三个方面：

第一，在音视频档案收集与管理的应用场景下，平台支持灵活的档案数据采集管理。平台支持界面导入实现批量音视频档案管存，也支持通过配置路径等方式，实现第三方数字档案馆系统接口获取数据。在音视频档案数据化管理业务方面，平台支持对音视频档案的采集、管理、归档、编目、移交、等管理，同时通过语音转写技术，对音视频档案进行数据化处理，设置音视频档案长期保管库，确保音视频档案支持全音频文字检索服务。

第二，在音视频档案拆分与自动著录应用场景下，针对口述档案、重大活动档案等音视频资源，平台利用音频转写技术及文本分析技术，支持对音视频档案数据化结果的内容要素自动提取、人工标注、完成部分著录项的管理著录，平台还具备视频打点、拆条的功能，能根据预先设置规则与条件，自动将音频、视频拆分成主题不同的片段，形成一套声像档案智慧管理模块，便捷声像档案视频快捷归档利用。

第三，一体化智能检索场景下，可以根据查询条件对选择的档案类型进行查询，基于数据库进行检索的基础上，支持对音视频转写文本进行检索，检索支持字音同步功能，即播放时实时显示字幕，点击字幕或者音轨，可以达到同步效果。平台支持图片检索，通过给定一张照片，与指定人脸库中的 N 个人脸进行比对，找出最相似的一张脸或多张人脸。根据待识别人脸与现有人脸库中的人脸匹配程度，返回用户信息和匹配度，即 1∶N 人脸检索。可用于用户身份识别、身份验证相关场景。

5.3.5　应用效果

应用人工智能技术，能够有效解决音视频档案整理利用工作中的短板问题，盘活音视频档案，解放人力、提升效率、提高档案整理、开发和利用水平。

经过一年的调研研究，该项目不仅完成了已明确研究目标成果，还进一步提出对声像图像内容的深度研究挖掘目标，梳理了基于录音、录像类电子档案的管理痛点、技术现状（图像识别、场景物体识别等）、用户诉求，完善了整体课题的目标任务，形成了"一套引擎、一台设备、一个平台"的研究成果，其中"一套引擎"指研发完成音视频档案转译文本的引擎；"一台设备"是指研发完成适合口述档案征集、重大活动实时记录等档案采集情景下的小型化、离线应用设备；"一个平台"是指研发完成提高音视频档案文本转化效率、符合国家著录规范的音视频档案智慧管理利用平台，集成于数字档案馆中。

音视频档案管理平台在浙江省档案馆内部署使用后，通过系统 1 小时音视频，10 分钟可以完成数据化、打点、拆分、质检、标注归档，一名档案管理员应用系统可以在 1 至 2 周内完成全馆电子档案全维质检，极大地提升了音视频档案信息化管理质量和效率，还大幅提升了利用率。

除此之外，档案音视频档案管理平台还可以应用在以下场景中：

第一，在档案数据采集上，在传统导入导出的基础上，通过配置采集路径的方式，实现接口路径数据传输，相比传统方式而言，数据采集更高效、更便捷。

第二，在档案数据管理上，利用语音识别、语音转写、自然语言理解技术，实现声像档案的全文识别和自动编目，显著提升档案整理、开发的效率与准确性。

第三，在档案数据保存上，打破传统音视频文件单一存储模式，实现音视频档案有序存储。利用人脸识别技术，在视频档案保存库中检测提取人脸，建立视频人脸库。通过对比基础重要人脸库，支持"1∶N"人脸检测，关联输出视频及视频所在事件文本信息。第四，在档案数据利用上，对传统音视频数据进行提取解析，输出更多的转写文本数据、标签，通过数据、标签可以对档案按照文种、年代、机构、进行分类管理和利用，盘活音视频档案。

第四，该项目的研究成果，不仅仅可以应用在浙江省档案馆内，未来也可全面推广至全国各级各类综合档案馆在音视频档案的管理、征集、利用中；同时可在声像专业档案馆、广播电视等媒体文件、档案管理等业务中有所应用，能够起到很好的带头指导作用，部分地市已将其全面应用到数字档案馆建设中。

5.4　智慧档案全生命周期管理虚拟仿真实训平台应用实践案例

5.4.1　背景与目标

随着信息化、数字化的发展，档案管理的方式和手段也需要与时俱进。传统的档案管理方式已经难以满足现代社会的发展需求，而智慧档案全生命周期管理虚拟仿真实训平台能够实现档案的智能化、自动化管理，提高档案管理的效率和准确性。人工智能、大数据、云计算等新技术的发展，为档案管理提供了新的可能性，这些技术可以帮助实现档案的智能分类、检索、分析等功能，使档案管理更加便捷和高效。武汉大学智慧档案全生命周期管理虚拟仿真实训平台的建设以培育档案科技创新力量、支撑档案事业高质量发展为目标，聚焦学科发展前沿和关系档案事业发展的重大、关键和共性科技问题，旨在通过利用人工智能技术，推动档案工作领域的科技进步和创新。

武汉大学智慧档案全生命周期管理虚拟仿真实训平台的建设是为了适应国家治理现代化的需求，推动档案信息资源的智慧化开发与服务，为档案事业重大科技问题攻关提供高水平的档案专业理论、高质量的档案科技成果、高站位的档案智库服务，以此不断提高档案工作的自动化、智慧化水平。

5.4.2　现状与问题

目前，武汉大学智慧档案全生命周期管理虚拟仿真实训平台架构基本成型（如图5-12所示），该平台已经初步搭建完成，拥有基础的虚拟仿真实训功能，可以支持档案全生命周期管理的模拟教学和实训。同时，该平台的部分功能，如档案整理、分类、检索等，已经开始在教学中使用，并取得了一定的效果。

然而，武汉大学智慧档案全生命周期管理虚拟仿真实训平台的建设也存在一些问题：

第一，技术更新迅速。随着科技的发展，新的技术和工具不断出现，平台需要不断更新和升级，以适应新的技术发展。

第二，资源整合困难。档案全生命周期管理涉及多个环节和多种资源，如何有效地整合这些资源，提高其利用效率，是一个挑战。

第三，数据安全与隐私保护。在进行档案管理模拟教学和实训时，可能会涉及一些敏感数据，如何在保证教学质量的同时，确保数据的安全和隐私，是平台建设需要考虑的问题。

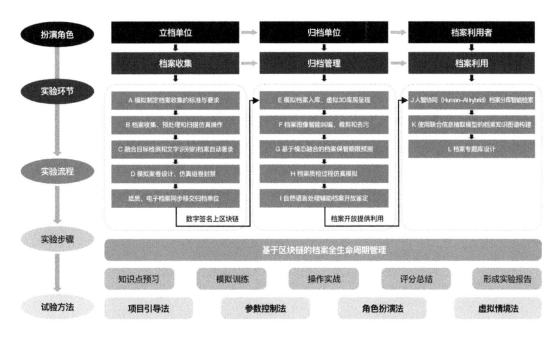

图 5-12　智慧档案全生命周期管理虚拟仿真实训平台实验架构

第四，用户体验有待提升。虽然平台已经具备基础的教学和实训功能，但在用户体验方面还有待提升。例如，界面设计、操作流程等方面可能需要进一步优化。未来，武汉大学智慧档案全生命周期管理虚拟仿真实训平台需要进一步优化平台功能、加强资源整合、保障数据安全与隐私、提升用户体验。

5.4.3　建设过程

武汉大学智慧档案全生命周期管理虚拟仿真实训平台借助人工智能技术，实现档案收管用全生命周期的智能化。

5.4.3.1　档案智能收集

武汉大学智慧档案全生命周期管理虚拟仿真实训平台借助人工智能技术模拟自动化流

程，为档案智能收集提供全面的解决方案。

第一，制定档案收集标准与要求。智慧档案全生命周期管理虚拟仿真实训平台根据国家和地方的档案管理规定设定一套档案收集标准和要求，并根据需要进行调整和优化。

第二，档案收集与预处理。智慧档案全生命周期管理虚拟仿真实训平台使用虚拟仿真技术，模拟真实的档案收集过程，包括档案的识别、分类和初步整理。预处理环节包括修复破损文件、质量检查等步骤，以确保档案资源数字化处理的顺利开展。

第三，扫描件仿真操作。智慧档案全生命周期管理虚拟仿真实训平台利用软硬件设备模拟档案的扫描过程，使得用户可以在虚拟环境中操作扫描仪，学习如何调整扫描参数以获取高质量的档案数字副本。

第四，完成档案自动著录。智慧档案全生命周期管理虚拟仿真实训平台利用自然语言处理技术对档案内容进行分析，提取关键信息，如作者、日期、关键词等，以辅助档案自动著录。同时，该平台将 OCR 技术与目标检测相融合，通过集成 OCR 技术和目标检测算法，自动识别扫描件中的文字内容和图像特征，从而实现档案的快速自动著录。

第五，智能元数据提取。结合知识图谱和语义分析，从档案内容中提取结构化的元数据信息，便于检索和管理。

第六，模拟案卷设计与组卷封装。用户通过智慧档案全生命周期管理虚拟仿真实训平台进行案卷的设计和排版，学习如何合理组织档案内容，并进行电子组卷和封装。

第七，纸质档案与电子档案同步移交。模拟纸质档案和电子档案的同步移交流程，包括必要的格式转换、数据打包和移交清单制作。此外，智慧档案全生命周期管理虚拟仿真实训平台还模拟归档单位的接收过程，包括档案验收、编目入库和日常管理等环节。

5.4.3.2 档案智能管理

武汉大学智慧档案全生命周期管理虚拟仿真实训平台结合先进的人工智能技术，提高档案管理的效率和准确性。

第一，模拟档案入库、虚拟 3D 库房呈现。武汉大学智慧档案全生命周期管理虚拟仿真实训平台能够模拟档案的接收和入库流程，包括档案的登记、分类、编目等步骤。同时，虚拟 3D 库房技术可用于创建档案存储环境的三维可视化，使用户能够在虚拟空间中浏览和管理档案，提高直观性和交互性。

第二，档案图像智能纠偏、裁剪和去污。利用图像处理技术，武汉大学智慧档案全生命周期管理虚拟仿真实训平台能够自动纠正档案图像的倾斜，进行智能裁剪，并去除图像上的污渍或瑕疵，从而提高数字化档案的质量。

第三，基于模态融合的档案保管期限预测。通过融合多种信息源（模态），如文本内容、历史数据、使用频率等，武汉大学智慧档案全生命周期管理虚拟仿真实训平台能够采用机器学习算法来预测档案的保管期限，辅助决策过程。

第四，档案质检过程仿真模拟。武汉大学智慧档案全生命周期管理虚拟仿真实训平台提供档案质量检查的仿真模拟，让用户了解和练习档案数字化后的质量控制流程，包括图像质量评估、数据准确性验证等。

第五，自然语言处理辅助档案开放鉴定。利用自然语言处理技术，武汉大学智慧档案全生命周期管理虚拟仿真实训平台能够分析和理解档案内容，辅助用户进行档案的开放鉴定，确定档案的开放范围和开放期限。

5.4.3.3 档案智能利用

武汉大学智慧档案全生命周期管理虚拟仿真实训平台借助人工智能技术，可以提升档案检索、构建知识体系以及专题库设计方面的先进性。

第一，人智协同档案分库智能检索。一方面，武汉大学智慧档案全生命周期管理虚拟仿真实训平台将人工智能技术与人类智慧相结合，通过借助自然语言理解、语义搜索和机器学习算法，可以实现对不同档案分库的智能检索，以帮助用户快速、准确地定位所需的档案信息。另一方面，人智协同的方式意味着系统能够根据用户的查询意图和历史行为来优化检索结果，通过与用户的交互式查询，提高检索的准确性。

第二，使用联合信息抽取模型的档案知识图谱构建。武汉大学智慧档案全生命周期管理虚拟仿真实训平台采用联合信息抽取模型从档案数据中自动提取关键信息，如实体、关系和事件，并将这些信息用于构建档案知识图谱。档案知识图谱又为档案信息提供了一个结构化的组织方式，使得隐藏在大量文档中的知识可以被有效地挖掘和利用。

第三，档案专题库设计。武汉大学智慧档案全生命周期管理虚拟仿真实训平台支持用户根据特定的主题或研究需求，设计和建立档案专题库。这涉及选择相关的档案集合、定义专题库的结构，以及实现专题库的用户界面和检索系统。

专题库的设计旨在为用户提供一个有针对性的档案信息资源集合，便于深入研究和分析。

5.4.4 特色亮点

5.4.4.1 真实档案管理场景与业务逻辑的仿真

武汉大学智慧档案全生命周期管理虚拟仿真实训平台通过构建虚拟环境来模拟真实的

档案管理过程，从而让用户能够在仿真环境中体验和学习档案管理的各个环节。这种仿真通常包括以下几个方面：

第一，环境仿真。构建一个与真实档案管理环境相似的虚拟环境，包括办公室、文件库、档案馆等场景，以及档案管理所需的各种设备和工具，如计算机、打印机、复印机、扫描仪、文件柜等。

第二，流程仿真。模拟真实的档案管理流程，包括档案的收集、整理、编目、存储、检索、利用和销毁等环节。用户可以通过与虚拟环境中的物体和角色进行交互，完成各种档案管理任务。

第三，业务逻辑仿真。根据实际的档案管理规定和标准，设计相应的业务逻辑和规则，并在虚拟环境中加以实现。例如，对于档案的分类和编目，可以设置不同的类别和字段，让用户按照既定的规则进行操作。

第四，角色仿真。在虚拟环境中设置不同的角色，如档案管理员、用户、审计员等，让用户能够从不同的角度体验档案管理的全过程。同时，还可以模拟角色之间的协作和沟通，提高用户的团队协作能力。

第五，事件仿真。在虚拟环境中设置各种随机事件和突发情况，如档案丢失、数据损坏、设备故障等，让用户在应对这些事件的过程中锻炼应变能力和解决问题的能力。

5.4.4.2 真实档案文件素材与人工智能算法的融合

武汉大学智慧档案全生命周期管理虚拟仿真实训平台将文本档案、图像档案、音频档案、视频档案等真实的档案文件素材与人工智能技术相结合，通过智慧算法对档案文件进行分析、处理和挖掘，从而提高档案管理的效率和质量。具体来说，这种融合可以包括以下几个方面：

第一，智能识别与分类。利用图像识别和自然语言处理等技术，对档案文件中的文本、图像和手写笔迹进行智能识别和分类。例如，通过图像识别技术自动识别档案中的图像内容，然后使用自然语言处理技术对图像中的文字进行提取和分类。

第二，智能检索与推荐。结合知识图谱和机器学习等技术，实现档案文件的智能检索和推荐。通过构建知识图谱，将档案文件中的实体和关系进行结构化表示，从而提供更精准的检索结果。同时，利用机器学习技术分析用户的检索行为和偏好，为用户推荐相关的档案资料。

第三，智能整理与归档。使用人工智能技术对档案文件进行智能整理和归档。例如，根据档案的内容和属性自动生成标签和摘要信息，方便用户快速了解档案的主要内容。此外，还可以利用机器学习技术对档案进行聚类分析，将相似的档案放在一起，提高档案管理的效率。

第四，智能监控与保护。应用人工智能技术对档案的安全进行智能监控和保护。例如，使用图像识别技术监测档案的存储环境，如温度、湿度等，及时发现异常情况并报警。同时，利用机器学习技术分析档案的访问记录和行为模式，发现潜在的安全风险并采取相应的措施。

第五，智能分析与挖掘。通过人工智能技术对档案数据进行深度分析和挖掘，发现其中的价值和规律。例如，利用数据挖掘技术分析档案的历史变化趋势和关联关系，为决策提供支持。同时，还可以结合情感分析技术对档案中的情感倾向进行判断和分析，为舆情监测提供参考。

5.4.4.3 将人工智能技术融入档案的全生命周期管理

武汉大学智慧档案全生命周期管理虚拟仿真实训平台将人工智能技术融入档案收管用的全生命周期管理。在档案收集方面，利用 OCR 技术将纸质档案转换为数字形式、利用语音识别技术将口述或录音资料自动转录为文本资料、利用在线系统和移动设备，实时收集和上传电子文档、照片档案和视频档案等。在档案管理层面，应用自然语言处理（NLP）技术对档案内容进行分析，自动归类和打标签；构建基于人工智能的搜索引擎，提供模糊查询、语义理解和关联推荐功能；利用聊天机器人，通过自然语言对话帮助用户快速找到所需档案。在档案利用方面，利用数据分析和可视化工具，将档案数据转换为图表和报告，以支持决策制定；使用数据挖掘和模式识别技术分析用户行为，优化档案服务。

5.4.5 应用效果

武汉大学智慧档案全生命周期管理虚拟仿真实训平台建设能够全面提升档案工作的质量和效率，不断提高档案工作的自动化、智能化、智慧化水平。

（1）提高工作效率：人工智能的自动化处理能力可以大幅减少手工操作的需求，从而加快档案智能整理、分类和检索的速度，提高工作效率。

（2）降低成本：武汉大学智慧档案全生命周期管理虚拟仿真实训平台通过采用先进的技术手段，能够有效降低运营成本。首先，通过虚拟化技术，减少对物理服务器和存储设备的依赖，同时减少了对专门档案存储空间的需求，降低硬件和设施的成本。其次，自动化的档案工作流程减少了对人工操作的需求，例如自动分类、整理和检索，进而减少人力资源的投入，降低人力成本。最后，利用云计算资源的弹性，可以根据实际需求动态调整档案资源，避免档案资源的浪费，提高档案资源利用率。

（3）加强决策支持：利用数据分析和数据挖掘技术，武汉大学智慧档案全生命周期管理虚拟仿真实训平台能够揭示档案数据间的关联，预测未来发展趋势，帮助档案工作者做出更加科学的决策。

（4）扩大服务范围：武汉大学智慧档案全生命周期管理虚拟仿真实训平台通过结合先进的人工智能和虚拟仿真技术，可以提供 7×24 小时的服务，能够突破时间和空间的限制，为用户提供全天候、全方位的服务。

总体来说，人工智能赋能武汉大学智慧档案全生命周期管理虚拟仿真实训平台建设，能够促进档案工作从传统的手工操作转变为高度自动化、智能化的管理模式，以此为档案工作带来革命性的变革。

5.5 建设项目数字化管理应用实践案例

5.5.1 背景与目标

随着信息化、数字化技术的发展，电力行业正面临着从传统运营模式向智能化、数字化转型的挑战。在这一背景下，企业需要提高其档案管理的效率和安全性，以适应这一变革。此外，人工智能技术的迅速发展为电力行业的档案管理提供了新的解决方案。通过应用人工智能技术，可以实现对大量档案资料的智能化分类、索引和检索，显著提高工作效率和准确性。电力行业涉及大量的技术资料、图纸、设备参数等档案资料，传统的档案管理方式已经无法满足现代化管理的需求。与此同时，电力行业对于档案的安全性、准确性和实时性有着更高的要求。因此，国家和地方政府对于电力行业的数字化转型给予了政策支持，鼓励企业利用新技术提升管理水平和服务效率。

山东电网建设数字化管理"一键成档"的创新实践项目，是为了实现档案数字化管理，将纸质档案通过扫描等方式转换为电子文档，实现档案的数字化存储和管理，提高档案管理的效率和安全性。是为了利用人工智能技术自动识别档案内容，实现档案的智能分类和索引，方便用户快速查找所需资料。是为了建立智能检索系统，提供快速准确的档案查询服务，满足用户对档案信息的实时需求。是为了通过数字化管理，促进档案资源的合理利用和共享交流，避免重复工作和资源浪费。是为了确保数字化档案的安全性和完整性，防止数据丢失或被篡改，保障电力系统的稳定运行。是为了通过对历史档案数据的分析和挖掘，为电力系统的规划、设计和运维提供有价值的参考信息。

山东电网"一键成档"的数字化管理创新实践项目旨在利用人工智能技术优化档案管理工作，实现档案的数字化、智能化和网络化，以适应电力行业对档案管理的新要求。

5.5.2 现状与问题

山东电网建设项目数字化管理"一键成档"创新实践通过输变电工程业务线上化及电子档案数据挖掘和利用等关键技术的研究，持续推动工程档案数字化科研成果系统化和产业化，提供决策依据，助推档案数字转型，"减负提效、赋能创新"，落实山东省大数据办公室印发《深化数据赋能》要求及山东省政府"无证明之省"实施方案。输变电工程档案数字化研究承担国网公司试点工作，成果获高度认可，同时承接山东省档案馆试点任务，具备科学性、实用性、推广性，致力于创新应用理念，领航档案行业发展，实现电力行业档案管理与社会接轨。

山东电网建设项目数字化管理"一键成档"创新实践在建设过程中需要从技术、管理、政策、安全等多个角度进行分析，解决项目推进中的一些问题。

第一，在技术方面，需要将新系统与现有系统集成，或在不同的硬件和软件平台之间实现数据的兼容和迁移，要注意兼容性与集成难题；大量的数据输入可能导致错误，需确保数据的准确性和一致性，同时制定有效的数据标准。此外，随着技术的快速迭代，相关系统需要定期更新和维护以保持其功能性和安全性。

第二，在管理方面，要注意现有的工作流程可能需要重新设计以适配数字化管理，因此可能会遇到内部抵抗和效率问题，员工可能对新系统的采纳存在抵触，需要通过培训和沟通来促进用户接受新技术，防止项目推进因协调不力、资源分配不当或时间安排不合理而遇到障碍。

第三，现有的法律法规可能无法完全适应数字化档案管理的新情况，需要相应的法律支持和政策指导，必须确保数字化档案的管理遵守相关的法律法规要求，因此可能需要更多的政策引导和支持来促进数字化档案管理的推广和实施。

第四，要注重安全问题，防止数据丢失、泄露或被篡改，需要采取加密、备份和其他安全措施。面对网络攻击等安全威胁，需要保证系统的稳定运行和安全。

第五，数字化涉及软硬件投资、人员培训等成本，需要合理规划预算。还可能需要依赖外部供应商提供技术支持，这涉及选择合适的供应商和维持长期合作关系的问题。

第六，山东电网企业文化和员工习惯可能需要时间适应数字化转型带来的变化，员工需要新的技能和知识来应对数字化工具的使用和管理。

针对以上问题，山东电网公司及其合作伙伴可能需要制定详细的项目计划、风险管理策略和变更管理计划，以确保"一键成档"创新实践能够顺利推进并取得预期效果。

5.5.3 建设过程

5.5.3.1 档案智能组卷移交

预设组卷规则，电子文件自动归集：预置档案馆、公司内部、工程创优等不同目标下的目录范围规则、文件排序规则。按照要求开展智能归集应用，实现输变电工程资料归档类目与电子化文件可视化关联配置、生成的电子文件自动归集，达到一次配置，多方共用的效果。

电子文件智能组卷：输变电工程线上过程资料形成后，根据预置对应关系模型自动归集并进入档案整理库，根据类型、页数、保密期限、全宗、多种维度进行档案元数据信息自定义辅助填充，案卷目录和卷内目录的元数据自动获取，并进行分类、排序整理，高效辅助完成线上档案组卷。

5.5.3.2 工程档案数据利用、大数据分析

应用 OCR 技术，档案元数据自动提取：在平台中应用光学字符识别（OCR）技术，支持通用印刷体、手写体、图像整体、中英文数字混合等识别，自动提取核准文件、专项评估、证书资质等档案文件关键要素信息，实现平台业务数据及档案元数据自动提取录入，最大程度上为基层一线减负。

提升工程档案数据价值，辅助工程管理分析决策：根据工程参建单位各项目部、职能管理部门关键场景需求，依托不同电压等级、类型工程，形成各专业管理业务与各类型档案关键要素需求关系，对档案进行数据采集，挖掘分析，以档促过程管理，辅助支撑输变电工程职能管理决策。

5.5.4 特色亮点

5.5.4.1 研发基于 BIM+GIS 技术融合档案信息三维可视化应用体系

该体系由档查图、由图查档集成 GIS+BIM 技术，以地图+模型的形式进行全景数据展示，由档查图，由图查档，为档案查询提供更加方便快捷的用户浏览体验，提高档案利用效率，充分挖掘项目电子化档案的信息内容，支撑基建业务可视化监控（如图 5-13~图 5-14 所示）。

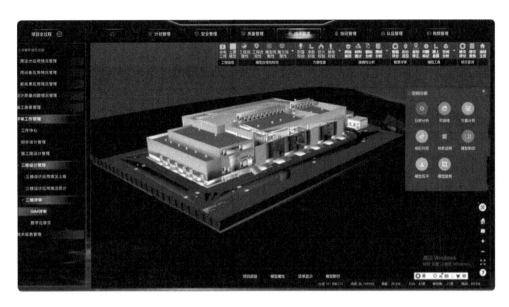

图 5-13　基于 GIS+BIM 模型可视化图档结合利用查询

图 5-14　基于 GIS+BIM 模型可视化图档结合可视化监控

5.5.4.2　工程管理创新应用大数据挖掘,全面预测工程的发展趋势

将档案数据进行整合,形成价值信息知识图谱,对业务数据形成过程关联信息进行梳理,深入分析挖掘,为现场进度管控、安全质量追溯等各专业薄弱点、关键点,开展关联分析、实时自动比对分析工程进度、安全质量易频发问题,为输变电工程管理提供辅助决

策支撑。

知识抽取：基于 NLP（自然语言处理）技术对档案的核心要素进行抽取，支持模板训练、RPA 流程引擎机器人传参自定义比对及获取核心要素。

OCR 图像自动识别：对档案进行文字识别和提取，构建基于特征档案关系关联模型，实现结构化纸质资料及字段提取全文快速检索。

关联挖掘：基于结构化电子档案数据，应用大数据挖掘技术，对数据内在关联性进行分析，偏差检测、自动预测工程发展趋势。

5.5.5 应用效果

山东电网建设项目数字化管理"一键成档"创新实践的应用成果将涵盖档案管理的各个方面，为电力行业带来更高效、安全、智能的档案管理解决方案，同时也为其他行业的数字化转型提供了有益的借鉴和参考。

（1）提升工程无纸化办公能力：通过数字化档案管理系统，实现工程项目的无纸化办公，减少对纸质文件的依赖，提高办公效率和协同性。

（2）提升工程档案管理效率效益：通过工程档案智能组卷、智能移交功能，预设分类组卷规则，随文件生成同步编目、排序，案卷题名、页数等信息自动提取，有效节约档案编制整理时间及档案存放空间，大幅度降低了打印费、人工费、纸质档案整编费等开支，提升了输变电工程电子文件整理归档效率。

（3）提升工程档案真实性、有效性：数字化档案管理系统能够很大程度确保档案的真实性和有效性，减少人为篡改和错误，保证档案的可信度和可靠性。

（4）提升工程档案智慧管控水平：根据不同类型、不同目标工程的预设工程档案目录，实时在线监测电子文件现状，自动导出状态分析报告，对工程档案进行分阶段评价，对不合规问题的预警提醒，实现工程档案全过程智慧监控。

（5）提升工程档案共享共用水平：通过数字化档案管理系统，实现档案资源的跨部门、跨地区共享与协作，促进信息资源的合理利用和优化配置。

（6）提升工程档案数据价值：在安全管理方面，可全程记录问题发生、整改等履责痕迹，责任全链条可追溯。在质量管理方面，通过档案大数据统计分析各专业问题易发点，及时发现潜在的关系缺陷、隐患等影响工程的问题，为管理决策提供数据支撑和决策建议。在进度管理方面，建立工程进度与档案预警模型，实时自动比对分析、下发预警报表等，精准调配设备材料进场进度，实现工程档案及进度管理过程可视化。在造价管理方面，通过人车轨迹记录感知模块，通过系统监控并记录人员、机械设备安装到岗履责情况，记录线路复测路径信息，为后续工程量计量提供数据支撑。通过大数据统计分析各专业薄弱点、关键点，对现场不符合条件的安全、质量、环境等触发警告。

5.6 Deep Discoveries 项目应用实践案例

5.6.1 背景与目标

Deep Discoveries 项目是艺术与人文研究理事会（AHRC）资助的 Towards a National Collection 计划的一个组成部分。该项目的愿景是将英国的卓越遗产收藏品整合成一个统一的"虚拟收藏"，以此消除不同藏品之间的界限，并将访问权限扩展到超越其物理位置的边界。项目的主要目标是通过创建一个统一的虚拟平台，使公众和研究人员能够更广泛地访问和探索英国的遗产收藏品。这一目标的实现将极大地促进文化遗产的共享和教育价值的传播，同时也为研究人员提供了更为便捷的研究资源。

5.6.2 现状与问题

当前，在虚拟空间中获取信息的方式正在经历一场变革。传统的发现和探索方式，即通过在搜索栏中输入关键词，已经不再能满足用户的需求。全球范围内的博物馆、图书馆、档案馆和画廊都在积极适应这一变化，他们通过在线展示藏品，构建了一个可浏览、可链接的信息网络，允许用户通过有意义的情境化关系来探索和发现新想法。尽管如此，现有的信息获取方式仍存在局限性。用户在探索和发现新想法时，仍然受限于关键词搜索的框架。此外，如何有效地整合和展示来自不同机构的藏品，以及如何确保用户能够在一个统一的界面中无缝地访问这些资源，都是当前需要解决的问题。在这一背景下，"视觉搜索"技术的出现提供了一种新的解决方案，它基于人工智能，可以根据图像的视觉特征（如颜色、图案、形状）而非关键词描述来匹配相似的图像，为用户提供了一种更为直观和丰富的搜索体验。

5.6.3 建设过程

5.6.3.1 项目参与方与主要工作计划

该项目的核心参与方包括三个核心参与者、一个顾问伙伴以及四个项目合作伙伴。其中，三个核心参与者主要包括国家档案馆（TNA）、萨里大学（UoS）和维多利亚和艾伯特博物馆(V&A)。一个顾问伙伴即诺森比亚大学(NU)。四个项目合作伙伴分别是爱丁堡皇家植物园(RGBE)、庚斯伯勒纺织公司(GWS)、国内设计与建筑博物馆(MoDA)和桑德森设计档案馆(SDA)。

该项目组将其进行研究的所需工作分为两大工作包(WP),整体工作围绕两个工作包构建。WP1涉及技术开发和部署,而WP2则围绕着用户评估、开发吸引新受众的方法、伦理问题以及技术吸收和影响评估。两个工作包只是以技术进行分类,分别进行又互相协作。

工作包一:"技术开发",由 UoS 领导,涉及 CV 搜索和 XAI 算法的开发,以提供新的和/或更有效的方法来对数字化视觉内容的交叉收集搜索。

工作包二:"用户评估和影响",由 TNA、V&A 和 NU 领导,涉及对视觉收集用户及其搜索/发现习惯和需求的评估,以便为使用 WP1 开发的技术设计原型搜索工具提供信息。

5.6.3.2 采用技术

计算机视觉:这是一种基于人工智能的方法,根据视觉特征(颜色、图案、形状)而不是关键字描述来匹配相似的图像。并为用户创造机会来发现全国各地的图像集合之间不可预见的联系。

深度学习—卷积神经网络:深度学习(Deep Learning)是机器学习领域的一个分支,它模仿人类大脑神经网络的结构和功能,通过多层神经网络来进行数据分析和模式识别。近年来,深度学习技术特别是卷积神经网络(CNN),已成为计算机视觉领域的重要工具,用于解决图像识别、分类、分割等问题。具体而言,主要应用表现为:在图像处理上,对图像进行预处理、增强、滤波等操作,以提取有用的信息或减少噪声;在物体对象检测与识别上,在图像中定位和标识特定的物体或对象;在图像分割上,将图像划分为不同的区域,每个区域代表不同的物体或特征。

XAI—Grad-CAM:基于深度学习的"黑匣子"缺陷,该研究引入了可解释的人工智能方法,允许用户与人工智能进行视觉对话,从而完善他们的搜索任务。项目主要是通过后处理,即训练好的模型,通过可视化技术来理解模型的原理来实现 AI 的可解释性。项目引入的 Grad-CAM 可以对任意结构的 CNN 进行可视化,不需要修改网络结构或者重新训练。

5.6.3.3 模型构建

(1)用户研究与用户需求分析:

一方面，在技术团队开发具体算法和模型之前，UXR 团队进行了大量的文献分析和用户调查，试图尽可能多地了解用户特点与用户需求以明确原型视觉搜索系统的设计，从而为整体的系统设计建立目标。

另一方面，为了支持搜索原型的设计和开发，来自 NU 的交互设计（ID）专家于 2021 年年初加入了该项目。他们以用户需求为导向，整个设计过程集中在两个任务上：能够部署一个全新的计算机视觉搜索过程以及设计创建一个功能原型。

（2）数据来源：

由于该项目的最终目的是实现特定场景下的图像检索，因此其测试数据来源也极具特色。在该项目中，用以开发算法的数据集主要是 Deep Discoveries 项目的核心参与者以及项目合作伙伴提供的图像，共约 2 万张。

爱丁堡皇家植物园（RBGE）：提供了 7435 张图片和相关的元数据。这些图片主要以植物学为主题，包括叶子和花的素描、叶子、山脉、灌木、植物的花/种子/果实的照片；相关的元数据如学名、摄影师、收藏家姓名和号码，以及目录编号和许可证链接。

庚斯伯勒纺织公司（GWS）：纺织工作室的档案中有数千上万幅历史悠久的纺织品设计的图像，以及在制作时添加的当代设计；然而，到目前为止，数字化很少。该组织提供了 760 张图片。GWS 没有提供其他形式的元数据。

TNA 和 V&A：TNA 提供了 7845 张来自贸易注册设计委员会（The Board of Trade Registered Designs）的图片。这些图像主要是纺织品设计图案，尽管不是全部，但其中许多都以植物为主题；TNA 提供的图像集合是具有唯一图像 id 的 jpeg 图像；其他形式的元数据不可用。

V&A 从他们的收藏中提供了 426 张图片。这些图片主要以纸上的花卉图案和设计为特色，尽管并非都以植物为主题。V&A 提供的图像集合无法提供其他形式的元数据。

国内设计与建筑博物馆（MoDA）：作为米德尔塞克斯大学的一部分，莫达的收藏以墙纸和纺织品为特色，其中大多有花卉或植物的主题。该组织提供了 1170 张数字化图像和相关元数据。注释包括图像内容的简短描述（例如，红色、蓝色、黄色花朵的纺织品设计），使用的材料/技术（例如，细节纸上的水彩画）和生产日期。

桑德森设计档案（SDA）：该档案的收藏特色是手绘，花卉图案的设计和花卉图案的纺织品和壁纸。该组织提供了大约 950 张图像和相关的元数据。注释包括图像类型（壁纸/纺织品/手印壁纸）和收藏名称（例如，Triad 1968-69 第 3 版，riad 1970-71 系列）。

（3）AI 模型探索与训练：

在进行 AI 模型探索时，该项目团队既探索了一些经典模型，同时也使用由 UoS 自己在之前所开发的一些模型。由 ID 和 UXR 团队设计的 Web Live 原型作为用户界面来访问搜索引擎后端。一旦用户向搜索引擎提交了一个查询图像，该图像将通过后端机器学习算法进行处理。该过程包括使用卷积神经网络(CNN)从查询图像中提取视觉特征。UoS 团队为搜索引擎评估了 7 个 CNN 模型，三个视觉风格模型被训练来区分来自 behance. net 的大约 100 万张图像(分别是 ALADIN-S、ALADIN-L、AVit)的细粒度视觉风格，三个语义模型在 ImageNet 数据集上训练，使用对比学习来分类 1000 个对象类别(分别是 RESNET、vgg16、ViT)，以及上述任何视觉和语义模型的融合(混合)模型。

在进行 AI 模型训练时，DeepDiscoveries 项目组主要采用三个 CNN 共享网络权值的三重网络架构进行训练。在训练过程中，网络呈现一个图像三元组：一个锚(参考)图像，一个正(视觉上与锚相似)图像和一个负(视觉上与锚不同)图像。训练过程的目的是在抽象的特征嵌入空间中使正图像更接近锚图像，同时使负图像远离锚图像。训练完成后，将该特征嵌入空间用于图像检索。例如，在对查询图像进行视觉搜索时，系统将提取的新图像的视觉特征与数据库中所有图像的视觉特征在嵌入空间中进行映射，并能够定位在视觉上与查询图像"最近邻"的图像。这些结果以相关度排序的形式返回给用户。

5.6.3.4 模型和结果的评估与优化

在用户体验研究(UXR)的第一阶段，基于用户的反馈，项目组引入了 Grad-CAM 技术，并发现在线文物收藏正被众多不同背景的用户以多种目的进行搜索。用户可以了解到 AI 识别的结果图像中哪些视觉特征与他们的查询图像相似，并且能够在查询图像中针对特定的视觉方面进行搜索。因此，团队修改了方法，为计算机视觉搜索引擎采用了 Grad-CAM 技术(用于直观地展示 CNN 是如何运作的)，最初提出 Grad-CAM 是为了解释图像分类网络。团队对三联体图像采用了 Grad-CAM，让图像的相似性可视化，并在检索到的图像上生成热图，突出显示负责相似性的区域。热图覆盖在返回的排名靠前的图像上，这些图像分别用红色或蓝色标记了视觉上相似或不相似的区域。

在模型前端开发之后，UXR 团队为可用性测试创建了一个温和的测试场景和半结构化的面试问题。在早期调查中表示希望参加可用性测试的受访者被邀请进行采访。这一阶段的研究结果表明，正在开发的原型应该能够提供不同类型的搜索选项(例如，发现驱动和研究特定)，以及引导非专业受众或研究人员了解这些不同类型的搜索应如何操作。为了提升用户体验，原型设计应围绕用户意图和搜索训练，允许用户根据视觉明确他们的搜索标准。算法将要求团队调查不同用户群体的主题或风格等术语的含义。为了确定不同类型的用户在 CNN 训练过程中对这些术语的定义是否会导致显著不同的返回图像集，需要进行单独的研究，这在该项目范围内是无法完成的。因此在中期项目会议上，项目组讨论了这些复杂的问题，并根据来自 UX 研究的三个案例研究问题陈述中的一个，绘制了拟议原型的线框图。团队决定将该技术从广义的视觉层面概念中解放出来，并创建一个平台，允许用户可视化人工智能如何确定他们的查询图像与返回图像之间的相似性。此后，用户可以以迭代的方式注释结果和查询图像，以便直观地阐明他们的任务，发现新内容或专注于特定图像。

根据上述用户研究的结果，技术团队从 CNN 对图像的整体或全局分析，转向了局部级别的视觉分析。这一转变旨在允许用户进行交互式视觉搜索，并引入视觉发现的能力。具体来说，我们采用了一个 5×5 的网格系统，在特征提取之前将图像分割成小块。这种图像的"拼接"方法使团队能够利用视觉词包(BOVW)模型，该模型将图像分解为"视觉码字"的局部表示，这些视觉码字是通过特征提取和聚类过程得到的。

通过这种方法，我们不仅提高了模型的精确度，还增强了用户与 AI 系统之间的互动性，使得搜索结果更加符合用户的期望和需求。这种优化不仅提升了用户体验，也为文物收藏的数字化管理和检索提供了新的视角和工具。

使用 K-means 算法利用聚类局部补丁特征构建视觉码本。码字形成一个"码本"(视觉词汇表)，然后用于创建图像的直方图，其中每个码字根据其在图像中的频率加权。每个图像将有不同的码字直方图；像以前一样，这些图像被投射到特征嵌入空间中，它们相对于其他图像直方图的距离将决定它们在视觉上是相似还是不同。因此，修补查询图像允许模型将图像的部分与返回图像的部分相匹配。所开发的技术添加允许用户使用整个查询图像进行搜索或选择图像的特定部分(面)进行搜索；查看算法如何评估排名靠前的返回图像与查询图像之间的相似性；选择多个返回图像；使用整个图像或其中的注释区域进行进一步的视觉搜索；不断迭代此过程以扩展他们的搜索和发现集合。这项技术提供了与 AI 对话的功能，允许根据实时用户反馈进行迭代搜索。最终目标是在视觉上厘清用户的意图(如果用户不知道如何清晰地表达图像中的属性)，并提供个性化的搜索体验。

5.6.4 特色亮点

该项目最终开发了一个 CV 平台以向多种类型的用户展示一种新技术的"研究"和"发现"潜力。该平台可以在英国的一些数字化图像存储库中进行搜索，利用计算机视觉方法进行图像识别。并且搜索不是依赖于集成的描述性元数据，而是基于图案和主题等视觉属性，帮助促进发现图像集合内部之间不可预见的联系。该平台主要功能包括：提供了基于视觉属性的搜索功能，帮助用户明确搜索标准；在视觉属性搜索的同时，还允许用户采用传统的主题词搜索；搜索整个查询图像或选择特定部分(方面)的图像搜索，看到算法评估排名最高的返回图像和查询图像之间的相似性；选择多个返回图像使用整个图像或注释区域进行进一步的视觉搜索；不断迭代这个过程磨炼或扩大他们的搜索和发现的集合。

5.6.5 应用效果

该项目为后续文化遗产领域的数字化和智能化发展提供多层面的参考价值。用户层面重视用户研究和需求分析，并为非英语母语者或缺乏技术语言来描述他们的查询的用户降低检索与访问障碍。技术层面重视来源可靠的数据对于模型训练以及增强用户信任的重要性，逐步探索模型构建的优化路径，逐渐实现用户意图的厘清与模型的可解释，实现用户层面与技术层面的高度协同。作为构建视觉风格相似性的深度神经网络开发的实践案例，它将成为虚拟环境中创建搜索和发现工具的先驱。

5.7 In Codice Ratio 项目应用实践案例

5.7.1 背景与目标

In Codice Ratio 是一个跨学科研究项目，由罗马第三大学计算机工程和古文字学系和梵蒂冈档案馆合作完成。该项目于 2016 年启动，旨在完整转录"梵蒂冈登记册"语料库。"梵蒂冈登记册"语料库是梵蒂冈秘密档案的一部分，包含 13 世纪罗马教廷的超过 1.8 万页罗马教廷官方信函，其中包括国王和君主以及欧洲许多政治和宗教机构之间的书信以及对法律问题的意见。这些文件在过去从未被转录过，具有前所未有的历史意义，可以揭示那段关键的历史时期。

梵蒂冈秘密档案馆的官方建馆时间是 1612 年，由教皇保罗五世建立，它的非官方历史可以追溯到更早的 16 世纪。秘密档案馆中的"秘密"一词并不意味着机密，而是"私人"的意思，即这些档案是教皇的私人财产。梵蒂冈秘密档案馆是世界上最大和最重要的历史档案馆之一，拥有大量珍贵的手写档案。在长达 85 千米的书架上，保存着从 8 世纪末开始的 600 多份有关梵蒂冈活动的历史资料，如梵蒂冈的官方信件、账簿和教皇的信件，包括米开朗琪罗的信件和文件，亨利八世要求取消婚姻，甚至亚伯拉罕·林肯给教皇的信件。In Codice Ratio 项目正在收集梵蒂冈登记册，它记录了教皇的入境和出境通信。

In Codice Ratio 项目的目标是支持人文学者对大量历史文献进行内容分析和知识发现活动，研究团队致力于开发新方法和工具，古文字学家、语言学家和历史学家将能够通过定量分析不同时间和国家的文字和语言的趋势和演变，以及通过检查和发现大量文件语料库中传播的信息之间的事实和相关性，进行大规模的数据驱动研究。

在该研究中，研究团队选择专注于训练数据收集的可扩展性，这是构建适应性强、易于使用的手写文本识别（Handwritten Text Recognition）系统的重要因素，因此可以总结两个主要的研究目标：

研究目标 1：创建一个成熟的离线 Handwritten Text Recognition 系统，以实现对古代手稿的数据驱动内容分析；

研究目标 2：在数据集收集过程中不需要专业知识，并且尽可能少地使用注释。

5.7.2　现状与问题

古老的手写档案很难被利用起来。尽管梵蒂冈秘密档案馆的手写档案是非常有价值的文化和历史资源，但它们的内容只被部分发表，没有进行完整的转录，绝大多数珍贵档案并未进行数字化，难以对这些档案进行数字化分析。想要进行数据驱动的内容分析，第一个基本步骤就是对手稿进行转录。由于收集的文件数量有数十万页之多，在合理的时间内，对这些文件进行手工抄写是不可行的。手写文本识别方法通常需要对大量字或行级注释的模型进行训练，在处理古代文字（如中世纪手稿）时，需要大量的专业知识。尽管非专业人员可以很容易地识别部分字符，但完整的转录则需要具备古文字学方面的专业学识。对于少数能够完成这种转录的专业古文字学家来说，收集足够的样本来训练这样的模型可能非常耗时，传统手写文本识别方法并不适用。

5.7.3　建设过程

5.7.3.1　项目参与方

In Codice Ratio 项目的团队由罗马第三大学的 Serena Ammirati、Paolo Merialdo、Donatella Firmani、Elena Nieddu、Francesca Galli，梵蒂冈秘密档案馆的 Marco Maiorino 和罗马大学的 Simone Scardapane 七位研究员组成。

这个项目四位主要的科学家分别是——罗马第三大学的 Paolo Merialdo、Donatella Firmani、Elena Nieddu 以及梵蒂冈秘密档案馆的 Marco Maiorino——他们以一种新型的"拼图分割"方法成功绕开了 Syaer 悖论。

该项目在意大利罗马进行，并以欧洲和世界各地的跨学科合作者为特色，包括都柏林的三一学院（爱尔兰），法兰克福的马克斯普朗克欧洲法律史研究所（德国）和南本德的圣母大学（印第安纳州）。罗马合作者包括罗马（意大利）的 Sapienza 大学和两所罗马高中，即 Liceo Keplero 和 Liceo Montale。

5.7.3.2　采用技术

对图像进行预处理后，利用众包的方式收集符号样本。这些收集到的图像用于训练基于卷积神经网络（CNN）的字符识别模型，从而完成档案的转录生成。研究团队在梵蒂冈秘密档案的梵蒂冈登记册上试验了这种方法，手写古文字母识别率可达 96%。

5.7.3.3　模型训练数据

（1）数据来源：

数据集来源于教皇奥诺里尼三世第 12 号登记簿中的 30 页高分辨率（300dpi，2136×2697 像素）的扫描数据。所有页面均使用加洛林小楷（Caroline Minuscule Script）。这种字体在查理曼统治时期传播到西欧，并成为神圣罗马帝国的标准字体。与同类字体相比，加洛林小楷书写相对规整，连线较少。

（2）数据处理：

对所有页面进行预处理。首先清除页面背景，将文本分割成行，提取初步的分割字符。所有字符会被送进一个在深度 CNN 基础上建立的 OCR 系统，然后另一个基于隐马尔可夫模型的子系统从所有的分割字符中选择最可能的字符。

（3）字符类别：

考虑到拉丁字母中的小字母，最初产生 19 个类，由于数据集中字符 d 和 s 有不同的版本，将 d 分为 2 类、s 分为 3 类，因此共分为 23 个类，包括 22 个字符类和 1 个非字符类。

5.7.3.4　用于可扩展训练数据收集的众包

In Codice Ratio 提出了一种"无专家"众包来进行转录的方法。该方法可以处理手写文本，而无须转录文本行作为训练。最先进的古代手稿转录众包项目依赖于由古文字学家和其他学者组成的专家群体。与之相反，该方法允许非专家用户（即高中生）参与，该项目的众包成员由罗马市的高中生组成。

自定义众包 Web 应用程序用于收集示例字符图像以训练分类器。为了使非专家能够参与，众包任务包括识别文本行的一小部分特定符号，而不是直接转录这些部分，由此产生的任务更像简单的视觉模式匹配活动。该项目开发了一个定制的众包平台，参与的学生从平台出现的选项中选择匹配的图像（如图 5-15 所示）。

图 5-15　平台应用页面示例

　　这使该项目能够轻松地为每个符号收集大量样本，收集的图像用于训练基于卷积神经网络(CNN)的字符识别模型。2016 年，有 120 名高中生参与，每张图像由 4 名学生标注，形成 100 万张贴有标签的图像。到 2018 年，有 500 多名高中生参与，每张图像由 5 名学生标注，形成 4 万余条标注。

5.7.3.5　用于识别字符的卷积神经网络

　　深度 CNN 将训练前已被二值化的 56×56 的单通道图像作为输入，然后输入通过 8 个自适应层传播。首先应用一个卷积层，该层有 42 个大小为 5×5、步长为 1 的过滤器；其次，卷积层的输出结果被送入 ReLU；接着，将 ReLU 输出的步长为 2×2 的最大集合操作进行向下采样，以减少可调整参数的数量；最后，用 28 个过滤器将前面的操作重复两次，然后，最后一个卷积层的输出被扁平化，并反馈至带有 100 个神经元和 ReLU 非线性的全连接层，以及带有 softmax 激活函数的最终输出层，以输出 23 个类的概率分布。

5.7.4　特色亮点

　　该项目研究团队开发了一种创新的方法，旨在支持中世纪手稿的转录工作，显著提高这一过程的可扩展性。这种方法的核心优势在于其能够有效且可扩展地在文档图像上实现一系列信息提取任务，如全文搜索和命名实体识别，尤其是在那些可能缺乏足够训练数据以支持行级转录系统的场景中。

该团队相信，他们的方法不仅可以作为一种有效的信息提取工具，还可以作为一种引导更大训练集的线级模型的方式，这种方式不需要专家参与，或者在远程监督框架中最低限度参与。这种方法的实验已经在梵蒂冈注册表上成功进行，依赖于分词、神经卷积网络和语言模型，结果表明，几乎所有被考虑的单词都能在没有明显拼写错误的情况下被转录。项目进一步利用众包平台进行了更广泛的实验，包括更多的成员并收集更多的字符。这种方法依赖于人群从19页中产生的标签，产生了高质量的转录结果(18.20%的字符错误率)。即使在从20页减少到2页的情况下，虽然会导致转录结果质量小幅下降(24.83%的字符错误率)，但该项目的方法仍然优于现成系统。在相同的假设下，现成系统需要20页才能获得类似于该项目用2页获得的结果。尽管专业的转录系统可以获得更好的结果(15%的字符错误率)，但却需要一个约9000行完全由熟练的学者转录而成的训练集，这不仅耗时而且成本高昂。

In Codice Ratio 项目的方法展示了其在梵蒂冈登记册上的成功应用，同时揭示了一个重要的挑战：语言模型是独立于识别系统训练的，这需要进一步探索如何将其应用于其他语言和其他脚本的转录之中。这一挑战的解决将为该项目的未来研究和应用开辟新的道路，进一步增强其在历史文献转录和信息提取领域的特色亮点。

5.7.5 应用效果

由于手写文本的利用困难，梵蒂冈秘密档案馆中蕴含着丰富历史与文化价值的手写档案未能进行有效的数字化开发和利用，全球许多拥有大量珍贵手写档案的机构也面临着同样的困境。然而，该项目组构建的手写文本识别系统在梵蒂冈登记册上的成功实验，为这些机构带来了希望的曙光。这一实验的成功不仅证明了项目方法的有效性，也向其他拥有手写文本档案的机构释放出积极的信号。一方面，如果将项目的方法应用于更多的语言，相信会有更多的古老手写文本档案被高质量地转录，从而更好地为有需要的人提供帮助。另一方面，各机构也可以积极探索如何将人工智能技术应用于古老的手写档案的识别之中，更好地探索这些珍贵的手写档案所蕴含的丰富价值。

该项目采用了一种创新的"无专家"众包方式来收集训练数据，这种方法让非技术人员，甚至是高中生，也能参与特定符号的识别。这种方式不仅让专家重复的工作减少，而且以低成本的方式高质量地完成了训练数据的收集，解决了最具挑战性的问题。这一实践表明，众包是一种有效且可扩展的方法，它不仅能够动员更广泛的社会资源，还能够以一种创新的方式解决专业领域内的难题。这一应用成效，不仅为手写文本档案的数字化提供了新的解决方案，也为其他领域的数据收集和处理提供了宝贵的经验。像"In Codice Ratio"项目一样，创建众包平台，并以众包的方式完成训练数据集的收集工作，无疑是一种值得借鉴与学习的模式。这种模式的成功应用，不仅推动了历史文献的数字化进程，也为人工智能技术在文化遗产保护和研究中的应用开辟了新的道路。

5.8 Transkribus 平台应用实践案例

5.8.1 背景与目标

Transkribus 是一个人工智能（Artificial Intelligence，AI）驱动的手写文本识别（Handwritten Text Recognition，HTR）平台，可以对任何地点、任何时间、任何语种的历史文档进行文本识别、转录和搜索。其目标和愿景是利用先进的数字技术，特别是光学字符识别（Optical Character Recognition，OCR）和机器学习（Machine Learning，ML），来处理和转录手写文档，从而方便研究人员、历史学家和文化遗产保护者分析、搜索和共享这些珍贵的文化遗产。

随着人工智能的发展，尤其是深度学习（Deep Learning，DL）、神经网络（Artificial Neural Network，ANN）在机器学习领域的应用，Transkribus 可以完全自动化地识别用户提供文档的文本、格式以及结构。基于此，用户可以训练适用于自己特定文档的"私人订制"的 AI 模型，同时使用 Transkribus 提供的元数据来丰富自己的材料。查找所需材料也十分便捷，平台提供高级检索选项供用户使用。用户还可以与他人合作，并且在网站上分享自己的成果，或是导出为特定格式。在使用 Transkribus 的全过程中，平台都为用户提供顶级安全保障，所有数据均在遵循《通用数据保护条例》的前提下存储和使用。

Transkribus 适用于不同的场景，包括研究工作、档案馆和图书馆、家谱学与公民科学领域、商业场景以及教育界。Transkribus 服务主要面向四个目标用户群体：档案工作者、人文学者、计算机科学家和公众，他们都对历史文献的研究和利用感兴趣。这些用户群体的利益重叠，每个群体都对 Transkribus 基础设施作出了重要贡献。

5.8.2 现状与问题

Transkribus 起源于 2015 年欧盟委员会第七框架计划（European Commission's Seventh Framework Programme，FP7）资助的 TranScriptorium 项目。TranScriptorium 主要侧重于计算机科学研究，作为该项目一部分的 Transkribus 后来被置于欧盟"地平线 2020"（EU Horizon

2020）研究项目 READ（Recognition and Enrichment of Archival Documents，档案文件的识别和丰富）之下，READ 项目正在开发基于人工神经网络（ANN）的高级文本识别技术，并打造一个公开可用的基础设施，以满足档案研究技术创新的需要，即 Transkribus 平台。

根据 Transkribus 适用的场景与目标用户群体可以看出，平台主要解决的业务场景问题如下：

在研究工作中使用 Transkribus 转录历史文档，转录可以以高度标准化、灵活和可靠的方式完成；档案馆和图书馆借助尖端的手写文本识别技术，可以轻松访问大量档案材料；在家谱学与公民科学领域内，运用 Transkribus 可以从历史信件、手稿或旧文档中破译和搜索旧笔迹；在商业场景下，可以利用 AI 进行布局分析和文档理解，并处理大量文档（不仅是历史文档，还有打印出来的文档）；在教育界，为未来学者提供支持是 Transkribus 的核心价值观之一，因此该平台还提供了 Transkribus 助学金计划；在科学界内，Transkribus 非常适合来自计算机视觉、文档分析、模式识别、自然语言处理或相关领域的科学家使用。其中档案馆和图书馆、家谱学与公民科学领域使用尤为广泛。

记忆机构、人文学者和公众可以提供数字化图像和文字记录作为 HTR 训练的真实数据，而计算机科学家则提供必要的研究来维持这项技术。每个用户群体还可以从该计划中获得实实在在的好处：档案馆可以为其用户提供可搜索的数字化馆藏；人文学者可以有效地进行研究；公众可以研究他们的家族史，或者通过转录或更正历史文献的转录本作出贡献；计算机科学家还可以要求以图像和历史材料转录本的形式重复使用大量数据来进行 HTR 研究。这种不断增长的用户网络对于 Transkribus 的成功至关重要：用户与 Transkribus 合作创建适合机器学习的真实数据，机器学习意味着 HTR 会随着平台中处理的每一份文档而变得更加强大。

5.8.3　建设过程

5.8.3.1　项目参与方

Transkribus 平台，其研发过程由因斯布鲁克大学（The University of Innsbruck）和欧洲各地顶尖研究机构的合作者共同参与。2019 年 7 月 1 日，READ-COOP SCE（European Cooperative Society）有限责任公司成立，负责运营并进一步开发 Transkribus 平台和相关服务，例如 ScanTent 等。READ-COOP SCE 由 135+个成员组成，包括 100 多家机构和个人，覆盖 30 个国家。成员有因斯布鲁克大学、剑桥大学、挪威国家档案馆、大英图书馆、爱丁堡大学等。他们是该组织的共同所有者，是 Transkribus 成功和进一步发展的重要支柱。

2020 年，Transkribus 发展为一项付费服务。由于在国际上享有高度赞誉，Transkribus 生态系统的工作现在正在欧洲合作协会(SCE)的框架内继续进行。

5.8.3.2 基础功能

Transkribus 通过训练特定的文本识别模型，能够识别数以百万计的手写、打字机打印的或印刷的文档，借助 AI 强大的功能以实现手写文本识别、布局分析和结构识别。它可以使用转录编辑器手动转录历史文档，还可以使用公共的或用户训练的 AI 模型来识别文本、布局和结构，并进行编辑和更正。Transkribus 提供高级检索功能以供用户检索文档，例如关键词定位工具。平台还支持用户协作处理文档，协作方可以将它们整理成集合，并从彼此的工作中受益。工作成果可在 read&search 网站上共享，或导出为 PDF 或 XML 格式，由用户选择。

Transkribus 将保障用户文档的安全视为第一要务，平台上的所有内容，包括用户上传的图像、识别的文本、经训练的模型以及输入的元数据等，均遵守 GDPR(General Data Protection Regulation，通用数据保护条例)并托管于欧盟境内。

5.8.3.3 工作流程

Transkribus 的手写文本识别系统是基于多个技术组合而成的，它提供了一个综合的解决方案，从图像处理到文本识别再到后续的编辑和分析，在这个领域中积累了丰富的经验，并且经过不断地改进和训练以适应不同类型的手写文本(如图 5-16 所示)。

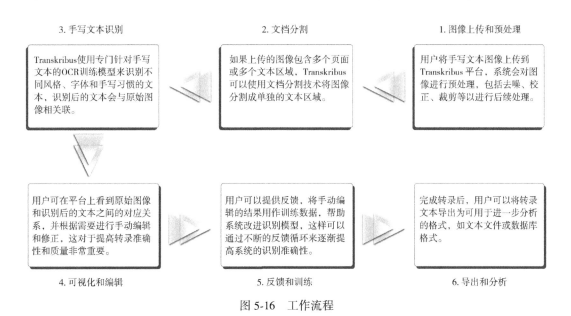

图 5-16 工作流程

5.8.3.4 采用技术

自 2015 年以来，因斯布鲁克大学的数字化和电子归档（Digitisation and Electronic Archiving，DEA）小组一直负责维护和开发 Transkribus 图形用户界面（Graphical User Interface，GUI），目前基于深度神经网络（Deep Neural Network，DNN）的 HTR 研究的最新进展已经在 Transkribus GUI 中实现。

在 Transkribus GUI 中创建真实数据分为三步：第一步是将数字化图像上传到平台，第二步是使用布局分析工具将数字化图像分割成行，第三步是准确地转录数字化图像中每一行的文本。

数字化的图像及其转录本是使用 HTR 的主要前提，它们必须在 Transkribus GUI 中进行预处理，才能成为可用于训练 HTR 模型以转录特定历史资料集的真实数据。这些历史资料既可以是一位作家写的，也可以是一组类型相似的作品。一旦将图像上传至 Transkribus 服务器，就可以进行布局分析或分割了。

Transkribus GUI 包含自动和手动分割工具，允许用户使用三个分割元素标记图像：每个文本块周围的文本区域、每行文本周围的线条区域以及沿着每行文本底部延伸的基线。当文档具有更复杂的结构（例如表格形式）时，自动分段的结果可能不太精确，在这种情况下，自动和手动分段的组合将有助于将页面划分为行。HTR 引擎很大程度上依赖于从每行文本底部运行的基线中获取的信息，因此，用户可以检查自动生成的基线的位置，并在必要时进行更正。转录是创建真实数据的第三步也是最后一步。分割后，Transkribus GUI 会显示一个文本编辑器字段，该字段分为多条线，这些线连接到图像上绘制的线，用户需要为图像中的每一行文本生成一致的记录，复制任何拼写错误、不寻常的符号或缩写。

总之，用户将图像上传到 Transkribus GUI，将每个页面分割成行，然后以高度一致性的方式转录每个页面。通过这三个简单的步骤，真实数据的创建就完成了。用户可以请求访问训练他们自己的 HTR 模型，或者向因斯布鲁克大学的 Transkribus 团队发送电子邮件，请求训练模型以识别其真实页面中的文本。一旦完成了任何给定文档集的 HTR，用户就能以合适的任何方式处理生成的转录本，它们可以包含在数字版本中，使用语义或语言技术进行进一步的计算分析，或者（在机构提供大规模馆藏的情况下）纳入内容管理系统，用作查找馆藏内容的辅助工具。

5.8.4　特色亮点

5.8.4.1　在档案领域的应用价值

作为全方位服务提供商，READ-COOP 帮助档案馆向广大受众提供其独特的文化和历史宝藏。世界各地的档案馆中仍然沉睡着无数未开发的档案馆藏，这些历史文献正等待着公众查阅。READ-COOP 提供了许多帮助档案馆进行数字化转型的解决方案——扫描、文本识别和历史资料数字访问。支持从实体档案到数字档案的转变是 READ-COOP 的热情所在。

（1）文本识别：

Transkribus 是一项综合解决方案，用于对任何地点、任何语言、任何世纪的历史文献进行数字化、人工智能文本识别、转录和搜索。使用 Transkribus，档案工作者可以训练自己的人工智能文本识别模型，或是由 Transkribus 团队来完成这一过程；识别布局、结构和文本；转录任何类型的文字，甚至是由数千人撰写的文集；实现惊人的高达 95% 的识别准确率；使用高级选项搜索转录文档；与其他用户协作处理文档；基于最大的训练数据集创建模型。

如果用户能够提供大约 50 页手动转录的训练材料，就可以训练自定义的 AI 模型，进而通过定制模型准确识别用户正在使用的字迹类型。受益于最大的培训数据集，用户还可以使用其他公共模型作为自己模型的基础模型。目前，Transkribus 已经可以识别数千种不同的笔迹、50 多种不同的语言和数十种不同的脚本，训练了超过 9000 个 AI 模型。

（2）数字可访问性：

read&search 是 READ-COOP 用于在线访问历史文档的专用解决方案。有了 read&search，Transkribus 的文档可以通过一个功能丰富但易于使用的网络界面与公众或登录用户共享。

read&search 提供的服务有：让每个人都能浏览和阅读历史宝藏；仅向用户收藏的成员或公众提供访问权限；利用分面和模糊搜索（可选项）或人工智能搜索进行全文检索；在页面图片上叠加或并排显示用户的文本；链接到 Transkribus 网络转录界面实现众包；用户可在智能手机上访问文档（完全响应式）。read&search 可以根据用户的喜好定制，网站的外观和使用感受以及许多不同的功能、显示和搜索选项可以根据用户的需要进行配置。

（3）扫描：

借助 ScanTent 和 DocScan App，READ-COOP 为扫描散装或装订式文档提供了一种便携式解决方案，实现了低成本、高质量的扫描。ScanTent 是一种使用智能手机进行扫描的创新方法，它能让用户在稳定的条件下(照明、距离、无晃动)利用现代智能手机高质量的摄像头扫描文档。有了 DocScan 的自动功能，用户可以非常快速地进行扫描，一旦翻页，DocScan 就会自动拍照，只要同一页面出现在摄像头前，扫描就会停止。该功能可以直接在存档中设置，档案馆参观者可以使用自己的智能手机扫描资料，前提是需要稳定的光照条件，便可以实现低成本、高质量的扫描，并将结果直接上传到 Transkribus。

总而言之，READ-COOP 通过提供以下几个方面的功能，协助档案馆掌握数字化转型进程。数字保存是保护历史文档并防止其腐烂的第一步，也是最重要的一步；为了访问大量的文件和档案，必须进行文本和结构识别；借助现代化的展示平台，公众能够访问档案馆馆藏；遵循欧盟的 F. A. I. R 原则(Findable, Accessible, Interoperable, Reusable)，其先进的搜索技术释放了数字档案的真正潜力。

5.8.4.2　经验总结

Transkribus 在档案机构的应用涵盖了手写文本的数字化、分析、保护、共享和协作等多个领域。通过自动识别、标注和协作功能，它可以提高文化遗产机构处理历史文档的效率和效果，使这些珍贵的文化遗产能够更广泛地被人们访问和研究。效果的具体影响可能因使用情况、数据质量和用户技能而有所不同。

(1)手写文本数字化和存档：许多档案机构拥有大量手写文本，这些文本可能因为年代久远或难以阅读而需要数字化，以便长期保存和访问。通过 Transkribus 的自动识别功能，档案机构可以更快速地将手写文本转换为可编辑的数字文本，从而保护和保存这些文本资料。这使得研究人员和公众可以更轻松地访问和研究这些历史文档。

(2)手写文本的语义分析和标注：一些手写文本可能难以阅读，或者包含了古老的书写风格，需要进行语义分析和标注以帮助理解内容。Transkribus 提供了标注工具，允许档案工作者和研究人员标注文本中的关键信息，如人名、地点、事件等。这可以帮助提高文本内容的可理解性和可搜索性。

(3)多语言文化遗产保护和研究：档案机构可能拥有来自不同国家和地区的多语言手写文本，需要在跨语言环境下进行保护和研究。Transkribus 的多语言支持使得处理多语言文本变得更加便捷。这有助于促进不同文化遗产之间的比较和交流。

(4)档案共享和协作：多个档案机构可能有相似的手写文本，需要共享、协作处理以及合作研究。Transkribus 的协作功能允许不同机构之间共享文本、标注和分析结果。这有助于加强合作、减少重复工作，并加速研究进程。

（5）自动索引和检索：档案中的手写文本可能包含大量有价值的信息，但手动索引费时费力。Transkribus 可以自动识别文本中的关键词和信息，从而帮助建立更有效的文本索引和检索系统。

5.8.5 应用效果

目前 Transkribus 已成功应用于档案馆和图书馆、教育、商业、科研等多个场景。其在线平台适用于 15 种语言，涵盖捷克语、荷兰语、英语、芬兰语、法语、德语、匈牙利语、意大利语、拉丁语、波兰语、葡萄牙语、斯洛伐克语、斯洛文尼亚语、西班牙语、瑞典语，但未说明是否适用于中文。平台现有超过 10 万名注册用户，手写文本识别 AI 模型超过 1.5 万，免费的公共 AI 模型 100 多个，已处理页面多达 4000 万，且数量在持续增加。下面介绍在档案领域应用的卓越案例。

5.8.5.1 苏黎世档案馆转录 5 万页会议记录（How the State Archives of Zurich published 50000 pages with read&search）

苏黎世国家档案馆与 Transkribus 的合作可以追溯到多年以前——他们是最初 READ 研究项目的合作伙伴之一，该项目从 2016 年持续到 2019 年。当时，苏黎世档案馆主要由人工进行转录，效率十分低下，他们看到了自动转录的好处，并且希望将来能在自己的项目中使用 Transkribus。

到 2019 年，档案馆已准备好启动第一个大型 Transkribus 项目。该项目选择的文件是 18 世纪苏黎世议会的会议记录，该文件集超过 5 万页，团队所做的第一件事就是创建一个人工智能模型。他们手动转录了 203189 个单词，在《火车集》中的误码率仅为 4.80%，这为转录其余文件奠定了坚实的基础。有了 Transkribus，档案馆能够在短短 3 年内处理超过 5 万页的苏黎世议会会议记录，这在人工转录的情况下是绝对不可能实现的。

当然，转录只是成功的一半。为了让研究人员和公众都能访问这样的藏品，需要将转录内容发布到在线数据库中，最好是既可靠又易于搜索的数据库。对于苏黎世国家档案馆来说，最好的选择就是使用 Transkribus 的姊妹平台：read&search。通过 read&search，READ-COOP 提供了一个令档案馆信服的出版解决方案。

这个项目只是档案馆计划开展的几个项目中的第一个。从明年开始，该团队将开始数字化 15—17 世纪的苏黎世议会会议记录，创建一个包含近 400 年议会文件的在线数据库。在接下来的几年里，他们计划让档案馆的所有重要文件都能在网上免费查阅，这样研究人员和其他相关人员就能尽快且方便地找到他们需要的信息。

5.8.5.2 荷兰：国家档案馆使用手写文本识别技术自动转录超 300 万页文件 (Transcribing 3 million scans at the National Archives of the Netherlands)

荷兰国家档案馆采用 Transkribus 软件自动转录手写文本并将其转换为数字文本文件，目前已成功转录了超 300 万页文件。

荷兰国家档案馆数字化团队利用该软件创建了自定义的人工智能模型，并通过数据训练不断提升模型准确度。Transkribus 的使用有效降低了转录工作的难度。目前，该团队已利用智能手写文本识别技术转录了来自 17 世纪和 18 世纪荷兰东印度公司档案以及 19 世纪公证人档案，数字扫描文件超 300 万页，并为其创建了一个临时网站，供研究人员和公众进行访问和检索。此外，团队还为网站添加了命名实体识别功能，采用人工智能标记个人姓名、地点和时间，以丰富转录内容。现阶段荷兰国家档案馆的数字化战略仍在推进，未来将有更多手写纸质档案实现数字化、文本化、数据化，满足社会公众的多元利用需求。

5.8.5.3 潘德塔项目——那不勒斯银行基金会(The Pandetta Project：Fondazione Banco di Napoli)

那不勒斯银行基金会保存着那不勒斯银行历史档案，这是世界上最大的历史经济文献综合体。这一巨大的纸质宝藏收集了那不勒斯八家公共银行(1539—1809 年)、两西西里银行(1809—1861 年)和那不勒斯银行的文件。这些文献资料异常丰富，除了古代柜台客户的姓名外，还可以找到每笔经济交易的原因。一幅描绘巴洛克和当代那不勒斯日常生活的巨幅壁画。

为了丰富这一珍贵的地中海历史资料，基金会启动了一个项目，对那不勒斯银行客户姓名索引进行数字化和转录。Pandetta 项目(这是客户索引的名称)于 2018 年启动，使用了 Transkribus 软件，并利用了欧洲合作协会 READ 开发的技术。此外，2019 年 7 月，那不勒斯银行基金会成为 READ 合作社的创始成员。

目前，项目已经对 1586—1599 年活跃的银行的 60 个潘德特进行了数字化和转录，共有 6000 多页，转录了约 19 万个古代客户的姓名记录。

基金会将尽快提供这些资料，并通过门户网站提供给公众和学者。这样就可以通过数字搜索，找到那不勒斯银行客户名单中的某个账户、某个人物或某个姓氏。如果没有使用 READ 合作社提供的不断发展的 HTR 技术，这项伟大的工作是不可能完成的，特别是考虑到完成这项工作的合理时间(2 年)。事实上，在处理过程中，对转录模型进行了培训，使其仅能返回 5% 的字符错误评级。

5.8.5.4 如何使用 Transkribus 访问完整的馆藏——蒂罗尔州档案馆的最佳实践范例（How to make a complete collection accessible with Transkribus：A best-practice example from the Tyrolean State Archives）

在蒂罗尔州档案馆的"军事人员主数据表"项目中，READ-COOP SCE 利用其 Transkribus 平台完成了从使用 ScanTent 进行数字化、使用人工智能识别手写表格到使用 read&search 发布文件的所有工作。现在，公众可以查阅超过 9.8 万份档案。这些档案反映了 19 世纪末在奥匈帝国军队中服兵役的约 9 万名蒂罗尔地区年轻士兵的命运。这套独一无二的藏品对学者和许多家族历史学家都具有重要意义，目前已受到广泛追捧。

蒂罗尔国家档案馆馆长 Christoph Haidacher 评论说："对于蒂罗尔国家档案馆来说，与 Günter Mühlberger 博士和 Read-Coop SCE 的合作提供了一个独特的机会，使蒂罗尔整个欧洲地区的大量藏品都可以在线获取，超越了我们阅览室的限制，因此所有感兴趣的各方都可以在线获取。在万维网上提供精选的档案馆馆藏，结合人工笔迹识别，意味着开辟了一条蒂罗尔国家档案馆乐于与其合作伙伴共同探索的道路。"

该项目分几个阶段进行：2020 年 1 月和 2 月，扫描了南蒂罗尔和特伦蒂诺的数据表；2021 年 2 月和 3 月，扫描了北蒂罗尔的数据表——总共扫描了 9.8 万次。使用 DocScan 应用程序对页面进行扫描和裁剪后，立即上传到 Transkribus 平台。文件的命名是根据原始包装盒的标签进行的。这样，在不到 20 个工作日内就完成了整个藏品的数字化。

下一步是训练一个特殊模型来识别布局。这里使用的是 P2PaLa 工具。由于军事人员主数据表是一种复杂的表格，多年来不断变化，有时甚至非常不一致，因此特意将手写识别限制在姓名、出生地和出生年份上。这三个字段存在于所有表格类型中，我们在数百个示例中对其进行了训练。

最后一部分是使用"读取和搜索"网络界面提供数据。这一过程完成得相对较快，因为文件已经在 Transkribus 中，剩下的就是用所需的背景图片、说明文字、字体、颜色等建立相应的网站。

在未来几个月内，该项目还将增加众包内容。通过目前正在开发的"citizen@ science"工具，有兴趣的用户可以自愿帮助更正已识别的文本以及完成剩余的表格数据，从而进一步丰富这一宝贵的历史资源。

5.8.5.5 阿姆斯特丹公证档案馆走出黑暗（Amsterdam Notary Archives out of the dark）

阿姆斯特丹市档案馆收藏的文件数量最多、内容最丰富的是公证档案，始于 1578

年。这些文件超过 3 万卷，经过 860 万次扫描，数字化工作才完成了一半。手写文本识别技术在揭示其内容方面具有革命性意义。但是，对于这样一个包含各种格式文件，时间跨度长达数个世纪，有时因火灾或水灾而受损，而且是由数百个不同的人书写的庞大而多样的藏书来说，手写文本识别技术是否有用呢？Transkribus 为我们提供了发展和试验的机会。

在"VeleHanden"平台上开展的公民科学项目"Crowd Leert Computer Lezen"，将群众的力量与 Transkribus 的 HTR 工具结合在一起，志愿者们在很短的时间内就提供了 1 万份地面实况转录扫描件。随后，我们训练了公证人专用模型(适用于选定的数据集)，将数据与通用模型相结合(对 18 世纪的文件非常满意)，并将它们与现有的基础模型相结合(效果更好)。

下一步是大量处理 HTR 并将其提供给公众。由于 Transkribus read&search 界面的存在，最初的几十万页现在已经可以搜索了。尽管 HTR 远非完美，但高级搜索选项的高容错性模糊搜索揭示了许多宝藏。

5.8.5.6 结 语

已有研究表明，手写文本识别(HTR)技术现已成为一种成熟的机器学习工具，已集成到图书馆和档案馆的数字化过程中，加快了历史文献的转录速度，并促进了大规模历史文本的全文搜索和分析，助力档案机构数字化转型。

Transkribus 是 HTR 领域中面向用户的最受欢迎的平台，在处理各种手写风格和复杂的文档布局，并通过不断学习和改进来提高识别准确性等方面遥遥领先，进而以数字化的方式帮助使用该平台的用户的历史资料更易于访问和处理，扩展了对过去的理解。

Transkribus 本质上是一场"自下而上"的大规模数字化运动，由数百个由积极的研究人员推动的同步进行的项目组成，由于该平台依赖于从多个用户转录和模型交换中收集的真实数据，因此为 READ-COOP 提供了最佳的成功机会。高度依赖机器学习、神经网络等技术，意味着 Transkribus 会随着处理越来越多的用户提供的海量数据而变得更强，在识别具有表格布局或其他复杂布局的文件方面存在问题也会逐步解决，模型不断完善，应用场景不断扩展。我们可以大胆预测，对档案研究来说，未来几年内将有足够的培训数据，使欧洲的大多数数字化档案资产都可以使用这种技术进行搜索。因此，档案机构应抓住技术革新带来的绝佳机会，尤其是在 Transkribus 已经从免费转为付费模式的背景下，相应的机遇和挑战(如观念转变、资金问题等)相伴而生，档案机构要加强合作、适应现状做出改变。

目前，Transkribus 平台上仅可检索到一项使用中文文本训练的 AI 模型，发布于 2023

年7月5日，这也是 Transkribus 团队训练的平台内第一个使用所有可获取的真实材料的中文文本测试模型，训练集大小为16557字符，字错率（Character Error Rate, CER）为7.5%，但模型仅基于印刷体材料进行训练，未涉及手写体材料，它主要是用来作为一个基础模型以增强中国定制的 HTR 模型。因此 Transkribus 未来是否能开辟中国市场并推广使用仍是未知数。

对我国来说，汉语的手写文本识别难度更大，因为汉字是表意文字，不像英文字母没有实际含义。汉字涉及各种字体，从最早的甲骨文、金文，发展到小篆、隶书、草书、楷书、行书，以及现在普遍使用的简体字、繁体字，针对这些不同字体的手写文本，文本识别与自动转录相当具有挑战性。目前也有一些 HTR 技术支持识别中文手写文本，但能否识别复杂字体、风格各异的字迹等还不得而知，未来研究也应更加关注中文手写文本识别这一方面。

5.9 澳大利亚应用实践案例

5.9.1 维多利亚公共文件办公室机器辅助鉴定电子邮件实践案例

5.9.1.1 项目背景

电子邮件的数量和非结构化的性质使其管理、处置和敏感性审查变得困难。自20世纪90年代中期以来，IBM 的 Lotus Notes(LN)产品一直被维多利亚州政府用于管理电子邮件。20多年来的例行备份导致积压了6.7万盘磁带和28pb 的内容。无法再有效地查询这些积压的文件，从而对提供资料的要求无法作出反应，损害了政府在透明度和问责制方面的声誉。

5.9.1.2 工具：eDiscovery

可以用于辅助审查文件，使用各种基于规则的统计模型和深度学习技术，以便"尽可能在全宗中找到几乎所有的相关文件，并做出合理鉴定"。

5.9.1.3 特殊点

PoC 的独特之处在于其创新性地整合了 NUIX 工具、78卷数据(1.5TB)以及对电子邮件文件格式的专注。为了成功交付 PoC，维多利亚公共文件办公室与合作伙伴机构紧密协作，以便为评估标准的制定获得有意义的样本和有价值的投入。这一方法采取了迭代的方式，第一阶段在最小化人力资源和计算成本的前提下运行了 6 个月，以确保项目的高效推进和成果的初步验证。

5.9.1.4 技术路径

使用 Nuix 执行以下任务：

(1)技术鉴定，更好地了解保管人、格式、数量、创建日期等数据集的构成。

(2)重复数据删除，使用 MD5 哈希来标记相同的电子邮件(数据集中的 460 万封电子邮件中大约有 40%被发现是重复的)。

为了找到值得保留的电子邮件，PoC 在数据集上测试了使用 Nuix 的三种方法：

(1)积极——识别有价值的邮件。搜索词包括伙伴机构的角色定义；动作动词/宾语；函数/活性项。

(2)消极——识别低价值的电子邮件：来自不相关地址和域名的电子邮件被排除在外。

(3)宏观——根据电子邮件的上下文评估和应用额外的元数据，利用组织结构图了解电子邮件创建者的角色。

5.9.1.5 项目成果与价值

尽管存在一些误报，但积极方法成功地将93%的重复电子邮件识别为与业务相关的记录，而消极方法则识别出7%的电子邮件不属于文件范畴。这可能表明该方法的准确率很高，但召回率较低。

项目团队得出风险最低/收益最高的方法是一种多层方法，包括减少重复数据以减少电子邮件数量；用 Negative 方法识别没有价值的邮件；识别和应用额外的元数据作为宏方法的一部分。

PoC 证明了 Nuix eDiscovery 工具可以有效地用于减少需要由 PROV 分析以进行评估的电子邮件数量。它还表明，技术辅助的工作流程可以增强电子邮件的可管理性和可发现性。该工具还可用于执行评估任务并检测是否存在敏感和受保护的信息。

然而，它不是一个完全自动化的解决方案。与传统的评估一样，对业务及其功能的了解对于构建有意义的检索至关重要，人工抽样对评估准确性也至关重要。

展望未来，该工具可以定期运行，以防止进一步的积压发生；适用于更广泛的文档，即共享驱动器和其他存储库；并用于探索更自动化的人工智能评估方法。

5.9.2 新南威尔士州档案和文件实践案例

5.9.2.1 项目目标

新南威尔士州档案和文件是关于电子档案团队于 2017 年 11 月和 12 月进行的新南威尔士州档案馆(NSWSAR)内部试点。该试点的目标是将现有的机器学习软件应用于对非结构化数据语料库进行分类,以确定文件的保存与处置权限。其主要目的是测试机器学习算法在一个记录语料库上的表现,这些文件以前是由人工对处置机构进行判断的。

5.9.2.2 技术路径

(1)初步准备:

项目一开始选择的是微软 Azure 基于云的人工智能和认知服务,但由于内部试点涉及作为国家档案转移的封闭文件语料库,并且项目的时间框架排除了更详细的风险评估(这可能涉及与供应商跟进以获得更详细的信息和澄清和/或寻求法律咨询),项目决定不采用任何基于云的解决方案,而是寻找可在本地运行的现成软件。

这个项目很快选定了 Scikit-Learn,这是一个免费的、开源的 Python 编程语言机器学习库。这是一套简单易用的工具,提供了各种基于规则的、统计模型和深度学习算法。与微软的认知服务一样,Scikit-Learn 也包含预先构建的分类器。

(2)语料库选择:

被选为内部试点的文件已于 2016 年由中央政府部门转移到数字国家档案馆。这个语料库是不寻常的,因为它包含了一个完整的公司文件夹结构,提取自一个客观的 EDRMS(一款电子化档案管理系统软件)。完整的语料库包含 30gb 的数据,在 7561 个文件夹中,包含 42653 个文件;没有对档案适用任何处置规则。在与该部门的共同努力下,将语料库(在文件夹级别)与一般保存和处置机构行政文件(GA28 类)进行了人工鉴定,产生了需要作为国家档案的 12369 个文件。

(3)项目步骤:

①文本提取:在 12369 份被分类的文件中,只有 8784 份国家档案馆所需的档案和 191 份手稿被选中使用,因为它们的文件类型允许简单的文本提取。在对样本集进行排序之后,开发了一个使用各种库的 Python 程序,用于从 PDF、DOCX 和 DOC 文件类型中提取文本,然后将从文档中提取的文本放在单个逗号分隔值(CSV)文件中。CSV 文件分为三列:文件名(唯一标识符),分类(GA28 类),最后是文本摘录。

②数据清洗：项目采用了一种非常基本的数据清理方法，应用了以下过滤器：删除文档格式、删除停止词、删除不需要的文件，以及将所有字母转换为小写。

③文本矢量化和特征提取：在这个试验中，单词袋方法被用于文本矢量化。Bag-of-Words 是一个简单的模型，它不考虑单词在文档中的位置，而是关注单个单词的存在和频率，并将每个独特的单词视为一个特征。这种方法可以将任何文档表示为一个固定长度的向量，该向量对应于称为特征词汇表的唯一单词集。特征向量中唯一单词的每个位置都由该文档中出现的特定单词的频率填充，从而创建一个文档——术语矩阵，该矩阵描述了文档集合中出现的术语的频率。

④分类：该项目选择将两种广泛使用的机器学习分类算法与测试数据进行比较：多项式 Naïve 贝叶斯和多层感知器。每个算法都使用了两个版本的语料库：一个清洗版本和一个原始版本。语料库分为 75%/25% 用于训练和测试数据。首先，75% 的预分类的内容被用于训练每个算法。训练完成后，使用相同的算法和模型处理 25% 的测试集并获得分类，然后与原始的人工鉴定结果进行比较。

(4) 项目成果与价值：

四种情况下（Clean/Original Corpus，MNB/MLP 算法）的统计结果表明，采用清洗数据的多层感知器算法表现最为出色，其在语料库测试部分的准确率高达 84%。这一结果揭示了该技术在分类和处理未分类的非结构化数据方面的潜力。虽然 84% 的准确率可能还没有达到人类的水平（尽管在这种情况下实际的人类准确率尚不清楚），但这一成果仍然令人鼓舞。这是因为在一次相对简短的试验中，仅通过大约 100 行代码构建的简单模型便取得了这一成绩。值得注意的是，所使用的语料库是在文件夹级别进行手动判决的，仅对单个文档进行抽样。相比之下，模型能够更迅速地直接在文档级别进行判决。然而，必须强调的是，这些结果在很大程度上依赖于数据表示和训练的准确性。在鉴定过程中，如果训练数据中引入任何错误或偏见，这些问题将随着时间的推移而逐渐放大。因此，为了确保模型的长期有效性和准确性，对训练数据的质量控制和持续优化是至关重要的。

5.9.3 澳大利亚国家档案馆实践案例

5.9.3.1 项目概况

(1) 项目背景：

目前，国家档案馆与澳大利亚以及全球众多档案馆一样，负责发布一般性和特定机构的文件，以授权文件的保存与处置决策。这些传统的档案管理工具是在纸质文档环境中设计的，其核心目的是便于人类执行相关决策。然而，随着数字化时代的到来，真正的数字处置授权应当赋予文件创建者自动做出这类决策的能力，并允许管理信息的数字系统在最小化人工干预的情况下执行这些决策。

（2）项目目标：

调查如何以支持澳大利亚政府数字业务的格式创建、发布、处置和保存授权。

5.9.3.2　项目实施步骤

第一阶段产生了处置授权的概念模型和语义分析。该模式以 xml 表示，包含许多类似于现有保存和处置计划的元素，包括：一个标题，其中包含有关处置授权和颁发这些授权的政府机构的上下文信息；业务最高层的职能，建立为文件和支持相关活动而创建的文件的背景；处理类别，以及在这些类别中，理论上允许将文件与适当的处置类别和操作自动链接的标准。

下一步将是在美国国家档案馆，用其核心商业文件授权检验这些理论假设。该授权已有 10 多年的历史，并将进行修订。在机器学习和人工智能专家的建议下，该项目将测试并证明或反驳我们假设的有效性。该项目预计将评估各种类型的机器学习的创建和实现，包括自动分类、聚类和索引工具。预计这一阶段将成为所有机构文件未来数字化方法的试点。

5.9.4　澳大利亚政府财政部实践案例

5.9.4.1　项目概况

（1）项目背景：

在 2018 年 2 月项目启动，旨在测试微服务架构和链接数据技术在自动化文件管理中的应用潜力。具体而言，项目尝试从机构的电子邮件服务器中捕获数据，以探索这些技术在实际工作流程中的有效性和可行性。

（2）项目目标：

项目的目标是创建预测模型，以自动识别捕获的电子邮件数据的持续业务价值。通过利用澳大利亚政府文件互操作性框架的功能，项目计划将这些文件进行互连。捕获的数据将根据保留时间表进行分类，而分类结果的测试将由机构文件管理人员执行，他们将确认已经应用了正确的处置类别。

5.9.4.2 实践操作

项目团队对试点机构的业务活动和现行文件进行了深入分析，并识别出描述与业务相关的流程和信息。这些信息将推动试点机构的业务建模，产生可重用的、既适用于机器也适用于人类阅读的文件。这些文件不仅用于分类，还支持检索，且希望这种建模能够根据需要进行扩展。微服务将部署在 Amazon Web Services 上，并将与试点机构的 Exchange 服务器和 Office 实例进行"轻触式"交互。这种轻触将包括一个网络界面，用于执行任务，如检索一般用户使用的文件，以及支持机构文件管理人员管理活动的能力。微服务的使用意味着，如果需要一个不在原始服务范围内的服务，就可以从微服务组件组合新服务。系统将基于以下技术：面向微服务的 Netflix 开源技术堆栈；用于机器学习的大数据技术，如 Apache Spark 和 Scala；Facebook 开源技术 REACT. js 用于用户界面植入；亚马逊网络服务（Amazon Web Services）提供云服务。这些技术的综合应用，旨在打造一个高效、灵活且可扩展的文件管理系统，以满足现代政府机构的需求。

5.10　瑞典应用实践案例①

瑞典作为世界上在数字化转型方面的领先者，人工智能的应用与发展在其中起到了很大的一部分作用。2018 年，瑞典企业和创新部发布了《国家人工智能办法》（以下简称《办法》）。这一政策文件概述了瑞典人工智能工作的方向，并确定了以道德、安全和可持续的方式使用人工智能所需的条件。

《办法》选取了 4 家瑞典档案管理机构，涵盖了瑞典的公共部门与私人机构、国家档案馆与城市档案馆。这样可以充分展现瑞典档案管理机构在人工智能技术的开发与应用上的系统性与广泛性。正如《办法》中所言："要想从人工智能中获益，就必须让社会各界都参与进来；这不是一个国家、市政当局、郡议会、学术界或私人公司可以独自解决的问题。"（Ministry of Enterprise and Innovation，2018，p. 5）

5.10.1　瑞典国家档案馆实践案例

瑞典国家档案馆（Riksarkivet）主要管理来自国家和地区机构的政府档案，但也管理私

---

① 此部分案例编译自：Aangenendt，G.（2022）. Archives in the Digital Age：The Use of AI and Machine Learning in the Swedish Archival Sector. Uppsala University.

人档案。此外，作为档案管理的权威机构，它还负责向管理公共和政府档案的机构发布法规和提供一般性建议。在追求创新和技术进步的过程中，瑞典国家档案馆在研发部门设立了专门的人工智能创新部门，名为 AIRA（Artificial-ell Intelligens in Riksarkivet）。

瑞典国家档案馆对人工智能技术的探索和应用起始于 2018 年的一项重要调查。这项调查的核心目的在于为档案馆未来在人工智能领域的投资提供坚实的数据支持和决策依据。通过这项调查，瑞典国家档案馆旨在更好地理解并利用人工智能技术，以优化和革新其档案管理流程。在调查报告的第三部分，分别从数字化、数字档案馆、数字保存等七个方面详细介绍了已经相对成熟的人工智能技术应用领域。这些技术被认为可以直接应用于档案工作流程中，包括 OCR、HTR、NLP、机器学习、图像识别、聚类分析与可视化技术、专家系统等。（Catharina Grönqvist，2018）

通过这次调查，瑞典国家档案馆明确了其未来发展的方向，并在此基础上启动了 AIRA I 和 AIRA II 项目。这些项目的宗旨是为人工智能技术在档案管理领域的应用奠定坚实的基础。这些项目的核心目标包括开发专门针对历史档案材料的语言模型，以及整合和优化 HTR 和 OCR 技术，通过构建高效的技术管道（Pipelines）来实现这一目标。（Pipelines：是一个流程，这个流程定义了完成一个 CI/CD 流程的步骤，通过执行这个流程代替手工自动去完成 CI/CD，这个流程是由使用者自己定义的。CI/CD 是一种通过在应用开发阶段引入自动化来频繁向客户交付应用的方法）。

这也是瑞典国家档案馆正在实施的计划之一。一方面，他们正在开发一种可以用于不同类型档案的通用性自动索引管道。管道采用 OCR 和 HTR 技术相结合的方式，从布局分析（Layout Analysis）到分割（Segmentation），再是图像预处理（Preprocessing）、转录（Transcription），最后是验证（Validation），每个步骤都采取了不同的人工智能技术。该管道采用了模块化设计结构，这一设计带来了多重优势。首先，模块化的结构使得单个模块能够轻松集成到未来其他人工智能项目中，增强了项目的可扩展性和灵活性。其次，随着技术的进步，如果出现了更高效的 HTR 技术或需要对现有模块进行优化，新模块可以无缝替换旧模块，无须对整个管道进行复杂的重新编辑。模型的开发基于 GitHub 存储库中的资源和深入的调研，并根据档案的实际需求对这些人工智能架构进行细致的调整。通过识别不同架构的独特优势，并将它们根据具体需求有效组合，瑞典国家档案馆能够构建出一个更为强大的系统。

这条索引管道已经在现行文件（Popular Records）和房地产账簿（Property Books）上进行了测试，显示出其高效和准确的性能。展望未来，瑞典国家档案馆希望实现房地产账簿的自动索引，从而摆脱目前依赖手动索引的局限。这不仅能大幅提升工作效率，也能为档案管理的现代化开辟新的道路。

另一方面，瑞典国家档案馆以 Swe Clarin(Swe Clarin 是一个研究机构，旨在提供"广泛的基于语言的材料作为主要研究数据"，并为研究人员提供"最先进的语言技术作为电子搜索工具")内部开发的语言模型和数据集为框架，为 18 世纪 30 年代—20 世纪 10 年代的文本材料(Textual Material)构建专门的语言模型，并开发相应的培训与评估数据集。这些模型和数据集为未来实现自然语言处理和人工智能技术的应用奠定基础。

此外，瑞典国家档案馆还是 eSAM 的一部分，eSAM 是一个专注于公共部门数字化的国家政府机构合作网络。在 eSAM 框架内，专门设立了一个工作小组，致力于研究人工智能的实现和问题。该小组讨论了所有政府机构在使用人工智能时必须解决的几个主题和问题，包括从外部公司购买人工智能服务时，如何处理 GDPR (General Data Protection Regulation) 和数据安全问题，以及如何共享人工智能资源，如何培训数据集等问题。

实际上，许多人工智能应用的创新成果具有广泛的适用性，能够服务于整个公共部门，只需根据具体环境进行适度调整。例如，瑞典国家法院管理局(Domstolsverket)开发了一套基于自然语言处理(NLP)的系统，该系统运用命名实体识别技术来编辑个人姓名和信息。这类人工智能应用对于档案管理部门而言极具价值。

5.10.2 斯德哥尔摩城市档案馆实践案例

斯德哥尔摩市档案馆是斯德哥尔摩市和斯德哥尔摩县的公共档案机构，主要收集来自该地区政府和所属机构的政府文书，同时也管理一些私人档案和收藏。

目前，斯德哥尔摩市档案馆在人工智能方面的尝试共包括三个项目。第一，斯德哥尔摩市档案馆积极与其他地区政府机构、文化遗产机构和大学合作，在不同的环境中测试人工智能技术的应用成效，旨在优化学籍档案的检索。每年，档案馆都会收到数千份查询学习成绩的申请，但由于瑞典当局的法律规定，这些内容不能在网上发布，因此档案馆与斯德哥尔摩县的另一个政府机构合作开发了一个人工智能系统，尝试通过该系统实现自动检索。然而，该项目的进展并不乐观，系统需要很长时间才能提供正确的文档，其性能并不能达到项目预期的效果。

第二，斯德哥尔摩市档案馆也在使用 READ-COOP 开发的 HTR 工具 Transkribus 来转录 18 世纪的斯德哥尔摩历史档案。这些档案来源于商会、法院和警方。在此基础上，档案馆于 2022 年推出了识别 18 世纪笔迹的免费课程(Free Courses in Reading 18th Century Handwriting)。同时，档案馆允许普通公众参与档案转录活动，通过运用 Transkribus 让社会公众为城市档案馆分担了大量转录手写文本的工作。如果没有这些"公民档案员"的帮助，他们将无力承担这项工作。

第三，斯德哥尔摩城市档案馆与当地的博物馆以及乌普萨拉大学和斯德哥尔摩大学的研究人员合作，正在进行一个名为"城市面孔"（City Faces）的项目。该项目由瑞典研究委员会资助，重点是训练人工智能识别 19 世纪和 20 世纪肖像照片中的人脸。旨在通过面部识别技术将斯德哥尔摩城市博物馆收藏的 40 万幅摄影肖像与斯德哥尔摩市档案馆管理的数字化人口核算系统 Rotemansarchive 联系起来，从而在当今高度城市化的背景下通过人工智能实践开拓新的视角来获取、丰富、研究和解释视觉遗产与社会结构的有机联系。此外，该项目对城市文化史和时间地理学进行了深入的研究，试图通过使用建筑图纸来识别建筑物，对 19 世纪和 20 世纪的城市生活展开新的研究。

5.10.3 乌普萨拉人民运动档案馆实践案例

乌普萨拉人民运动档案馆（The Popular Movements' Archive in Uppsala）是一家坐落于乌普萨拉的私人档案机构。自 1987 年成立以来，一直致力于保存乌普萨拉县当地协会的珍贵档案和历史记录。该档案馆承担着代表其成员，即地方协会，保管档案收藏的使命，确保这些重要的历史资料得到妥善的保护和管理。

人民运动档案馆与斯德哥尔摩的瑞典劳工运动档案馆和图书馆以及德国和荷兰的两个国际档案馆开展合作，名为"劳工记忆"。在该项目中人民运动档案馆主要负责人工智能技术的测试与应用。该项目旨在将 1880—2020 年在地区、国家和国际层面运作的工会组织的年报和财务报告等档案数字化并实现自动索引。该项目从 2021 年持续到 2023 年，由瑞典支持人文和社会科学研究的基金会资助。其间，利用了多种人工智能技术、应用程序和工具，在项目结束后，委员会将开发的程序作为开源存储库公开使用。（Swedish Labour Movement's Archives and Library）

第一，乌普萨拉人民运动档案馆正与乌普萨拉大学的一位数据科学家携手合作，致力于开发专用于手写文本识别（HTR）的深度学习模型。这一合作的动因在于劳工记忆项目的广泛时间跨度和地区多样性，其档案资料涵盖了来自不同地区工会的手写和印刷文本，以及多种语言。因此，档案馆亟需构建一个能够处理不同手写风格的模型，且该模型不依赖于大量转录文本形式的训练数据。在尝试使用 HTR 工具 Transkribus 后，档案馆发现由于档案中手写风格的多样性，需要为每一种独特的笔迹提供训练数据，这导致了大量文本仍需手动转录。手动转录不仅耗时耗力，而且成本高昂。Transkribus 在识别笔迹的一致性上存在不足，无法满足项目的需求。鉴于此，项目的目标是将 HTR 和 OCR 功能整合到一个用户友好的程序中。该程序旨在简化档案的清理、准备（Preparing）以及转录流程，无须用户具备编程或命令行操作的知识。

第二，人民运动档案馆与乌普萨拉大学的语言学家合作，致力于提高数字化材料的可搜索性。当用户在检索时要考虑到检索词在语义和拼写方面的变化，如果仅仅使用现代术语进行搜索，那么搜索结果则大概率会局限现代材料，因此项目成员必须要将现代单词与其相关的历史对等词及拼写相挂钩，以优化这些数字化历史档案的检索效果。这一部分就涉及自然语言处理领域。

第三，在发布历史档案的过程中，项目必须严格遵守 GDPR 的规定。这意味着在公开档案之前，必须对图像中的个人信息、姓名或面孔进行模糊处理，以保护个人隐私。目前，如何最有效地处理这一问题，并确保数字化档案的在线访问符合规定，尚无明确的解决方案。为此，人民运动档案馆正寻求与语言学家合作，共同开发一种创新的搜索协议。该协议将通过特定脚本执行，整合图像识别和自然语言处理等先进技术，以实现对敏感信息的自动检测和处理。

这一项目不仅为档案馆提供了探索和应用新技术的平台，还帮助解决了在人工智能技术开发过程中面临的资源和时间限制问题。通过这一项目，档案馆能够提升其数字化服务的质量。同时确保在处理历史档案时，既尊重历史的真实性，也维护个人隐私的完整性。

5.10.4 商业历史中心实践案例

商业历史中心是一家成立于 1974 年的私人档案机构，代表瑞典企业保管管理档案，其目的在于保存和维护瑞典企业和商业的珍贵档案。

在人工智能技术的应用方面，商业历史中心的探索相对有限，目前主要运用了基于人工智能和计算机视觉的 OCR 技术。该机构通过使用供应商提供的预装软件的图书扫描仪，实现了文件可机读。然而，人工智能技术在该中心的应用不足，在一定程度上受到了其成员企业的影响。这些企业对于将人工智能融入档案工作流程的商业价值和回报持保守态度。总体来看，不同的档案机构在人工智能技术的应用重点、方式和态度上存在显著差异。在将人工智能技术整合到档案工作流程方面，瑞典国家档案馆无疑是瑞典档案机构中的领跑者，它在将人工智能永久性地融入档案管理流程方面走得最远。相比之下，商业历史中心目前尚未开展任何将人工智能技术应用于档案工作流程的试验。这反映出在档案管理领域，对于人工智能技术的采纳和应用仍存在不同的观点和实践路径。

6　未来展望

6.1　人工智能在档案管理中应用的未来前景

6.1.1　人工智能在档案管理中应用的发展趋势

人工智能在档案管理领域的应用发展趋势可能表现在以下几个方面：

6.1.1.1　应用场景的拓展和丰富

随着人工智能的不断发展，其在档案管理领域的应用场景将越来越广泛。例如，人工智能可以用于自动审核档案的开放性，通过机器学习和自然语言处理技术，人工智能可以自动理解和处理数字化档案，提高处理效率和准确性。人工智能还可以辅助档案整理，通过识别和分类档案内容，提高档案管理的效率。同时，人工智能还可以用于档案的智能检索，通过理解用户的查询需求，提供更精准的检索结果。此外，人工智能还可以辅助档案编研，通过分析档案内容，提供有价值的信息和见解。最后，人工智能还可以用于声像档案的处理，通过图像和语音识别技术，提高声像档案的处理效率和质量。

6.1.1.2　应用环节的深化和集成

人工智能不仅将在档案管理的各个环节中发挥更大的作用，而且将实现这些环节的深度融合和集成。这意味着从档案的收集、整理、存储到检索和利用，人工智能都将提供更加智能化的支持和服务。例如，人工智能可以在档案收集阶段自动识别和分类档案，提高收集效率；在档案整理阶段，人工智能可以自动理解和处理档案内容，提高整理效率；在档案存储阶段，人工智能可以帮助优化存储策略，提高存储效率；在档案检索和利用阶段，人工智能可以提供智能检索和推荐服务，提高用户满意度。

6.1.1.3　技术与管理原则的融合

人工智能的应用将更加注重与档案管理原则的结合，确保技术的发展与档案管理的规范性和保密性要求相符合。这包括对人工智能算法的透明度、可解释性和合规性的考虑。例如，人工智能的决策过程需要是透明的，以便用户可以理解和信任人工智能的决策；人工智能的决策过程需要是可解释的，以便用户可以理解和接受人工智能的决策；人工智能的决策过程需要是合规的，以便满足法规和政策的要求。

6.1.1.4　智能化水平的提升

随着技术的不断进步，人工智能在档案管理领域的应用正逐渐从基本的自动化和信息检索任务向更加复杂和智能化的方向发展。利用机器学习、自然语言处理和图像识别等技术，人工智能能够有效提升档案资料的分类、索引、存储和检索效率。未来，我们可以预见人工智能将实现对非结构化数据的深度理解，从而支持更复杂的档案分析任务，如自动识别档案中的关键信息、生成档案摘要以及预测档案的未来价值和使用趋势。此外，人工智能也将在保护和管理数字及物理档案方面起到关键作用，通过智能监控与维护系统状态，确保档案的安全和完整性。同时，结合区块链技术，人工智能有潜力为档案的不可篡改性和可追溯性提供更强的保障。在用户体验方面，通过个性化的用户界面和交互式查询系统，人工智能将使得档案信息的获取变得更加直观和便捷。人工智能的融入将使档案管理变得更加高效、精准且用户友好，极大地提升档案工作的整体质量和水平。

6.1.1.5　辅助决策的强化

人工智能在档案管理中的应用正逐步从自动化信息检索、分类存储与基本数据管理，向更加高级的决策支持功能演进。随着机器学习和自然语言处理技术的不断进步，人工智能能够更有效地理解复杂的查询请求，提供精准的搜索结果，并预测用户需求，从而辅助档案工作人员进行信息的快速筛选和有效管理。此外，通过大数据分析，人工智能可识别模式和趋势，进而帮助制定策略性的档案保护措施和优化资源分配。人工智能也能够增强档案利用的效率，通过智能推荐系统为研究人员提供相关档案资料，促进历史资料的研究和应用。未来，人工智能将更深入地融入档案管理的各个方面，实现从基础操作到决策层面的全方位智能化，大幅提升档案工作的质量与效率。

6.1.1.6　自动化流程的增强

随着人工智能的不断进步，其在档案管理领域的应用正逐渐向用户体验优化方向发展。利用自然语言处理、机器学习和图像识别等技术，人工智能能够实现对大量档案资料的智能分类、索引和检索，极大提高档案信息的组织效率。同时，通过用户行为分析与预测，人工智能可定制化提供个性化档案服务，满足不同用户的特定需求。例如，基于用户查询历史和偏好设置的智能推荐系统可以辅助用户发现相关档案资源，减少检索时间。此外，语音识别和交互式界面的设计使得档案检索变得更加便捷，即使是非专业用户也能轻松操作。人工智能还能通过自动化处理和分析，辅助档案工作者监控档案的保存状态，预防和修复档案损坏，确保档案资源的长期安全。这些改进不仅提升了用户使用档案系统的满意度，也促进了档案管理工作的智能化和高效化，进一步激发了档案资源的价值发掘和利用。

在未来，人工智能将更深入地融入档案管理的各个环节，实现从基本的信息检索到综合决策支持的跨越。通过深度学习和大数据分析，人工智能有助于揭示档案数据中的深层关联和趋势，为档案管理提供战略性的洞察。同时，随着人工智能的成熟和应用范围的扩大，用户隐私保护和数据安全将成为关注的重点，相应的伦理法规和技术措施也将随之发展，以确保人工智能在档案管理中健康、可持续地发展。人工智能的应用将使档案管理更加智能化、精准化和人性化，极大提升用户体验，同时也推动了档案管理领域整体水平的提升。

6.1.1.7　用户体验的改善

随着人工智能的不断进步，其在档案管理领域的应用正逐渐向用户体验优化方向发展。利用自然语言处理、机器学习和图像识别等技术，人工智能能够实现对大量档案资料的智能分类、索引和检索，极大地提高了档案信息的组织效率。同时，通过用户行为分析与预测，人工智能可定制化提供个性化档案服务，满足不同用户的特定需求。例如，基于用户查询历史和偏好设置的智能推荐系统可以辅助用户发现相关档案资源，减少检索时间。此外，语音识别和交互式界面的设计使得档案检索变得更加便捷，即使是非专业用户也能轻松操作。人工智能还能通过自动化处理和分析，辅助档案工作者监控档案的保存状态，预防和修复档案损坏，确保档案资源的长期安全。这些改进不仅提升了用户使用档案系统的满意度，也促进了档案管理工作的智能化和高效化，进一步激发了档案资源的价值发掘和利用。

在未来，人工智能将更深入地融入档案管理的各个环节，实现从基本的信息检索到综合决策支持的跨越。通过深度学习和大数据分析，人工智能有助于揭示档案数据中的深层关联和趋势，为档案管理提供战略性的洞察。同时，随着技术的成熟和应用范围的扩大，用户隐私保护和数据安全将成为关注的重点，相应的伦理法规和技术措施也将随之发展，以确保人工智能在档案管理中健康地、可持续地发展。

6.1.1.8 安全性和隐私保护的加强

随着人工智能的不断发展，其在档案管理领域的应用也越来越广泛。未来，人工智能在档案管理中的应用将更加注重安全性和隐私保护。为了确保档案数据的安全，人工智能将采用更加先进的加密算法和安全防护措施，防止未经授权的访问和篡改。同时，人工智能系统将具备更强的自主学习和判断能力，能够实时监测和识别潜在的安全威胁，及时采取相应的应对措施。

在隐私保护方面，人工智能将更加注重对个人信息的保护。通过对档案数据的智能分析和处理，人工智能系统可以在不泄露个人信息的前提下，为档案管理者提供更加精准和高效的服务。此外，人工智能还将应用于档案数据的脱敏处理，确保在数据共享和交换过程中，个人隐私得到充分保护。随着人工智能的不断进步，其在档案管理中的应用将更加智能化、安全化和隐私化。这将有助于提高档案管理的效率和质量，为档案管理者提供更加便捷和可靠的服务。

6.1.1.9 跨领域能力的整合

随着人工智能的不断进步，其在档案管理领域的应用正逐渐从单一的文本识别和检索功能，发展为一个多维度、跨领域能力整合的智能化系统。这种系统不仅能够实现对档案内容的高效识别、分类和索引，还可以通过深度学习和模式识别技术，对档案信息进行语义理解和情感分析，进一步提高检索的精确性和相关性。同时，结合大数据分析和预测模型，人工智能能够对档案的使用趋势和需求进行预测，优化资源配置和存储策略。此外，通过自然语言处理和机器翻译，可以打破语言障碍，实现多语种档案的管理和查询。在安全性方面，利用区块链等技术确保档案数据的不可篡改和可追溯性。人工智能还将与物联网设备相结合，实现档案实体的智能监控和管理。这些技术的融合将大幅提升档案管理的效率和质量，推动档案服务向更加个性化、智能化的方向发展。

6.1.1.10 可持续发展的考量

在应用人工智能的同时，也会考虑到可持续发展的需求，比如节能减排、绿色存储等环保因素。例如，人工智能可以通过优化计算资源使用，减少能源消耗；人工智能可以通过采用环保的材料和技术，减少环境污染；人工智能还可以通过提高资源利用率，实现经济和环境的双重效益。人工智能在档案管理中的应用将趋于深入和广泛，不仅能够提高管理效率和服务质量，还将推动档案管理向智能化、自动化和个性化方向发展。同时，也需要关注技术应用过程中可能出现的问题，如数据安全、隐私保护、伦理法规等，确保人工智能的健康发展和合理应用。

6.1.2 人工智能在档案管理中应用的发展方向

档案行业正值我国加强人工智能布局、收获人工智能红利、引领智能时代的重大历史机遇期，人工智能的迅猛发展将为档案行业带来一场全面而深远的变革。为适应时代发展，档案行业应加强对人工智能的研究与应用，进一步发掘人工智能在档案收集、整理、鉴定、保管、检索、利用等工作中的应用场景，明确发展定位、找准发展路径，科学运用新一代信息技术加速档案事业战略转型工作。

6.1.2.1 人工智能辅助档案智能收集

随着信息技术的发展，各种载体形式的档案数据不断增长，在海量数据面前，人工智能通过对人类处理数据的思维过程进行模拟，实现海量数据中的智能检索、推理以及表达，为后续操作提供便利，提高效率。一方面，人工智能通过捕获元数据，收集所需的档案信息，如百度使用智能 Agent 从网页中爬取信息，分析并形成结构化数据；另一方面，利用人工智能对口述史料进行征集和采集，如科大讯飞股份有限公司应用语音识别、转写等技术，不断形成新的档案成果。此外，对于文本档案，人工智能可以运用自然语言处理中的文本分类和聚类系统，提取关键词标注分类；对于照片档案，人工智能可以运用自然语言处理中的深度学习技术智能识别图像分类；对于音频档案，人工智能可以运用自然语言处理中的语音识别技术智能识别音频，将语音信号中的词汇内容转变为计算机可识别的数据进行分类操作。例如，山东省威海市环翠区档案馆采用智能采集系统，解放了基层档案工作者的劳动力。此外，国家档案局正在推进数字档案馆建设，其中就包括利用人工智能进行智能收集，通过采用自然语言处理、图像识别等技术，对档案进行智能收集和挖掘。通过这些技术的应用，国家档案局的数字档案馆能够更加高效地管理和利用档案资源，为公众提供更好的服务。

6.1.2.2 人工智能辅助档案智能整理

目前，档案数量繁多且多以非结构化形式存在，需要进行分类、标引才能有效管理和利用。此外，档案涉及社会生活的方方面面，具有一定的复杂性，较为考验档案专业人员的专业能力。档案的种类和数量呈现出日益增长的趋势，传统的档案管理方式已无法满足现今繁杂庞大的档案管理要求，档案管理工作面临新的挑战。而利用人工智能，可以大大提高分类和标注的准确度和效率。如，ChatGPT 具有自然语言处理和自监督学习能力，可以将其训练成一个文本分类器，对大量档案文本进行处理和分析，提取文本的关键信息和语义特征，实现档案按时期、地域、主题等不同维度的分类。此外，档案涉及内容广泛，分类体系复杂，其分类需要依据信息资源中提取到的细节性信息，形成层次化结构管理模式，依据所划分的层次，开展智能化分类。通过人工智能的 OCR 文字识别技术等文字处理技术对其进行智能分类，能够辅助档案分类体系的梳理与建立，使分类更加科学。

6.1.2.3 人工智能辅助档案智能鉴定

档案鉴定是档案管理的重中之重，也是较为消耗人力、精力的一项工作。早在 1993 年，我国就有相关学者提出建立一个档案鉴定专家系统的设想，该系统依据《文书档案保管期限表》开发，用 Turbo Prolog 人工智能程序设计语言编写，具有较强的推理分析能力、人机对话能力和自身行为的解释能力，以计算机辅助档案价值鉴定代替完全的人工鉴定，为档案价值智能鉴定提供了新的思路。现阶段，档案数据内容广泛复杂，极具专业性，因此其鉴定难度较大，需要相关领域的专家参与或辅助。而人工智能中的专家系统是一个智能计算机程序系统，利用人工智能和计算机技术，结合系统中的知识经验推理判断，模拟人类专家决策复杂问题，能够为档案开放鉴定提供强大的支持。例如，北京市市场监督管理局基于相关人工智能模型算法实现了自动鉴定。

6.1.2.4 人工智能辅助档案智能保存

人工智能在档案保存方面的应用发展具有巨大的潜力，能够提高档案管理的智能化水平，有效保障档案的安全性与完整性，为档案的数字化、智能化管理提供更加高效、准确和安全的解决方案。

首先，智能环境监测技术可以通过传感器等设备实时监测档案保存环境中的温度、湿度、光照等环境参数，通过收集和分析这些数据，利用人工智能对数据进行分析，预测可能出现的环境问题，提前采取措施进行预防，确保档案的保存条件始终处于理想的状态。例如，当温度或湿度超过设定范围时，智能监控系统会自动报警并采取相应的措施，如启动空调或加湿器来调整环境参数。这种智能化的环境监测能够有效保护档案免受恶劣环境的损害，延长档案的使用寿命。

其次，智能防火系统可以通过图像识别和烟雾探测等技术实现对火灾风险的预测和防范。传统的防火系统主要依靠人工巡查和手动报警，但这种方式存在人为疏忽和反应不及时的问题。而智能防火系统可以通过摄像头实时监控档案室的情况，一旦发现异常情况，如烟雾、火焰等，系统会立即发出警报并自动启动灭火装置。此外，智能防火系统还可以与消防部门联动，结合大数据和机器学习技术，分析火灾发生的原因和规律，及时将火灾信息传达给相关部门，为防火工作提供科学依据，加快灭火速度，最大限度地减少损失。

最后，智能虫害防治技术可以通过使用昆虫感应器、声音和光线等手段来驱赶和消灭害虫；通过图像识别和生物识别技术，实现对档案库房内虫害的自动检测和预警；结合大数据分析，制定针对性的虫害防治措施，提高防治效果。传统的虫害防治方法主要依赖于化学药剂的使用，但这些药剂可能对档案产生负面影响，而智能虫害防治技术可以根据档案室的实际情况灵活选择不同的防治策略，既能有效控制虫害数量，又能最大限度地降低对档案的损害。例如，系统可以在夜间开启灯光和声音装置，模拟人的存在和活动，从而吓跑害虫。同时，系统还可以定期进行虫害监测和分析，及时发现并处理潜在的虫害问题。

6.1.2.5 人工智能辅助档案智能检索

随着人工智能的不断发展和成熟，其在档案检索领域的应用将越来越广泛，为档案的快速、准确和智能化检索提供更加高效、便捷和个性化的解决方案。

首先，人工智能可以应用于档案的自然语言处理。传统的档案检索方式往往需要人工输入关键词进行搜索，这种方式存在着效率低下、容易出错等问题。而通过人工智能，可以利用自然语言处理等技术手段，实现对档案的自然语言检索。用户只需以自然语言的形式提出查询需求，系统即可自动识别和理解用户的意图，并返回相关的档案结果。这样可以大大提高档案检索的效率和准确性，提升用户体验。

其次，人工智能可以应用于档案的智能推荐。传统的档案检索方式往往是基于关键词的匹配，用户需要自行筛选和判断相关档案的可靠性和重要性。而通过人工智能，可以利用机器学习和推荐算法等技术手段，实现对档案的智能推荐。系统可以根据用户的查询历史、兴趣偏好以及档案的内容特征等因素，自动分析和预测用户的需求，并向用户推荐最相关和有价值的档案资源。这样可以提高档案检索的个性化程度，帮助用户更快地找到所需的信息。

再次，人工智能还可以应用于档案的语义检索。传统的档案检索方式往往依赖于关键词的精确匹配，这种方式存在着信息稀疏性和语义鸿沟等问题，而人工智能可以利用语义理解和知识图谱等技术手段，实现对档案的语义检索。系统可以通过理解和分析用户查询意图的语义含义，将查询结果与档案的语义内容进行匹配和关联，提高档案检索的准确性和相关性，帮助用户更好地理解和利用档案资源。

最后，人工智能还可以应用于档案的多模态检索。传统的档案检索方式主要依赖于文本信息的检索，这种方式存在着信息获取不全面和信息呈现单一等问题。而通过人工智能，可以利用图像识别、视频分析等技术手段，实现对档案的多模态检索。系统可以自动识别和提取档案中的图像、视频等多媒体信息，并与文本信息进行关联和整合。这样可以丰富档案检索的信息来源，提高档案检索的全面性和多样性。

6.1.2.6 人工智能辅助档案智能利用

人工智能在档案利用领域的应用越来越广泛，能够为档案的智能化、个性化利用提供更加高效、准确和便捷解决方案，推动档案事业的发展和进步。

首先，人工智能可以应用于档案的智能摘要与提取。传统的档案阅读需要人工浏览大量的文档，费时、费力且难以快速获取关键信息。而通过人工智能，可以实现对档案的智能摘要与提取。例如，利用自然语言处理技术和机器学习算法，可以自动提取档案中的关键信息和重要段落，生成简洁准确的摘要。这样可以帮助用户快速了解档案的内容和重点，提高档案利用的效率。

其次，人工智能还可以应用于档案的智能分析与挖掘。人工智能系统可以利用机器学习算法对档案中的数据进行聚类和分类，发现其中的相关性和规律，帮助用户做出更准确的判断和决策。人工智能系统还可以利用深度学习算法对档案中的图像和视频进行分析和识别，提取其中的关键信息和特征，为用户提供更深入的洞察和理解。通过对大量档案数据的学习和训练，人工智能系统还可以通过深度学习等技术手段，对档案进行情感分析、主题提取等高级分析任务，为用户提供更加深入的洞察和理解。

最后，人工智能可以应用于档案的智能问答服务。传统的档案检索需要人工输入关键词进行搜索，效率低下且容易出现误判，而通过自然语言处理技术和语义分析技术，人工智能系统可以理解用户的问题并从档案中提取相应的答案，系统还可以利用知识图谱技术构建档案的知识库，实现更精准的问答服务，提高档案利用的便捷性。除此之外，人工智能可以用于档案的智能交互和可视化呈现。传统的档案利用方式往往依赖于文字和图像的静态展示，这种方式存在着信息获取不全面和信息呈现单一等问题，而通过人工智能的自然语言处理、图像识别等技术手段，系统可以通过语音或文字与用户进行交互，并根据用户的需求和反馈，动态地调整和优化档案的展示内容和形式，从而提高档案利用的互动性和直观性，帮助用户更好地理解和利用档案资源。

综上所述，随着人工智能的不断发展和成熟，其在档案行业的应用也将不断拓展。近年来，人工智能更快速、更准确的数据分析和处理能力，有效帮助了档案机构管理和利用档案资源，大大提高了档案基础工作的效率和准确性。例如，通过数据化技术将纸质档案转化为数字化档案；通过开放审核技术对档案进行自动化审核；通过涉密筛查技术帮助识别和保护档案敏感信息等。同时，通过人工智能的辅助，档案工作人员可以从繁重的重复性工作中解脱出来，专注于更有价值的任务。未来，人工智能将辅助人做更有难度或创造性的工作。例如，生成式档案编研技术可以根据已有的档案内容和知识图谱，自动生成新的档案资料，提供更全面、准确的信息供人们使用，帮助人们更好地理解和利用档案资源。为了实现以上目标，档案工作者一方面需要熟悉档案业务，了解档案的特点和需求；另一方面需要理解主流人工智能，包括机器学习、自然语言处理、计算机视觉等。只有通过将业务与技术有机结合，才能充分发挥人工智能在档案行业的潜力。

6.2 人工智能在档案管理中应用面临的问题

6.2.1 技术问题

6.2.1.1 技术不成熟问题

近年来，人工智能虽然取得了很大的进展，但在档案管理领域的应用仍然处于初级阶段。档案管理智能化建设中存在的技术问题主要表现在以下几个方面：一是技术要求高，需要档案管理部门具备计算机技术、网络技术以及数据库技术等方面的技能和知识，这对于一些地区的档案管理人员来说比较困难；二是技术设备更新换代速度快，需要员工不断学习新知识，以适应新技术的使用；三是软硬件环境要求高，对于各地区各部门档案馆的档案管理而言，相关设备设施和环境的升级以及改造可能涉及一定费用的投入，制约了人工智能的普及和使用。目前，人工智能在档案管理中的应用主要集中在文本分类、关键词提取等方面，但在语义理解、知识图谱构建等复杂任务上仍然存在较大的技术挑战。未来，我国要加强包括知识库技术、专家系统、模糊信息处理技术、数据挖掘技术、智能平台等在内的人工智能在档案管理中的应用，不断提高档案智能化管理水平。

6.2.1.2 数据质量问题

档案数据是人工智能发挥效力的前提和基础，通过利用文本识别、语音识别等人工智能对档案数据进行采集、加工、处理、分析和输出等流程中，可以构建有价值的信息流和知识模型，从而实现档案管理的高效运行。目前，人工智能的不成熟导致档案数据存在以下质量问题：档案数据的完整性。由于各地区档案数字化进程参差不齐，档案资源类型多样，如果文本、图像、音视频等档案资源未经数据化处理，则无法直接被智能系统识别学习，从而导致档案数据不完整。在运用人工智能进行档案数据识别和录入的过程中，存在的人为因素或技术因素等造成档案数据错误的情况，这些错误可能导致档案数据的不准确，进而影响后续的档案管理。档案数据的安全性。一些恶意攻击和档案数据篡改行为可能会导致档案数据的不可信，从而降低档案数据的原始性和安全性。档案数据的一致性。由于各地区经济发展水平不一，运用人工智能进行档案数据收集的程度参差不齐，导致档案数据的载体形式和整理方式不一致，从而导致数据不一致的情况发生。

6.2.1.3　技术标准与规范的问题

在数字档案馆和智慧档案馆的建设背景下，需要不断融入人工智能，追求更加智能化的档案管理。然而，技术标准和规范的不统一，极大地影响了人工智能在档案管理领域的应用效果。一方面，不同档案管理信息系统采用的数据格式和结构各异，导致档案数据在系统之间的共享和交换困难，进而限制人工智能对多个档案系统数据的整合和利用。另一方面，人工智能算法和模型在档案管理中的应用涉及数据处理、文本分析、图像识别等多个领域。但由于缺乏统一的算法和模型标准，不同系统和应用之间的算法选择和结果输出可能存在差异，这给档案数据分析和决策带来一定的困扰。未来，人工智能应用于档案管理的技术标准与规范统一问题亟待解决。

6.2.1.4　技术崇拜问题

随着人工智能的不断发展和在档案管理领域的广泛应用，其在档案开放审核、数字化成果处理、档案智能检索、辅助档案编研等多个业务场景中都展现出巨大的潜力。尽管人工智能提高了档案管理工作的效率和准确度，但也容易导致人们盲目推崇技术，产生唯技术论的思想，从而缺乏学习的进取心。在档案管理中，由于人工智能缺少主观能动性，只能实现简单、重复的档案管理工作，无法真正实现离开档案工作人员的决策性服务。同时，人工智能在档案领域的广泛应用将会导致档案教育无足轻重的错误理念，档案教育对于档案管理工作而言至关重要，其能够为档案馆(档案室)输送高素质综合性人才，从而更好地为档案管理服务。未来，我国要加强档案专业教育的强度和深度，培养和提高档案管理人员的专业技能和素质，使其能够在人工智能的辅助下，更好地完成档案管理工作，摆脱唯技术论的缺陷。

6.2.2 法规政策问题

6.2.2.1 缺乏完善统一的规章制度和管理机制

档案工作是一项复杂的工程，需要建立一套严格完整的规章制度。随着新档案法的颁布实施和地方档案条例规定的出台，档案管理体制逐步建立，档案工作将发挥越来越重要的作用。但是目前绝大部分档案机构对于人工智能时代下档案工作管理制度体系建设依然缺乏足够的重视，缺少专门的项目部署和研究小组，这导致档案部门对人工智能应用部署和推进不足，对人工智能逐步应用于更多档案工作的方向没有明确的规划，只有少数部门开始进行探索和应用。目前这种情况距离《"十四五"档案事业发展规划》提出的加强新一代信息技术的应用和积极探索人工智能、数字人文等技术运用于档案信息深层加工和利用的目标，还存在较大差距。在档案管理工作中，由于缺少与人工智能管理相关的规章制度和系统化、长期化、专业化的管理机制，档案管理无法在现代化手段与制度的约束下顺利展开，许多档案部门仍在采用传统档案管理模式开展工作，沿用传统档案管理的理念。无论是档案的收集还是整理更加侧重收集和保管等基础业务，在档案的实际利用和开发业务方面比较被动，档案信息的整体功能发挥欠佳，过程缺乏监督指导。再加上档案实际工作中缺乏智能化设备设施的支持，以及人们长期以来对纸质档案的观念根深蒂固，使档案管理工作智能化转型出现效率低下、应用价值不高的问题，无法紧跟时代发展的速度。

6.2.2.2 建设与应用的成本问题

人工智能在档案行业中的发展具有很大潜力，但由于人工智能在档案领域的研究方向较多，开发建设和应用成本高昂，如何在档案部门承担能力有限的情况下，保证档案管理智能化建设质量的基础上，降低和控制人工智能在档案管理中的成本就成了当前急需解决的问题。

目前，档案管理智能化建设还处于起步阶段，其中的各个环节都需要大量的资金。一方面，需要购买和维护高性能的硬件设备和软件系统。比如购买智能机器人、安装指纹识别系统、智能防火墙、智能入侵检测系统、档案价值鉴定专家系统等，但是目前大部分档案部门几乎无法承受因技术升级而产生的如此巨大的成本。另一方面，档案部门还需要对人员进行人工智能相关的培训和管理，人力成本也有所提高。而在我国，档案机构属于非营利性单位，资金来源主要依靠国家和政府的支持，在一般的企事业单位中，档案部门常常不够受到重视，得到的可用于在工作中应用人工智能的预算也十分有限，这样的情况将大大制约了档案部门大规模地开展档案工作的智能化建设的能力，长期以来也会导致档案部门建设的积极性消退。

6.2.2.3 缺乏档案部门与平台之间的合作共享

人工智能背景下，不同档案部门、不同系统之间缺乏信息的合作与共享，各部门之间还未能建立统一的档案信息共享平台是目前档案管理智能化建设中的一个急需解决的问题。

跨馆、跨系统的档案资源互通共享平台是实现人工智能赋能档案的重要基础，但由于档案信息资源的数据量巨大、种类丰富、形态复杂，包括图片、音频、视频等不同格式类型的档案，因此档案的存储方式也多种多样。虽然国家档案局发布了许多不同类型的档案数据标准，但是在各个档案数据标准要求下实现统一著录、检索、利用档案还很困难。一方面，不同档案机构采用的常常是不同的档案管理系统、数据库软件以及数据描述标准；另一方面，同一个档案机构内也仍然存在多个不同的硬件系统设备。如果档案管理系统无法统一标准，档案资源就无法整合，也很难对档案人工智能系统进行进一步优化，最终可能导致档案数据壁垒、数据孤岛等现象的出现，很大程度上制约了档案馆的人工智能服务。

此外，尽管一部分人工智能试图对已有的档案信息资源进行集成，但是由于档案管理还未能实现档案的全生命周期的统一管理和跨组织、跨部门、跨系统的档案信息化资源平台管理，导致无法对档案数据的深度加工和价值挖掘，档案本身的承载力无法体现，无法将档案资源转化为更多的知识成果。

6.2.3 安全伦理问题

6.2.3.1 隐私与安全问题

人工智能在档案行业的建设不断推进，其中的大量工作，例如数据存储、传输和处理等需要通过网络进行。应用过程中，由于数据量庞大，很容易引发数据安全风险，给档案管理工作带来一定的挑战。因此，在人工智能应用于档案行业的过程中，如何保障档案数据的安全性是档案管理智能化建设亟待解决的问题。

第一，人工智能需要处理大量的数据，档案资源中包含大量的机密和敏感信息，以及大量涉及个人隐私的敏感数据，如姓名、身份证号码等，如果未能采取适当的数据保护措施，导致档案数据被窃取泄露或非法恶意滥用，则会严重影响个人隐私和安全，引发重大的社会问题，甚至对国家安全造成威胁。

第二，人工智能使用的数据存储、传输和处理系统可能存在安全漏洞，如未经授权的访问、数据篡改等问题，数字化档案数据一旦被篡改或丢失，将会严重影响档案的完整性和准确性，降低档案的真实性和可信度。数字化档案数据一旦出现错误或者不准确，将会给档案工作和用户带来很大的影响，也会损害相关档案部门的形象和声誉。

第三，在数据处置过程中，一旦处理不当，可能会造成损失，如数据丢失、数据破坏等，若重要数据丢失，还会给档案工作带来不可逆的影响，从而给后续的数据分析和管理带来严重问题。

第四，相关工作人员的技术能力也会给档案管理带来风险。大数据技术在实际应用中需要专业的技术人员操作和维护，如果技术人员能力不足，可能会导致系统故障、数据被泄露等风险问题。最后，人工智能在档案工作中应用的目标就是更多地减少人工干预，使各项工作更加智能化，因此保证人工智能本身的应用安全性是人工智能最大的安全性问题。

6.2.3.2　道德与伦理问题

随着人工智能的巨大飞跃，未来人工智能是否能够超越人类智能、人工智能机器人或产品能否作为伦理主体承担责任，人工智能是否会做出违背道德伦理的行为，如何保证档案工作使用人工智能始终处于可控状态，这些问题逐渐引发人类对人工智能伦理道德的思考与担忧。

一方面，由于档案的保密性，人工智能在档案行业应用中的算法过程及机制往往不够透明、比较复杂，这就会导致管理档案和提供档案智能服务的过程中很难追溯机器算法和工作人员的主体责任权重，导致人工智能机器产品、人工智能产品设计者、人工智能产品所有者、档案工作人员等相关主体责任划分不明，存在一定的法律风险和责任风险。

另一方面，人工智能的应用主要是通过人机协作的方式实现，依赖人类嵌入的道德伦理程序或训练神经网络来实现像人一样做出道德判断与决策，过程中人的价值判断与取向就会不可避免地融入人工智能程序中，影响人工智能伦理的公正性与客观性。人工智能在档案领域的应用包括档案收集、整理、保存、利用等流程，每一个流程的人工智能算法和应用都由相关主体操作，可能会更多体现设计者和执行者的利益考量与价值取向，所以当人工智能应用于档案产品时，必须从公众视角出发，借助相关规定进行理解判断，以便更好地把握用户的档案服务需求，满足公众利益。此外，如果不对算法决策和权力进行监督，人工智能就可能会因为错误的档案管理和服务理念，对使用者产生错误的价值引导，导致档案领域人工智能服务的道德伦理失衡。

6.2.4 人才问题

6.2.4.1 人才培养方案问题

长期以来，档案学专业作为一门小众学科，在人才培养方案中存在的问题较为复杂和多样。首先，档案学课程设置过于重视理论知识的传授，忽视了实践能力的培养。在很多专业课程中，理论知识占据了较大比重，而实践环节则相对较少。这导致学生在毕业后面临就业压力时，缺乏实际操作能力和实践经验，难以适应社会的需求。其次，课程设置过于僵化，缺乏针对性和灵活性。一些高校的课程体系相对固定，很难根据市场需求和社会发展趋势进行调整。课程内容重复和陈旧，许多课程的内容滞后于学科发展，缺乏学科的前沿性和国际性。这使得学生在学习过程中接触到过时的知识和技能，影响了他们的长远发展。此外，课程设置中跨学科的课程较少，缺少与其他学科的交叉和融合，限制了学生的综合素质提升。最后，教师的传统教学方法已经不适合所有学生，特别是在当前技术日新月异的时代，合理运用新的教学方法和教学工具才能更好满足学生的学习需求并培养出更符合和适应时代要求的人才。这些问题，很大程度上阻碍了人才综合素质的提升，影响了人才的长远发展。

6.2.4.2 人才数量和质量问题

在当今社会，档案管理作为一项重要的工作，对于国家的政治、经济、文化等各个方面的发展都起着至关重要的作用。然而，尽管我国档案事业在过去的几十年里取得了显著的成就，我们也必须清醒地看到，我国档案人才队伍的建设仍然存在一些问题。首先，最为突出的就是我国档案人才数量不够庞大。目前我国档案学专业本科生、硕士生较少，博士学位人才空缺，高层次人才培养的速度无法满足社会需求，档案专业人才供不应求，高等教育规模有待进一步壮大。导致档案人才数量不足的原因有很多：第一，档案学专业在我国的本科教育中，往往被视为边缘学科，缺乏足够的重视和投入，导致档案学专业的吸引力较低。第二，档案学专业的就业前景相对较窄，对口的就业岗位较少，这使得许多年轻人不愿意选择这个专业。第三，档案学专业的学习内容相对枯燥，需要大量的记忆和整理工作，这对于一些年轻人来说可能无法接受。第四，档案学专业的实践性较强，需要有较强的实践能力和创新思维，这对于一些年轻人来说可能有一定的挑战。第五，档案学专业的薪资待遇相对较低，这也是影响年轻人选择这个专业的一个重要因素。

其次是人才质量问题。档案人员的业务水平的高低，在很大程度上决定了档案工作的质量。档案工作是一项烦琐、枯燥且容易出错的工作，随着档案种类的日益多样化和信息量的迅速膨胀，传统的档案管理方式和技术已经无法满足需求。人工智能可以实现对档案的智能搜索，这极大地提升了信息检索的速度，加强了档案管理的效率。然而，这也意味着档案工作者需要具备一定的计算机技术和数据管理能力，才能有效地利用这些工具，但很多档案工作者的信息素养水平不高，难以有效地利用信息技术进行档案管理和服务。

6.2.4.3　档案工作者角色定位问题

人工智能在档案管理中的应用，如智慧档案馆的建设，可以有效管理海量数据，简化档案管理流程，防止信息泄露，提高保密性，并提供智能化、个性化的服务。然而，人工智能的应用也给档案工作者的角色定位带来多重挑战。

档案工作者在我国档案事业的发展中发挥着不可替代的作用，但现阶段，由于社会公众档案意识薄弱，导致其对档案工作者的角色定位模糊。在人工智能大背景下，政府、社会以及相关部门需要共同努力，有效改善档案工作者的工作环境和职业发展前景，为我国档案事业的长远发展奠定坚实的基础。其次，随着人工智能在档案领域的应用场景不断拓展，从传统的档案著录到复杂的档案鉴定和利用等业务环节，档案工作正在逐步智慧化。这种转变对档案工作者提出了更高的要求，包括但不限于数据管理、数据分析和网络安全等方面的技能和知识。人工智能日新月异，档案工作者需要不断学习新技术、新方法，以便更好地应对工作中的变化。

6.3　人工智能在档案管理中应用的优化路径

6.3.1　技术问题的优化路径

6.3.1.1　推动人工智能的成熟与稳定

目前，人工智能仍处于"弱人工智能"阶段，其自身技术革新的局限性和在档案领域应用的适配性都将成为今后档案管理和服务发展的关键问题。档案馆应以开放共享的态度探索和尝试人工智能的应用与发展，实现技术助力管理与服务的终极目标。首先，加强技术研发和创新，推进人工智能与云计算、区块链、物联网、大数据等其他先进技术的集成应用，不断提高人工智能的成熟度和稳定性。其次，建立完善的测试和评估机制，确保人工智能系统在档案管理应用中的稳定性和可靠性。最后，人工智能在档案管理中的应用涉及计算机科学、信息科学等多个学科领域，因此，需要加强跨学科合作，共同推动人工智能在档案管理中的成熟与稳定。

6.3.1.2　提升档案管理中的数据质量

人工智能的应用依赖于大量高质量档案数据，为了实现人工智能在档案管理中的广泛应用，需要保障档案数据的质量。首先，需要加强档案数据采集和整理工作，确保数据的准确性、完整性和一致性。通过自然语言处理、机器学习、专家系统、智能感知等人工智能，将档案信息解聚为颗粒度较小的信息，并对现有的档案数据进行标准化和整合，包括统一数据格式、元数据标准以及跨系统的数据交换等。此外，还要建立包含各种类型档案的高质量数据集，以便训练和测试人工智能模型，并通过定期更新数据集，以适应档案管理的变化和发展。同时，要建立数据质量监控和管理机制，及时发现和纠正数据质量问题。最后，要加强数据安全保护，防止数据泄露和滥用。

6.3.1.3　建立统一的人工智能应用标准和规范

《"十四五"全国档案事业发展规划》明确提出，将大数据、人工智能等新兴信息技术融入数字档案馆(室)建设，推动数字档案馆(室)建设优化升级。虽然这些政策要求一定程度上推动了人工智能在档案管理中的应用，但更偏向宏观层面的路径指引，在具体实施时则需要以更为具体和更具操作性的规范作为指引。因此，档案主管部门应联合相关研究机构，制定和完善更具针对性的技术标准和规范，明确人工智能在档案管理中的应用范围和要求。同时，可以适当开展人工智能的应用试点，加强技术标准的推广和应用，促进不同系统之间的互操作性和兼容性。除此之外，建立技术标准和规范的更新机制，及时跟进技术的发展和应用需求的变化。

6.3.1.4　加强用户教育和建立评价反馈机制

科技是一把"双刃剑"，在运用人工智能时，必须立足档案管理自身特点以及档案管理过程中存在的实际难题，积极探索档案管理原则、方法与人工智能的有效融合，理性看待人工智能等先进技术在档案管理中的有效应用，不能"为了技术而技术"，深陷"唯技术论"，也不能因为"害怕风险"，就选择"故步自封"。首先，提高用户对人工智能的理解和认知水平。通过开展相关培训、讲座等形式，让用户了解人工智能的基本原理、发展历程以及在档案管理中的应用场景。同时，普及人工智能的基本概念，如机器学习、深度学习、自然语言处理等，帮助用户建立正确的认知。其次，强调人工智能的辅助作用，避免过度依赖和盲目崇拜技术。在档案管理中，人工智能主要起到辅助作用，而非替代人类。因此，要教育用户在使用人工智能时，遵循客观、公正、合理的原则，明确人工智能的优势和局限，避免过分依赖或盲目崇拜。同时，要注重保护用户隐私，遵守相关法律法规。最后，建立用户反馈机制，及时了解用户的需求和意见，优化人工智能系统的设计和功能。政府部门和相关机构应加强对人工智能在档案管理领域的监管，制定相应的政策和法规，确保人工智能的合规、安全、有效应用。同时，鼓励用户积极参与人工智能的研发、应用和改进过程，主动提出自己的意见和建议，共同推动人工智能在档案管理领域的健康发展。

6.3.2 政策法规问题的优化路径

6.3.2.1 加强顶层设计

政府与档案部门需要采取一系列支持措施，来推动人工智能的在档案领域的高效、平稳发展。加强顶层设计是推动人工智能在档案领域应用的关键步骤。政府应加强对数字化档案建设和人工智能研发的顶层设计和规划指导。这包括对数字化档案系统的整体架构和功能设计；对人工智能应用的技术路线和实施方案；对数字化档案建设和人工智能研发的组织管理和运行机制等方面的顶层设计和规划指导。只有通过加强顶层设计，才能实现数字化档案建设和人工智能应用的高效推进。对此，政府应当及时发布政策导向，制定相关政策和规划，明确人工智能在档案领域应用的方向和目标。例如，可以出台《关于加强数字档案馆建设的意见》等文件，提出数字化档案系统建设的目标、任务和要求；同时，还可以制定《关于推进人工智能在档案领域应用的指导意见》，明确人工智能在档案管理中的具体应用场景和发展方向。

6.3.2.2 优化资源配置

政府和档案部门可以加大对数字化档案建设和人工智能研发的经费投入力度，优化资源配置，加强对数字化档案建设和人工智能研发的统筹协调。这包括对不同地区和部门之间的资源调配和整合；对各类人才和技术资源的合理配置和使用；对数字化档案系统和人工智能应用的协同配合；以及对数字化档案系统的硬件设备、软件平台、网络通信等方面的投资；对人工智能研发和应用的资金支持；对人才培养和队伍建设的经费保障等。只有通过充足的经费投入，才能保证数字化档案建设和人工智能应用的顺利推进；只有通过优化资源配置，才能实现数字化档案建设和人工智能应用的最大效益。此外，完善法律法规也是推动人工智能在档案领域应用的重要保障。政府应加强对数字化档案建设和人工智能研发的监管和管理，建立健全相关法律法规体系。这包括对数字化档案系统的安全保护和风险防控；对人工智能应用的伦理道德规范；对知识产权保护和隐私权保护等方面的法律法规制定和完善。只有通过完善的法律法规体系，才能确保数字化档案建设和人工智能应用的安全可靠。

政府与档案部门在推动人工智能在档案领域的应用过程中需要采取多种措施相互配合，通过发布政策导向、加大经费投入、完善法律法规等方面的共同努力来最终实现这一目标。

6.3.2.3　加强合作，推动档案统一管理机制和平台的建立

在档案领域引进人工智能的同时，推动档案部门与平台之间的合作共享以及建立统一的管理机制和平台是至关重要的。

首先，完善档案信息化战略转型的体制机制是关键。这包括从制度规范、组织领导和责任落实等方面强化档案信息化战略转型的实践发展。理顺党委和政府相关职能部门在档案信息化战略转型中的相互关系，强化档案信息化建设与数字政府建设的协同作用。

其次，为了实现档案的统一管理和服务，我们需要建立一个统一的管理机制和平台。这个平台应该包括各种类型的档案资源，并提供智能化的服务，如智能检索、智能分类、智能审核等。同时，我们还需要制定相应的标准和规范，以确保各级各类档案馆在数字化、网络化、智能化等方面的协调发展。这就要求各级综合档案馆需要加强本区域档案信息资源的共享平台建设，先实现各级综合档案馆之间的互联互通。之后，共享平台可以向机关等单位延伸，促进档案信息资源馆际、馆室共建互通，推进档案信息资源跨层级跨部门共享利用。《档案法》中也明确提出了国家推进档案信息资源共享服务平台建设，推动档案数字资源跨区域、跨部门共享利用的目标。因此，各档案部门应充分利用这一政策支持，积极推进档案信息资源的共享。

最后，档案部门可以加大与其他行业的交流，指导各行各业做好档案工作的同时，拓展新的合作模式，以进一步扩大档案工作的影响力。例如，档案部门可以强化与研究机构的交流合作，共同研发和推广适用于档案行业的人工智能。这不仅可以满足双方的共同需求，研究并开发档案行业自身的人工智能，而且还能推动档案学术研究与业务实践的创新发展，促进科技成果的高效转化，使人工智能在档案实践中得到深入应用。

在人工智能的推动下，我们要大力推动档案治理模式和治理架构的转型升级，创造开放信息共享、资源互通的机制与平台，逐渐打破部门之间、区域之间、行业之间的信息孤岛现象。

6.3.3　安全伦理问题的优化路径

6.3.3.1　建立安全防御体系

在档案领域，人工智能的应用日益广泛，如智能分类、智能检索、智能审核等。然而，在引进人工智能的同时，我们也需要注意到其中存在的安全与隐私问题，所以，在人工智能赋能档案领域的同时建立安全防御体系是至关重要的。

首先，我们需要采用相对安全性更强的人工智能防护技术。这种技术可以有效地实现对档案库进行实时监控，严密的监控更能保障档案安全，最大限度地保障档案信息的安全。例如，我们可以利用机器学习算法对档案数据进行分析和预测，及时发现异常情况并采取相应的措施。此外，我们还可以利用区块链技术来确保档案数据的安全性和完整性，区块链是一种去中心化的技术，它可以将档案数据分散存储在多个节点上，从而降低单点故障的风险。同时，区块链还可以确保档案数据的不可篡改性和可追溯性，有效防止数据被篡改或丢失的情况发生。

其次，我们可以利用人工智能加固档案的多方面安全。这包括档案载体安全、信息安全、库房安全、通信安全和存储安全等。例如，在档案载体安全方面，我们可以采用数字水印技术来保护档案的数字版权；在信息安全方面，我们可以采用加密技术和访问控制技术来保护档案的机密性和完整性；在库房安全方面，我们可以采用视频监控技术和门禁控制系统来确保档案馆的安全；在通信安全方面，我们可以采用加密通信技术和防火墙技术来保护档案数据传输的安全；在存储安全方面，我们可以采用备份技术和容灾技术来确保档案数据的可靠性和可用性。

此外，在使用人工智能处理档案数据时，需要遵循数据隐私和保护的原则。这包括对个人隐私、商业秘密等敏感信息的保护，防止数据泄露、滥用或被恶意利用。为此，档案行业应建立严格的数据管理制度，确保在收集、存储、处理和使用数据的过程中，遵循相关法律法规和行业规范，保护数据主体的权益。

最后，我们需要加强人员培训和管理。人工智能的应用涉及大量的数据处理和分析工作，因此需要具备一定的专业知识和技能的人员来进行操作和管理。为此，我们需要加强对相关人员的培训和管理，提高他们的专业素质和责任意识。同时，我们还需要建立健全的内部管理制度和流程规范，确保各项工作能够按照规定的程序和标准执行。

综上所述，在引进人工智能在档案领域应用的过程中需要时刻注意安全与隐私问题的存在，通过采用相对安全性更强的人工智能防护技术、加强人员培训和管理、加固档案隐私、严守安全底线等措施，我们可以有效地建立安全防御体系，解决人工智能在档案领域应用中可能出现的安全与隐私问题。

6.3.3.2 完善道德伦理规范

随着人工智能在档案行业的广泛应用，其所带来的道德和伦理问题也日益凸显。档案行业在使用新技术的过程中，需要关注以下几个方面的道德和伦理问题，并采取相应的措施进行应对。

第一，为了指导档案行业在使用人工智能过程中的道德和伦理行为，应制定相应的人工智能伦理原则，这些原则应涵盖数据隐私、公平性、责任归属、人类控制等方面，为档案行业提供明确的道德和伦理指引，档案行业应遵循这些原则，将其融入组织的文化和管理中。

第二，人工智能的发展和应用可能导致法律责任的归属变得模糊。在档案行业中，应明确人工智能的使用者、开发者和相关方的责任界定，建立健全的问责机制。这样当出现人工智能引发的道德和伦理问题时，能够迅速找到责任主体，进行相应的处理和追责。

第三，人工智能在决策过程中可能存在偏见和歧视，导致不公平的结果。档案行业在使用新技术时，一方面要确保数据集的多样性和代表性，避免因数据偏差导致的不公平结果；另一方面要定期对人工智能模型进行评估和审查，发现并纠正潜在的偏见和歧视。

第四，人工智能的发展可能会对人类的职业发展、生活方式等方面产生影响。档案行业在使用新技术时，应关注这些影响，尊重人的价值和尊严，保障人的利益。同时，要关注人工智能与人的合作与互动关系，充分发挥人的主观能动性，实现人机协同、互补、可持续发展。

第五，人工智能的决策过程往往缺乏足够的可解释性和透明度，导致人们对新技术的信任度降低。因此，档案行业在使用人工智能时，应努力提高智能模型的可解释性，使其决策过程更加透明。此外，还应加强与用户之间的沟通，让用户了解人工智能的工作原理和限制，提高用户的信任度，加强与公众的沟通和交流，提高透明度，接受社会监督。

第六，档案行业在使用人工智能处理档案数据时，应保留人工审核和干预的环节，确保人类对人工智能系统的控制和干预能力，避免完全依赖人工智能带来的风险。同时，要加强档案工作者对新技术的了解和培训，提高人类对人工智能的掌控能力。

6.3.4　人才问题的优化路径

6.3.4.1　优化人才培养方案

在当今这个日新月异、竞争激烈的时代，人才已经成为国家和企业竞争力的核心要素。随着科技的飞速发展和产业结构的不断调整，档案行业对人才的需求也在不断变化。因此，优化人才培养方案，培养出更多具备创新精神和实践能力的高素质档案人才，已经成为档案行业亟待解决的问题。

首先在课程设置方面，要根据社会需求和行业发展趋势，调整课程设置，增加实践性、创新性和前瞻性的课程内容，提高学生的综合素质和就业竞争力。要加强与企业、科研机构的合作，提供更多的实践教学机会，让学生在实践中学习和成长。其次要建立科学的评价体系，注重对学生的综合素质、创新能力和实践能力的评价，引导学生全面发展。此外要加强国际交流与合作，引进优质的国际教育资源，提高学生的国际视野和跨文化沟通能力。学校要加强创新创业教育，培养学生的创新精神和创业能力，为社会输送更多具有创新精神和创业能力的人才。最后要加强教师队伍建设，提高教师的教育教学水平和科研能力，教师要采用多元化的教学方法，如案例教学、项目式教学、翻转课堂等，激发学生的学习兴趣，培养学生的自主学习能力和团队协作能力。

优化人才培养方案是一项长期而艰巨的任务，只有通过更新课程设置、建立科学的评价体系、创新教学方法等手段，才能培养出更多具备创新精神、实践能力和国际视野的高素质档案人才。

6.3.4.2　高等教育量质并重

第一，为了解决档案学专业吸引力较低的问题，需要加大对档案学专业的重视和投入。政府可以制定相关政策，提高档案学专业的招生规模和教育质量，同时加强对档案学专业的宣传和推广，让更多的年轻人了解并选择这个专业。此外，高校和教育机构也可以加强与企业的合作，为学生提供更多实践机会，增加档案学专业的就业前景。第二，为了解决档案学专业就业前景相对较窄的问题，需要推动档案行业的多元化发展。政府可以鼓励和支持档案行业与其他行业的合作，拓宽档案工作的应用领域，创造更多的就业机会。同时，高校和教育机构可以加强与相关行业的合作，开设更多与实际需求相结合的课程和培训项目，提高学生的就业竞争力。第三，为了解决档案学专业学习内容相对枯燥的问题，需要创新教学方法和手段。教师可以采用多媒体教学、案例分析等方式，使课程更加生动有趣。同时，学校可以组织实践活动和实地考察，让学生亲身参与档案管理工作，增强他们的实践能力和创新思维。第四，为了解决档案学专业薪资待遇相对较低的问题，需要建立完善的激励机制。政府可以制定相关政策，提高档案工作者的薪酬水平，同时加强对优秀档案工作者的奖励和荣誉表彰。此外，高校和教育机构也可以加强与企业的合作，为学生提供更多实习和就业机会，提高他们的就业竞争力和薪资待遇。

除了人才数量不足的问题外，还存在人才质量问题。在人工智能时代，大量传统业务环节被编码和算法取代，这要求档案工作者需要掌握新的技术和知识，以适应这种变化。因此，需要加强对档案人员的培训和学习支持。政府可以加大对档案人员培训的投入，提供相关的培训课程和资源。高校和教育机构可以开设相关的研究生课程和学位项目，培养更多的高层次人才。此外，随着档案种类的日益多样化和信息量的迅速膨胀，传统的档案管理方式和技术已经无法满足需求。因此，这就需要推动数字化档案管理的发展。政府可以加大对数字化档案管理的投入和支持，提供相关的技术和设备。高校和教育机构可以加强与科研机构和企业的合作，开展相关的研究和开发工作。同时，我们也需要加强对数字化档案管理的规范和管理，确保信息安全和保密性。

综上所述，解决我国档案人才中存在的问题需要政府、高校、教育机构和企业共同努力。通过加大对档案学专业的重视和投入、推动档案行业的多元化发展、创新教学方法和手段、建立完善的激励机制以及加强对档案人员的培训和学习支持等措施，可以逐步解决档案人才数量不足和质量不高的问题，提升我国档案事业的发展水平。档案高等教育既要保证教育的质量，也要注重教育的普及。这就像是一辆双轮车，只有两个轮子都运转得当，车子才能行驶得更远。我们不能因为追求教育质量而忽视了教育的普及，也不能因为追求教育的普及而牺牲了教育的质量。只有这样，档案高等教育才能真正发挥出它的价值，为档案事业的进步和发展作出更大的贡献。

6.3.4.3 档案工作者找准自身定位

随着人工智能在档案领域的广泛应用，档案管理的方式和要求都发生了巨大的变化。档案工作者需要重新思考自身的价值，明确自己在档案工作中的角色和职责。这不仅有助于他们更好地适应信息化带来的挑战，还能确保档案工作的高质量发展。

为了找准自身定位，档案工作者要从传统的文件管理转向数据管理。他们需要学习如何收集、整理、存储和分析数据，以便为企业或组织提供有价值的信息。档案工作者要具备一定的数据分析能力，以便从海量数据中挖掘出有价值的信息。这包括学习如何使用数据分析工具（如 Excel、Python 等）以及掌握基本的统计学知识。档案工作者要与其他部门密切合作，共同完成数据管理和分析任务。因此，他们需要具备良好的沟通和协作能力，以便更好地与团队成员协同工作。档案工作者要不断学习和更新知识，人工智能的发展日新月异，档案工作者需要不断学习和更新知识，以便跟上技术发展的步伐。这包括参加培训课程、阅读专业书籍和论文等。

在人工智能时代，档案工作者需要不断调整自己的角色定位，提高自身的技能和素质，才能更好地适应人工智能时代的发展需求，为我国档案事业的繁荣和发展作出更大的贡献。

6.4　人工智能冲击下档案行业的应对措施

6.4.1　宏观层面：政府部门的应对措施

随着人工智能的不断发展，档案行业面临着巨大变革。国家及政府部门需要从宏观层面出发，作出相应的改变，对档案行业进行改革和调整，以适应新的发展趋势。

6.4.1.1　加强顶层设计和政策引导

面对人工智能对档案行业的冲击，国家及政府部门需要加强顶层设计和政策引导，制定相应的发展规划和政策措施。首先，要明确人工智能在档案行业的应用目标和发展方向，将人工智能与档案工作的深度融合作为未来发展的重要方向。其次，要加强政策支持，为档案行业人工智能的发展提供有力的政策保障；包括加大财政投入，支持档案行业人工智能研发和应用；优化税收政策，鼓励企业投资人工智能在档案行业的应用；加强人才培养，培养一批具有创新精神和实践能力的档案行业的人工智能人才。

6.4.1.2　推动技术创新和成果转化

国家及政府部门要积极推动档案行业人工智能创新和成果转化。一方面，要加强基础研究，加大对档案行业人工智能关键技术的研发投入，提高我国在档案行业人工智能领域的自主创新能力。另一方面，要加强产学研用结合，推动档案行业人工智能成果的转化应用：建立档案行业人工智能创新联盟，整合各类创新资源，形成合力；加强与企业的合作，推动档案行业人工智能在实际应用中的落地；加强知识产权保护，为档案行业人工智能的成果转化提供法律保障。

6.4.1.3 完善法律法规和标准体系

面对人工智能对档案行业的冲击，国家及政府部门需要完善相关法律法规和标准体系，为档案行业人工智能的发展提供法治保障。首先，要加强立法工作，制定和完善与档案行业人工智能相关的法律法规，明确人工智能在档案行业的应用范围、权利义务和法律责任。其次，要加强标准制定，建立完善的档案行业人工智能标准体系，为档案行业人工智能的发展提供统一的技术规范。此外，还要加强对档案行业人工智能的监管，确保其健康有序发展。

6.4.1.4 推进数据共享和开放合作

数据是人工智能发展的基础，国家及政府部门要推进档案行业数据的共享和开放合作，为档案行业人工智能的发展提供数据支持。首先，要加强数据资源的整合和共享，打破部门间、地区间的信息壁垒，实现档案行业数据的互联互通。其次，要推动数据开放，鼓励企业和社会力量参与档案行业数据的开放利用，提高数据资源的利用效率。此外，还要加强国际合作，积极参与国际档案行业人工智能的交流与合作，引进国外先进的技术和经验，提升我国档案行业人工智能的国际竞争力。

6.4.1.5 加强人才培养和队伍建设

人才是档案行业人工智能发展的关键，国家及政府部门要加强人才培养和队伍建设，为档案行业人工智能的发展提供人才保障。首先，要加强教育培训，提高档案从业人员的人工智能素养，培养一批具有创新精神和实践能力的档案行业人工智能人才。其次，要加强人才引进和培养机制建设，通过各种途径吸引和培养档案行业人工智能人才。此外，还要加强人才激励和保障机制建设，为档案行业人工智能人才提供良好的发展环境和待遇。

6.4.1.6 加强宣传推广和舆论引导

国家及政府部门要加强对档案行业人工智能的宣传推广和舆论引导，营造良好的社会氛围。首先，要加强对档案行业人工智能的宣传普及，提高社会各界对档案行业人工智能的认识和理解。其次，要加强舆论引导，正确引导社会舆论对档案行业人工智能的关注和支持。此外，还要加强与媒体的合作，充分利用各种媒体平台，展示档案行业人工智能的发展前景和应用成果，提升档案行业人工智能的社会影响力。

面对人工智能对档案行业的冲击，国家及政府部门需要从宏观层面进行改革和调整，以适应新的发展趋势，推动档案行业人工智能的健康发展。在这个过程中，政府、企业、高校、科研机构等各方都要发挥自身优势，形成合力，共同推动档案行业人工智能的发展，只有这样，我国档案行业才能在人工智能的浪潮中立于不败之地，为我国经济社会发展持续提供高效、智能的档案信息服务。

6.4.2 中观层面：档案管理部门的应对措施

档案管理部门为档案管理工作的现代化和智能化提供了有力支持，在档案管理中起着至关重要的作用。为了应对人工智能的冲击，档案管理部门需要积极拥抱人工智能，并做出相应的改变。

6.4.2.1 加强档案数字化建设

人工智能背景下，加强档案数字化建设具有重要的意义，它能够保护档案资源、提高档案管理效率、促进信息共享、提升档案服务水平，为社会发展和人类文明的进步作出贡献。为了实现这一目标，需要从多方面采取措施，包括制定数字化档案建设规划、加强数字化档案管理技术的研发和创新、建立数字化档案管理平台等。

第一，制定数字化档案建设规划。各级政府和档案管理部门应根据国家和地方的实际情况，制定详细的数字化档案建设规划。首先，明确档案数字化建设的总体目标和具体任务，包括数字化档案的数量、质量、覆盖范围等，目标应具有可量化性和可操作性，任务应具有针对性和可行性。其次，对现有的档案资源进行调查和分析，了解档案的类型、数量、分布等情况，以及用户的需求和期望，分析数字化档案建设的现有条件和存在的问题，为制定规划提供依据。最后，根据目标和任务，制定详细的时间表，明确各项任务的开始和完成时间，明确责任分工，确保各项任务的顺利推进。

第二，加强数字化档案管理技术的研发和创新。档案管理部门应通过各种方式加强数字化档案管理技术的研发和创新，以提高档案管理的效率和质量。首先，档案管理部门可以组建专门的研发团队，负责数字化档案管理技术的研发和创新。团队成员应具备相关的专业知识和技能，能够跟踪最新的技术发展动态，为档案管理提供技术支持。其次，加强与高校和科研机构的合作，档案管理部门可以与高校和科研机构建立合作关系，共同开展数字化档案管理技术的研究。通过合作，可以充分利用高校和科研机构的科研资源和人才优势，提高研发效率和成果质量。并且在研发和创新过程中，档案管理部门应关注用户的需求，了解用户对数字化档案管理的期望和要求。通过用户反馈和需求调研，可以及时调整研发方向，确保研发的技术和产品能够满足用户的实际需求。最后，档案管理部门应积极推动技术创新，鼓励员工提出新的技术方案和创新思路。同时，应加强对新技术的引进和应用，不断更新和完善数字化档案管理的技术体系。同时，在研发和创新过程中，档案管理部门应加强对知识产权的保护，确保自主研发的技术和产品的合法权益。可以通过申请专利、注册商标等方式，加强对技术和品牌的保护。

第三，建立数字化档案管理平台。档案管理部门要立足档案管理要求，建立数字化档案管理平台，为档案信息一体化管理提供便利。首先，在实际工作中与第三方建立合作关系，由第三方负责数字化档案管理平台的研发，为提高档案管理工作质量奠定基础。此外，档案管理部门可以成立研发小组，结合自身的需求开展数字化档案管理系统的研发，为档案管理转型发展提供专业人员保障。其次，保证数字化档案管理平台与其他信息系统的资源共享。在数字化档案系统建设前，应明确其他系统的建设标准与数据处理标准，将此作为数字化档案系统建设的依据，保证各个系统的一致性，为信息资源共享提供便利。最后，加强对数据系统的维护与升级管理。日常工作中，档案管理人员应主动维护与升级数字化档案管理系统，优化档案管理系统的功能，提高各个环节工作质量与效果，保证数字化档案管理系统的稳定。

6.4.2.2 加强档案管理队伍建设

人工智能背景下，档案管理人员应掌握人工智能、大数据等新一代信息技术的知识，通过信息技术的指导提高档案管理的质量和效率，推动档案管理的现代化、智能化。

第一，开展专题讲座。档案管理部门需要就"人工智能在档案管理中的应用"的主题，邀请专家开展专题讲座，探讨如何利用人工智能提升档案管理的效率和质量。档案管理专家具有丰富的知识和经验，结合人工智能，能够为参与者提供最新的行业动态、最佳实践和解决问题的方法，还能够通过讲解新的档案管理理念、技术和方法，激发参与者的创新思维，推动档案管理的发展和进步。通过专题讲座，参与者可以深入了解档案管理的重要性、挑战和机遇，增强对档案管理工作的认同感和责任感。同时，专题讲座为不同档案管理机构和个人提供了一个交流和合作的平台，通过经验分享和互相学习，促进档案行业间的合作与发展。

第二，组织内部培训。档案管理部门需要加强对员工的培训和教育，提高员工的技术水平和专业素养，以便更好地适应和应用人工智能，提高工作效率。首先，档案管理部门可以组织定期的培训课程，包括人工智能基础知识、数据分析与挖掘、机器学习算法等内容。通过这些培训，员工可以了解人工智能的基本原理和应用方法，掌握相关工具和技术的使用技巧。其次，档案管理部门可以鼓励员工参加相关的学术会议、研讨会和培训班等活动，拓宽视野，了解最新的研究成果和技术进展。此外，档案管理部门还可以建立内部的知识共享平台或社区，让员工可以相互学习和交流经验。最后，档案管理部门还可以制定相应的激励机制，鼓励员工积极参与培训和学习活动。

第三，加大人才培养。为了提升档案管理水平，促使人工智能更好地应用于档案管理，档案管理部门应做好人才引进工作，优化档案管理队伍。通过与高校、科研机构等合作，利用社会招聘等渠道，选择具备人工智能与档案理论知识的综合性人才，解决档案管理人员业务能力参差不齐、职业素养不高的问题。在人才引进中，根据档案管理对从业人员的要求，制定招聘标准，确定招聘程序，以此提升档案人才队伍建设效果。同时，为应对新技术带来的挑战，积极培养跨学科人才，推动人工智能更好地应用于档案管理。

6.4.3　微观层面：档案从业者的应对措施

6.4.3.1　提高综合素质

随着人工智能的飞速发展，我们正逐渐步入一个充满无限可能的新时代。在这个变革的时代，档案从业者需要不断提高自身的综合素质，以适应不断变化的社会环境，抓住人工智能时代的机遇，迎接挑战。

档案从业者需要不断学习新的技术和工具，如人工智能、大数据、云计算等，以便更好地管理和利用档案资源。档案从业者要提升专业技能，除了基本的档案管理技能，还要提升数据分析、信息检索、项目管理等专业技能。此外要加强跨学科学习，档案工作涉及历史、法律、计算机等多个学科，需要档案工作者具备跨学科的知识和能力。档案从业者要培养终身学习的习惯，人工智能的发展非常快，档案工作者需要有终身学习的习惯，以便随时掌握新的知识和技能。

人工智能时代是一个充满挑战和机遇的时代，档案从业者需要不断提高自身的综合素质，以适应这个时代的发展。在这个时代，档案从业者要树立终身学习的观念，不断提升自己的知识水平和技能储备；要学会与人工智能和谐共生，充分利用人工智能为人类社会的发展作出贡献。只有不断提高自身的综合素质，档案从业者才能在人工智能时代中立于不败之地。

6.4.3.2　转变从业观念

在人工智能时代，档案从业者需要转变从业理念以适应新技术的应用和发展。一是提高沟通能力，在人工智能时代，档案从业者需要与各种人员进行沟通，包括技术人员、用户等，因此需要提高沟通能力。二是注重数据管理和保护，在人工智能时代，数据资源的价值越来越凸显。档案从业者需要关注数据的管理和保护，确保数据的安全、完整和可用。这包括建立完善的数据管理制度、加强数据备份和恢复能力、提高数据安全性等。三是拓展工作领域，随着人工智能的发展，档案工作的领域将不断拓展。档案从业者需要关注新的应用领域，如数字档案馆建设、电子文档管理、知识图谱构建等，为社会发展提供更多支持。四是注重伦理道德，在人工智能时代，档案从业者需要注重伦理道德，尊重用户的隐私，保护档案的安全。五是注重用户体验，在人工智能时代，用户体验至关重要。档案从业者需要关注用户需求，提供更加人性化、便捷的服务。这包括优化网站设计、提高检索速度、完善用户指南等方面。六是加强跨界合作，档案从业者需要加强与其他领域的合作，共同推动人工智能在档案工作中的应用。例如，可以与计算机科学、信息管理、数据分析等领域的专家进行交流和合作，共同研究和解决档案工作中的问题。因此，档案从业者在人工智能时代需要不断转变从业理念，提高自身素质和技能以适应新时代的发展需求。

6.4.3.3 培养创新能力

在人工智能时代，档案工作不再仅仅是传统的文件管理，而是需要创新思维，学会用新技术来提高档案工作的效率和质量。档案从业者可以通过以下途径培养创新能力以适应人工智能时代的发展：一是积极参加各类培训和学术交流活动，了解国内外档案工作的最新动态和发展趋势，与同行进行经验分享和探讨，提高自身创新能力。二是将所学知识应用于实际工作中，不断尝试新的工作方法和技巧，总结经验教训，逐步形成自己的创新体系。三是创新服务模式，档案从业者需要根据人工智能的发展，创新服务模式，提供更加便捷、高效的服务。例如，可以通过智能搜索、语音识别等技术，帮助用户快速找到所需信息；利用大数据分析，为用户提供个性化的信息服务等。四是培养创新思维，档案从业者需要培养创新思维，勇于尝试新技术、新方法，不断优化工作流程，提高工作效率。同时，要敢于挑战传统观念，积极探索新的工作方式和方法。

培养创新能力不仅可以提高档案从业者的职业素养和实践能力，还能帮助他们更好地适应信息时代的发展趋势，为档案事业的发展做出更大的贡献。档案从业者要积极培养自身的创新能力，才能拥抱这个快速发展的新时代。

术 语 表

	术语①	定 义
1	AIGC	中文可以表述为人工智能自动生成内容,一种利用人工智能技术来生成内容的新兴方式
2	AI 虚拟人	是指通过计算机技术和人工智能技术,模拟人类的思维和行为,实现与人类进行自然语言交流、情感互动等功能的一种技术
3	AlexNet	一个深度卷积神经网络模型
4	AlphaGo	是 GoogleDeepMind 公司开发的一个围棋 AI 程序,它采用了深度学习和强化学习的方法进行训练
5	ELIZA 程序	第一个能够模仿人类对话的程序
6	F 分数	是综合考虑 Precision 和 Recall 的调和值,用于评估分类模型的精确率和召回率
7	GPT-3	是由 OpenAI 发布的一个大规模预训练模型,拥有 1750 亿参数。它能够实现自然语言理解和生成
8	Grad-CAM	Gradient-weighted ClassActivation Mapping 是一种用于深度神经网络的可解释性技术。它的目的是生成"视觉解释",以便更透明地理解模型的决策过程
9	ImageNet	是一个按照 WordNet 层次结构组织的图像数据库,其中层次结构的每个节点都由成百上千幅图像来描述,用于视觉目标识别软件研究
10	Konstanz 信息矿工(KNIME)	KNIME(Konstanz Information Miner)[数据挖掘工具基于 Eclipse 开发环境精心开发,可以扩展使用 Weka 中的挖掘算法。它采用类似数据流(Data Flow)的方式来建立分析挖掘流程]

① 本术语库是 InterPARES Trust AI 的成果,InterPARES Trust AI 是一项由加拿大不列颠哥伦比亚大学的 Luciana Duranti 与 Muhammad Abdul-Mageed 联合主持的国际合作研究项目,该项目由加拿大社会科学和人文研究委员会(SSHRC)资助。

	术语	定　义
11	K 近邻算法	K 近邻算法(KNN)是基于统计的分类方法，是数据挖掘分类算法中比较常用的一种方法。该算法具有直观、无须先验统计知识、无师学习等特点，目前已经成为数据挖掘技术的理论和应用研究方法之一
12	N-gram 模型	N-gram 是大词汇连续语音识别中常用的一种语言模型
13	OCR	全称光学字符识别(Optical Character Recognition)，是一种将图像文件中的文字转换为可编辑文本的技术
14	P2PaLA	是一种布局分析工具，可根据预先训练的模型识别区域级别的结构类型和页面的基线
15	ReLu	全称是 Rectified Linear Unit，中文名称是线性整流函数，是在神经网络中常用的激活函数。通常意义下，其指代数学中的斜坡函数，即 $f(X) = \max(0, X)$
16	RESNET	残差神经网络 (Residual Neural Network)是一种深度学习模型，其中权重层参考层输入来学习残差函数
17	SHRDLU 系统	第一个能够理解和生成自然语言的计算机程序
18	Softmax	Softmax 是一种激活函数，用于将一个数值向量归一化为一个概率分布向量，且各个概率之和为 1
19	Transformer	是一种采用自注意力机制的深度学习模型，这一机制可以按输入数据各部分重要性的不同而分配不同的权重。该模型主要用于自然语言处理(NLP)与计算机视觉(CV)领域
20	VGG-16	是深度为 16 层的卷积神经网络
21	ViT	(Vision Transformer)是 2020 年 Google 团队提出的将 Transformer 应用在图像分类的模型
22	安全性	安全性指对系统或部件进行的保护，以防止其收到意外的或蓄意的存取、使用、修改、毁坏或泄密
23	半监督学习	仅用无标注数据实施训练的机器学习
24	半结构化数据	数据元素之间的关系介于结构化数据和非结构化数据之间的数据
25	贝叶斯方法	贝叶斯方法提供了一种计算假设概率的方法，这种方法是基于假设的先验概率、给定假设下观察到不同数据的概率以及观察到的数据本身而得出的。其方法为，将关于未知参数的先验信息与样本信息综合，再根据贝叶斯公式，得出后验信息，然后根据后验信息去推断未知参数的方法

续表

	术语	定　义
26	背景中的文件——本体	背景中的文件——本体是一种用于描述档案文件资源的 OWL 本体
27	背景中的文件——概念模型	背景中的文件——概念模型主要分为实体、实体的属性和关系三大部分
28	本质	指事物本身所固有的、决定事物性质、面貌和发展的根本属性
29	表格文字识别	这种技术能够自动识别和解析表格中的文字内容
30	残差网络	残差网络的特点是容易优化，并且能够通过增加相当的深度来提高准确率。其内部的残差块使用了跳跃连接，缓解了在深度神经网络中增加深度带来的梯度消失问题
31	测验数据	测验数据亦称测验资料。指被试在测验中的各项目上得到的分数
32	查全率	信息检索领域中衡量检索结果的指标，反映真实的数据在多大程度上包含在检索结果中
33	串行推理	是对每一个答案字词的预测都需要运行整个大模型
34	词嵌入	词嵌入(Word Embeddings)可以将自然语言中的每个词表示为稠密、低维的连续实数向量，在基于深度神经网络的自然语言处理方法中，词嵌入往往作为预处理步骤，起到基础性作用
35	词性标注	根据单词的语法属性为其指定类别(如动词、名词、形容词)的任务
36	大模型	具有大量参数和复杂结构的模型
37	档案划控	是一个档案管理领域的术语，它指的是对不同门类档案的开放权限和范围进行界定
38	档案理论	一是对档案与档案管理活动的基本理论性认识，二是关于档案活动的总体性、宏观性理论问题和档案管理基本方法、原则的理论探讨
39	档案职能	档案所具有的独特的、重要的、广泛的社会作用，集中在行政、业务、文化、法律、教育等几个方面
40	地面实况调查	ground truthing 这一术语可以被视为相关特定问题的事实，即理想的预期结果，在统计模型中使用它来证明或反对研究假设。术语 Ground Truthing 是指为此测试收集适当的客观(可证明)数据的过程
41	电子邮件档案管理系统	斯坦福大学档案部门开发了包含档案处理（Process）、鉴定（Appraise）、发现（Discover）、传递（Deliver）4 大模块的开源软件 ePADD，以实现邮件文档的自由浏览，并在保护隐私和版权的前提下，最大限度地挖掘电子邮件的文化历史价值

	术语	定 义
42	对抗性机器学习	对机器学习算法的攻击以及针对此类攻击的防御的研究，其中最常见的攻击包括规避攻击、数据中毒攻击、拜占庭攻击和模型提取
43	多模态视频摘要	多模态视频摘要是指输入视频，输出一段综合考虑多种模态信息后的核心概括
44	多任务学习	如果有 n 个任务(传统的深度学习方法旨在使用一种特定模型仅解决一项任务)，而这 n 个任务或它们的一个子集彼此相关但不完全相同，则称为多任务学习(MTL)通过使用所有 n 个任务中包含的知识，将有助于改善特定模型的学习
45	法人机构识别编码	全球法人机构识别编码是按照国际标准化组织的《金融服务法人机构识别编码》(ISO：17442：2012)标准为法人机构分配的由 20 位数字和字母组成的唯一编码，可以用于标识与国际金融交易相关联的法人机构，英文全称是 Legal Entity Identifier，简称全球 LEI 编码
46	非结构化数据	数据元素之间没有统一和确定关系的数据
47	分词	将汉字序列切分成词序列，是信息检索、文本分类、情感分析等任务的基础
48	分类	分类是根据事物的本质特征和内在联系，分门别类的方法。这种方法的基本要求是，必须按照一定的标准，根据对象的共同点和差异点，将对象区分为不同的类别。档案管理中的分类，是指按照档案的来源、时间、内容和形式特征的异同点，对档案进行有层次的区分，并形成相应的体系
49	分类器	数据挖掘中对样本进行分类的方法的统称，利用给定的类别和已知的训练数据来学习分类规则，然后对未知数据进行分类
50	概率关系	概率关系一种以基于有向图的概率统计理论(贝叶斯)为基础，并将概率理论与传统的关系数据模型结合而构成的一种数据模型
51	感知智能	指使机器具备视觉、听觉、触觉等感知能力，可以将非结构化的数据结构化，并用人类的沟通方式与用户互动
52	个人数据	个人数据是指任何指向一个已识别或可识别的自然人的信息
53	个人信息	是以电子或者其他方式记录的能够单独或者与其他信息结合识别特定自然人的各种信息
54	工作负荷	一定时间内下达给设备、工作中心的计划量和实际的工作量

	术语	定　义
55	公共数据	公共数据是党政机关、企事业单位在依法履职或提供公共服务的过程中产生的数据
56	公式识别	公式识别技术是人工智能领域中的一项关键技术，其功能主要是通过识别图像中的数学公式并将其转化为计算机可处理的格式
57	公正	公正是社会的一种基本价值观念与准则。公正与一定的社会基本制度相连并以此为基准，规定着社会成员具体的基本权利和义务，规定着资源与利益在社会群体之间、在社会成员之间的适当安排和合理分配。换句话来说：公正表现为"给每一个人他所应得的"这种基本的形式
58	关键词提取	关键词提取是信息处理领域的基础与核心技术，它在信息检索、话题跟踪、自动摘要、文本聚类、文本分类等领域都有着广泛的应用
59	规范性分析	用于探索过去事件和未来结果之间的关系，帮助确定应该采取什么行动
60	过拟合	其功能过于贴近训练数据，可能只能识别所述数据中的特定示例，而无法识别新数据
61	机器翻译	是人工智能自然语言处理技术的一个重要应用领域，其目标是利用计算机将一种自然语言翻译成另一种自然语言
62	机器人	机器人是一种能够半自主或全自主工作的智能机器
63	机器人流程自动化	机器人流程自动化是以软件机器人及人工智能为基础的业务过程自动化科技
64	机器人学	机器人学是与机器人设计、制造和应用相关的科学。又称为机器人技术或机器人工程学，主要研究机器人的控制与被处理物体之间的相互关系
65	机器视觉	是人工智能技术中的一个重要分支，它通过计算机程序和算法来模拟人类视觉系统，实现对图像或视频的自动分析和处理
66	机器学习	通过计算技术优化模型参数的过程，使模型的行为反映数据或经验
67	机器学习即服务	是一种新型的基于云平台的机器学习框架，其核心特点是通过云服务的方式为企业提供端到端的机器学习平台服务
68	基于区域卷积神经网络	卷积神经网络是一种为了处理二维输入数据而特殊设计的多层人工神经网络，网络中的每层都由多个二维平面组成，而每个平面由多个独立的神经元组成，相邻两层的神经元之间互相连接，而处于同一层的神经元之间没有连接
69	基于人工智能的驾驶员监控技术	通过对驾驶员驾驶行为和生理信号的实时监测分析，在发现异常时及时通过灯光、振动等对驾驶员进行提醒

	术语	定　义
70	基于人工智能的汽车保险	是指通过对车辆行驶数据的分析，利用人工智能技术对车辆进行风险评估和定价，从而实现更加精准、高效的保险服务
71	基于转换器的双向编码表征	是2018年10月由Google AI研究院提出的一种预训练模型，用于词源语意预训练，是迁移学习思想在自然语言领域的应用
72	计算机视觉	是人工智能的一个重要领域，它的目标是让计算机和系统能够从图像、视频和其他视觉输入中获取有意义的信息，并根据该信息采取行动或提供建议
73	计算生物学	计算生物学是指开发和应用数据分析、数据理论的方法、数学建模和计算机仿真技术，用于生物学、行为学和社会群体系统研究的一门学科
74	监督学习	仅用标注数据进行训练的机器学习
75	鉴定	判断真伪和价值的过程
76	鉴定工具	用以判断真伪和价值的工具和方法
77	结构化数据	数据元素之间具有统一而且确定关系的数据
78	精确率	精确率指模型预测为正的样本中实际也为正的样本占被预测为正的样本的比例
79	局部可解释模型无关的解释	局部可解释模型无关的解释（Local Interpretable Model-agnostic Explanations，LIME）是一种著名的模型无关算法，它首先通过随机扰动在实例周围生成模拟数据点，然后用模拟数据拟合一个加权稀疏线性模型来为单个预测提供解释。无论是何种分类器，LIME的解释总是在局部忠实于待解释实例
80	卷积神经网络（CNN）	（Convolutional Neural Networks，简称CNN）是一种具有局部连接、权值共享等特点的深层前馈神经网络，擅长处理图像识别等相关机器学习问题，如图像分类、目标检测、图像分割等
81	决策树	决策树的结构，顾名思义，就像一棵树。它利用树的结构将数据记录进行分类树的一个叶结点就代表某个条件下的一个记录集根据记录字段的不同取值建立树的分支；在每个分支子集中重复建立下层结点和分支便可生成一棵决策树
82	可解释的人工智能（XAI）	从面向受众的解释目的出发，可将XAI定义为："人类可以从AI系统获得有关其预测的决策依据和推断，从而打破人工智能的黑盒子，进而建立用户与AI系统之间的信任"

	术语	定　义
83	可靠性	可靠度也叫可靠性，指的是产品在规定的时间内，在规定的条件下，完成预定功能的能力，它包括结构的安全性，适用性和耐久性，当以概率来度量时，称可靠度
84	可信边缘计算技术	指通过边缘计算技术，实现数据在边缘节点上的加密、签名、认证等操作，保证数据的安全性和可信度
85	雷分配	LDA(Latent Dirichlet Allocation)模型是近年来提出的一种具有文本表示能力的非监督学习模型
86	类型学	类型学可被简单地定义为按相同的形式结构对具有特性化的一组对象所进行描述的理论
87	累积推理	通过使用三个大语言模型：提议者(Proposer)、验证者(Verifier)和报告者(Reporter)来模拟人类的思维过程
88	连接时序分类	连接时序分类是一种用于序列建模的工具，用于对网络输入输出序列之间的映射关系进行建模，以优化最大化整句标注序列在网络中的输出概率
89	联邦学习	联邦学习(Federated Learning)指的是在满足隐私保护和数据安全的前提下，设计一个机器学习框架，使各个机构在不交换数据的情况下进行协作，提升机器学习的效果，其核心就是解决数据孤岛和数据隐私保护的问题，通过建立一个数据"联邦"，让参与各方都获益，推动技术整体持续进步
90	美国图像生成系统	一个可以根据书面文字生成图像的人工智能系统
91	敏感个人数据	涉及数据主体隐私，一旦泄露、非法提供或滥用极易或一定危害人身财产安全，导致个人名誉、身心健康受到损害或歧视性待遇后果的具有直接识别特性或唯一识别特性的个人数据
92	敏感数据	敏感数据是指泄露后可能会给社会或个人带来严重危害的数据
93	敏感性	敏感性是指在存在电磁骚扰的情况下，装置、设备或系统不能避免性能降低的能力
94	命名实体识别	(Named Entity Recognition，简称 NER)，又称作专名识别、命名实体，是指识别文本中具有特定意义的实体
95	模糊匹配	模糊匹配目标是在 str 中查找与 pat 相似的字串位置。普遍采用 Edit Distance(ED)来刻画两个字符串的距离
96	模式识别	模式识别就是研究通过计算机自动化(或者人为进行少量干预)将待识别的模式分配到各个模式类中的技术

	术语	定 义
97	模型固化	是指训练好的机器学习或深度学习模型在特定环境、数据分布或时间段内，由于长期不进行更新或调整而导致性能下降的情况，可能会导致应用精度和效度的缺失
98	目标检测	目标检测是找出图像中所有感兴趣的目标(物体)，确定它们的类别和位置，是计算机视觉领域的核心问题之一
99	内存访问	它是一个基于 web 的开源应用程序，用于在多语言、多存储库环境中进行基于标准的档案著录和检索
100	内涵逻辑	内涵逻辑的特点在于它是包含着概念内涵或概念所表达的知识内容的推理运动
101	朴素贝叶斯	朴素贝叶斯是基于贝叶斯定理与特征条件独立假设的分类方法
102	汽车云服务	是指将人工智能技术与云计算技术相结合，为汽车行业提供的一种创新服务模式，这种服务模式通过强大的数据存储、交互和处理能力，结合汽车行业的专业积累，构建高效的数据闭环，为产业各方创造更多智能化应用场景，推动汽车行业的蓬勃发展
103	迁移学习	迁移学习是运用已存有的知识对不同但相关领域问题进行求解的一种新的机器学习方法
104	强化学习	强化学习是指从环境状态到动作映射的学习，以使动作从环境中获得的累积奖赏值最大
105	强人工智能	强人工智能(AGI)，是指拥有自我思维和自我意识的智能机器，能够独立解决一些之前没有遇到过的问题
106	穷举搜索	对各种可能的情况都搜索到，而不进行取舍的搜索方法
107	区域卷积神经网络	是第一个成功将深度学习应用到目标检测上的算法。R-CNN 基于卷积神经网络，线性回归，和支持向量机(SVM)等算法，实现目标检测技术
108	去殖民化	"去殖民化"(Decolonization/Decolonisation)，又称非殖民化、解除殖民，狭义上讲，是指"殖民统治终结、殖民机构解散"的过程；广义上讲，"去殖民化"不仅指殖民地国家(或地区)在主权上摆脱殖民统治，还包括在后殖民时代，新国家(或地区)在政治、经济、文化、意识形态上为维护国家主权和领土安全所推行的政策活动。有鉴于此，"去殖民化"不仅具有理论阐释意义，同时具有深刻现实意义
109	人工合成数据	人工合成数据是开放数据使用，同时保护数据隐私的重要方法

续表

	术语	定 义
110	人工智能	研究、开发用于模拟、延伸和扩展人的智能的理论、方法、技术及应用系统的一门新的技术科学
111	人工智能系统	针对人类定义的给定目标，产生诸如内容、预测、推荐或决策等输出的一类工程系统
112	人脸识别技术	人脸识别技术是通过计算机对人脸图像进行分析和处理，从而实现对人脸的自动识别和验证的技术
113	人体识别技术	人体识别技术主要通过对图像或视频中的人进行检测、跟踪和识别，从而实现对人的行为分析、身份识别等功能
114	认知智能	是从人类大脑的研究和认知科学中汲取灵感，结合跨领域的知识图谱、因果推理、持续学习等，赋予机器类似人类的思维逻辑和认识能力，特别是理解、归纳和应用知识的能力
115	软系统思维方法论	软系统思维方法论是一项运用系统思考解决非系统问题的定性研究技术
116	弱人工智能	又称窄人工智能（ANI），是指不能真正实现推理和解决问题，针对特定任务而设计和训练的智能机器
117	深度全序列卷积神经网络语音识别框架	（Deep Fully Convolutional Neural Network，简称 DFCNN）是一种新型的语音识别框架。这种框架是科大讯飞提出的，主要用于解决双向长短时记忆网络（LSTM，Long Short Term Memory）在实时识别系统中存在的训练复杂度高、解码时延高的问题
118	深度神经网络	（Deep Neural Networks）是一种模仿人脑结构和功能的多层人工神经网络
119	深度学习	一种基于神经网络的机器学习方法，通过多层神经网络的堆叠和训练，可以自动提取数据中的特征并进行分类、识别等任务
120	深度置信网络	深度置信网络（DBN）是根据生物神经网络的研究及浅层神经网络发展而来的，为概率生成模型，通过联合概率分布推断出数据样本分布
121	神经网络（Neural Network，NNs）	是人工神经网络（Artificial Neural Network，ANNs）的简称在机器学习和认知科学领域，是一种模仿生物神经网络（动物的中枢神经系统，特别是大脑）的结构和功能的数学模型或计算模型，用于对函数进行估计或近似
122	生成对抗网络（GANs）	生成对抗网络（GANs）是 2014 年推出的一类强大的生成模型，由一个生成器和一个鉴别器组成，两者都是在对抗学习思想下训练的。GANs 的目标是估计真实数据样本的潜在分布，并根据该分布生成新样本

	术语	定　义
123	生成式深度学习	是指使用深度学习算法来生成新的数据，类似于人类制造新作品的能力。它可以用于诸如图像、音频、文本等数据类型的生成
124	声纹识别	也被称为说话人识别，是一种生物识别技术
125	视觉词袋模型	（Bag of Visual Words，BoVW）是一种在计算机视觉和图像处理中广泛使用的特征描述方法
126	视觉发现能力	是指人类或机器视觉系统从视觉输入（如图像和视频）中获取并理解信息的能力
127	视觉分析	一种通过计算机视觉和图像处理技术对图像或视频进行分析的方法
128	视觉码本	（Visual Codebook）是一个传统计算机视觉概念，用于查找图像的视觉特征
129	手写文本识别	（Handwritten Text Recognition）是一种将手写文字转换为计算机可读文本的技术
130	输入数据	输入数据是测试用例的核心，对输入数据的定义是：被测试函数所读取的外部数据及这些数据的初始值
131	数据	是载荷或记录信息的按照一定规则排列组合的物理符号。它可以是数字、文字、图像，也可以是声音或计算机代码
132	数据标签	数据标签是一种提高增量数据聚类效率的简单而有效的方法，其分配每个新增数据点到与之最相似的簇的过程
133	数据磁带	不能重复写入且不允许修改
134	数据湖	数据湖是一个集中式存储库，允许您以任意规模存储所有结构化和非结构化数据
135	数据集成	数据集成是把不同来源、格式、特点性质的数据在逻辑上或物理上有机地集中，从而提供全面的数据共享
136	数据聚合	合并来自不同数据源的数据，强调把分散在不同地方关于同一对象的不同说法合并起来，得到此对象的更为完整的信息
137	数据清洗	在集成多个数据源时消解模式冲突，解决来自不同数据源的数据重复记录和表述方式不一等问题，检测并且合并这些记录的过程称为数据清洗
138	数字化	随着人工智能（Artificial Intelligence）、区块链（Blockchain）、云计算（Cloud Computing）、大数据（Big Data）等"ABCD"技术的不断涌现，数字化（数字科技）正逐步成为全球企业创新变革的重要突破点。当前，企业发展环境发生巨大变化，数据处理能力从 KB 级跨越至 PB 级，人类经济社会正在迈入一个以"数字（数据）"为核心特征的全新时代

	术语	定 义
139	数字孪生	数字孪生是一种集成多物理、多尺度、多学科属性，具有实时同步、忠实映射、高保真度等特性，能够实现物理世界与信息世界交互与融合的技术手段
140	数字人文	数字人文（Digital Humanities，DH），源于人文计算（Humanities Computing），是在计算机技术、网络技术、多媒体技术等新兴技术支撑下开展人文研究而形成的新型跨学科研究领域
141	算法	算法（Algorithm）是指解题方案的准确而完整的描述，是一系列解决问题的清晰指令，算法代表着用系统的方法描述解决问题的策略机制
142	算法黑箱	模型从头到尾被指示执行一项任务，一次性解决所有问题
143	算法偏见	是指人工智能模型在数据训练中受到带有主观性的操纵算法、不平衡或有偏见数据的影响，导致模型在某些特定群体或情境下表现不佳
144	体态识别	是一种基于人体姿态和动作的生物特征识别技术，它可以通过对人的姿态和动作进行分析，实现对人体身份的识别
145	图灵测试	一种测试人工智能是否能够模仿人类智能的标准，旨在判断一台机器是否能表现出与人类相似的思维和行为
146	图像分类	图像分类是通过对图像整体的分析，预测图像的类别。图像分类是计算机视觉的挑战领域之一，每年有赛事 Imagenet Large Scale Visual Recognition Challenge（ILSVRC），来供各种算法挑战分类极限
147	图像描述	图像描述是一项视觉理解任务，其中使用视觉语言模型自动生成图像的自然语言描述
148	图像识别技术	图像识别技术的基本原理是通过计算机对图像进行处理、分析和理解，从而实现对图像内容的自动识别和分类
149	推荐引擎	推荐引擎，是主动发现用户当前或潜在需求，并主动推送信息给用户的信息网络
150	外延逻辑	外延逻辑的特点在于它舍弃概念内涵而只是把概念的外延作为对象进行形式推理
151	完整性（四性）	完整性即未篡改
152	文本分类	文本分类是一种机器学习技术，用于将文本文档或句子分类为预定义的类别。它分析文本的内容和含义，然后使用文本标注为文本分配最合适的标签

	术语	定　义
153	文本改写	是一种利用人工智能生成内容(AIGC)的方法,通过对原始文本进行分析和理解,生成与原文意思相近但表达方式不同的新文本
154	文本生成	文本生成问题是以文本、图像、数据等作为输入,通过计算机处理输出文本的过程
155	文本提取	从文档文件中提取文本、表格和其他关键数据的 AI 服务
156	文生图	是一种将文本信息转化为图形表示的技术,它可以帮助我们更好地理解和分析大量的文本数据
157	文语转换	把文本文件或文字串通过计算机硬件转换后,由计算机或电话语音系统等输出语音的过程
158	沃森	一个基于自然语言处理和知识表示的知识问答系统,它能够理解人类的语言并给出准确的答案
159	无监督学习	仅用无标注数据实施训练的机器学习
160	物联网	狭义上的物联网指连接物品到物品的网络,实现物品的智能化识别和管理;广义上的物联网则可以看作是信息空间与物理空间的融合,将一切事物数字化、网络化,在物品之间、物品与人之间、人与现实环境之间实现高效信息交互方式,并通过新的服务模式使各种信息技术融入社会行为,是信息化在人类社会综合应用达到的更高境界
161	现场实验	现场实验是以确定某一事件在何种条件下才能发生或在给定的条件下某一事件能否发生和怎样发生为目的,在作案现场进行的模拟实验
162	信任	对实体(如软件)行为和能力的一种意愿上的信赖。通常意味着相信实体不会产生危险或破坏
163	信息	本体论的信息:事物的存在方式和运动状态的表现形式。认识论的信息:主体所感知或表述的事物的存在方式和运动状态
164	星火认知大模型	一款基于深度学习的自然语言处理技术,能够实现更加精准和高效的自然语言理解和生成
165	循环神经网络(RNN)	(Recurrent Neural Network, RNN)是一类具有短期记忆能力的神经网络,适合处理与时序相关的问题,如语言翻译、自然语言处理、语音识别、图像字幕等
166	训练数据	训练数据是指数据挖掘过程中用于训练数据挖掘模型的数据

	术语	定 义
167	隐私	隐私是指公民个人生活中不愿为他人(一定范围以外的人)公开或知悉的秘密,且这一秘密与其他人及社会利益无关
168	文字识别	也被称为光学字符识别(Optical Character Recognition, OCR),是计算机视觉研究领域的分支之一。这项技术的主要目标是利用光学技术和计算机技术把印在纸上的文字读取出来,并转换成一种计算机能够接受、人又可以理解的格式
169	印章识别	是一种关键的计算机视觉技术,其目标是自动检测和识别文档中的印章
170	应用模式	是在软件或系统中,用于描述特定功能或操作方式的模式,主要用于解决软件开发过程中所遇见的各种问题,具有可重用性、可扩展性
171	用户	使用相关机械装备或软件的人群
172	语言技术平台 LTP	是哈尔滨工业大学社会计算与信息检索研究中心研发的一整套开放中文自然语言处理系统。它提供了丰富、高效、精准的中文自然语言处理工具,包括:分词(Word Segmentation, WS):、词性标注(Part-of-speech Tagging, POS)、命名实体识别(Named Entity Recognition, NER)、依存句法分析(Dependency Parsing, DP)
173	语义理解	使用分词、词性标注、命名实体识别技术,分析档案全文内容,深入挖掘语义关系,全面支撑机器对档案文本的理解与分析
174	语音合成技术(TTS)	是人工智能应用最成熟的技术之一,并拥有交互的自然性,就是让智能设备听懂人类的语音。它是一门涉及数字信号处理、人工智能、语言学、数理统计学、声学、情感学及心理学等多学科交叉的科学
175	语音识别技术(ASR)	也被称为自动语音识别,是一种将人的语音转换为文本的技术
176	预测分析	通过对数据和其他信息资料的处理,运用各种定性和定量的分析理论和方法,推断客观事物未来发展趋势,并对推断结果的正确与否及可靠程度进行科学估计和判断的过程
177	元学习	元学习是一种机器学习范式,其中机器学习模型在多个学习事件中获得经验(通常涵盖相关任务的分布),并利用这种经验来提高其未来的学习性能
178	运算智能	即机器具备超强的存储能力和超快的计算能力,可以基于海量数据进行深度学习,利用历史经验指导当前环境

续表

	术语	定 义
179	扎根理论	扎根理论是一种作质的研究的方式,其主要宗旨是从经验资料的基础上建立理论(Strauss,1987:5)。研究者在研究开始之前一般没有理论假设,直接从实际观察入手,从原始资料中归纳出经验概括,然后上升到理论。这是一种从下往上建立实质理论的方法,即在系统收集资料的基础上寻找反映社会现象的核心概念,然后通过这些概念之间的联系建构相关的社会理论
180	长短期记忆	LSTM 是一种特殊的循环神经网络(recurrent neural networks,RNNs),用于解决原始 RNNs 中具有的梯度消失问题。由于其具有特殊的记忆结构和门结构,可以较好地学习时序数据中含有的相关性特征,因此被广泛用于序列模型中
181	召回率	语言信息处理系统性能评价指标之一。是机器正确发现的实体数量占标准答案中实体数量的百分比,用来衡量机器自动处理的完全性
182	支持向量机	支持向量机是一类按监督学习方式对数据进行二元分类的广义线性分类器
183	知识	知识是对信息的加工、吸收、提取和评价的结果
184	知识表示	是指把知识客体中的知识因子与知识关联起来,便于人们识别和理解知识
185	知识获取	是指机器或系统如何获取知识。知识获取可以分为狭义知识获取和广义知识获取:狭义的知识获取指机器通过系统设计、程序编制和人机交互获取知识;而广义的知识获取是指借助机器学习主动或半主动地获取知识
186	知识树	是一个层级式知识图,它表达了为实现某一组织目标的所有相关组织知识间的因果关系或从属关系
187	知识树管理	是一种知识管理方法,它的目标是构建和维护一个结构化的知识体系
188	知识图谱	作为知识表示的代表性技术,它支持将知识进行具有条理性的组织,提供方便用户使用的访问方式,其应用包括语义搜索、问答系统、大数据语义分析以及智能知识服务
189	知识应用	主要指机器获取到知识后如何将其应用到具体的实践场景中
190	智慧空间服务	指通过对空间内环境和设备的升级改造,为用户提供智能、舒适的环境
191	智能	智力和能力的总称,"智"指进行认识活动的某些心理特点,"能"则是指完成某种活动的本领。认识世界和改造世界的能力

	术语	定 义
192	智能安防	智能安防是指运用传感器、计算机视觉、生物特征识别等技术实现档案馆/室的智能化安全防护
193	智能编研	是指运用数据挖掘、文本挖掘、知识图谱、自然语言处理、人工智能生成内容(AI-Generated Content,AIGC)等技术为档案编研提供丰富、高质量的素材,提高档案编研的质量和效率,实现深层次、多维度编研
194	智能测评系统	是指利用人工智能技术对学生的学习过程、学习成果等方面进行自动化评价的系统
195	智能虫害防治技术	通过使用昆虫感应器、声音和光线等手段来驱赶和消灭害虫;通过图像识别和生物识别技术,实现对档案库房内虫害的自动检测和预警;结合大数据分析,制定针对性的虫害防治措施,提高防治效果
196	智能档案编研	通过运用包括人工智能技术的新一代信息技术,辅助档案开放审核工作人员开展档案开放审核工作,推进单位档案开放审核工作进程
197	智能档案修复	通过运用包括人工智能技术等新一代信息技术,它能够及时发现已受损档案资源,提升档案资源修复速度和效率,提高档案资源修复质量,确保档案资源的可持续性和可靠性
198	智能档案整理	智能档案整理是指按照档案管理要求,运用自然语言处理技术使智能设备具备在中文分词、词性标注、句法结构分析、语义分析等方面的能力,实现智能组件、分类、排列、编号、编目(著录)、统计等整理行为
199	智能电网	智能电网是指一个完全自动化的供电网络,其中的每一个用户和节点都得到实时监控,并保证从发电厂到用户端电器之间的每一点上的电流和信息的双向流动
200	智能防火系统	通过图像识别和烟雾探测等技术实现对火灾风险的预测和防范
201	智能广告投放	是一种利用人工智能技术,如自然语言处理、知识图谱、机器学习等,对数据处理、内容投放、效果监测等营销关键环节进行创新和赋能的方式
202	智能环境监测技术	通过传感器等设备实时监测档案保存环境中的温度、湿度、光照等环境参数,通过收集和分析这些数据,利用人工智能技术对数据进行分析,预测可能出现的环境问题,提前采取措施进行预防,确保档案的保存条件始终处于理想的状态
203	智能检索	指通过已有的档案管理数据和用户利用数据评估档案资料的重要性、借阅频次等,对检索结果进行排序,提高检索效率

	术语	定 义
204	智能鉴定	是指通过构建鉴定模型或运用机器学习、自然语言处理、文本挖掘、语义分析等技术对档案数据的收集范围和保管期限进行自动化、智能化鉴定
205	智能利用	是基于大数据分析、自然语言识别等技术，通过用户画像、历史数据分析等方式，把握用户的多样化、个性化需求，为用户推送可能需要或可能感兴趣的档案信息知识，构造智能、便捷、个性的档案利用服务
206	智能能源管理	是指将人工智能技术与能源生产、传输、储存、消费等环节紧密结合，实现能源的高效、智能化和可持续发展
207	智能消防	是借助智能监测设备实现对湿度、温度、气体、烟雾的探测，实时监测潜在的起火因素，及时发现安全隐患，启动灭火装置并自动报警，将火灾危害扼杀在"萌芽"阶段
208	智能语音技术	是人工智能应用最成熟的技术之一，并拥有交互的自然性，就是让智能设备听懂人类的语音。它是一门涉及数字信号处理、人工智能、语言学、数理统计学、声学、情感学及心理学等多学科交叉的科学
209	重复数据删除	重复数据删除是基于数据自身的冗余度来检测数据流中的相同数据对象，只传输和存储唯一的数据对象副本，并使用指向唯一数据对象副本的指针替换其他重复副本
210	主题模型	主题可以看成词项的概率分布，主题模型通过词项在文档级的共现信息抽取出语义相关的主题集合，并能够将词项空间中的文档变换到主题空间，得到文档在低维空间中的表达
211	注意力机制的序列到序列模型	注意力机制的序列到序列模型的作用是将一个原始序列通过编码和解码两个步骤转换到另一个序列，其对于时序信息具备较强的处理能力
212	专家系统	一个智能计算机程序系统，利用人工智能和计算机技术，结合系统中的知识经验推理判断，模拟人类专家决策复杂问题，能够为档案开放鉴定提供强大的支持
213	专业文本分类识别引擎	是一种使用人工智能技术，特别是自然语言处理(NLP)技术，对输入的文本进行自动分类的系统
214	转换器模型	是一种时间序列模型，完全依赖于自我注意力机制来绘制输入和输出之间的全局依赖关系，允许更显著的并行化
215	准确性	数据准确表示其所描述的真实实体(实际对象)真实值的程度

续表

	术语	定　义
216	自编码器	自编码器是一类在半监督学习和非监督学习中使用的人工神经网络，其功能是通过将输入信息作为学习目标，对输入信息进行表征学习，包含编码器和解码器两个部分
217	自动化	是指机器设备、系统或过程(生产、管理过程)在没有人或较少人的直接参与下，按照人的要求，经过自动检测、信息处理、分析判断、操纵控制，实现预期的目标的过程
218	自动驾驶汽车	是一种使用各种传感器和人工智能技术来感知环境、规划路径和控制车辆的先进交通技术
219	自动收集	是智能系统在确定收集范围的基础上，按照档案管理范围和要求对电子档案、元数据、日志、用户反馈等信息数据进行的自动化收集、归档
220	自动文摘	自动文摘是利用计算机按照某一规则自动地对文本信息进行提取、集合成简短摘要的一种信息压缩技术，旨在实现两个目标：首先使语言的简短，其次要保留重要信息
221	自回归模型	自回归模型，是统计上一种处理时间序列的方法，用同一变数例如 x 的之前各期，亦即 x1 至 xt-1 来预测本期 xt 的表现，并假设它们为一线性关系。因为其从回归分析中的线性回归发展而来，只是不用 x 预测 y，而是用 x 预测 x(自己)，所以叫自回归
222	自监督学习	自监督学习主要是利用辅助任务从大规模的无监督数据中人为构造监督信息，学习到对下游任务有价值的表征
223	自然语言处理	是计算机科学、人工智能和语言学领域的一个交叉学科。它的主要研究目标是让计算机能够理解、处理、生成和模拟人类语言的能力，从而实现与人类进行自然对话的能力
224	自然语言理解	计算机对自然语言文本进行分析处理从而理解该文本的过程、技术和方法
225	字符串操作	字符串或串是由数字、字母、下划线组成的一串字符。它是编程语言中表示文本的数据类型。在程序设计中，字符串为符号或数值的一个连续序列。字符串操作就是以串的整体作为操作对象，如：在串中查找某个子串、求取一个子串、在串的某个位置上插入一个子串以及删除一个子串等

参 考 文 献

［1］Schneder J. Adams C，Debauche S，elta. Appraising，processing，and provi ding access to email in contemporary literary archives［J］. Archives and Manuscripts，2019，47（3）：305-326.

［2］黄霄羽. 直面疫情　双向赋能——2020 年国际档案界回眸［J］. 中国档案，2021（2）：78-81.

［3］黄蕊. 国外档案部门数字转型举措探析［J］. 中国档案，2020（4）：72-73.

［4］李姗姗，王敏敏，李鑫. 数智赋能音视频档案修复：实然之需、应然之举、必然之策［J］. 档案学通讯，2022（5）：93-100.

［5］李剑锋. 人工智能技术在数字档案鉴定中的应用与启示——以瑞士纳沙泰尔州档案馆 ArchiSelect 项目为例［J］. 浙江档案，2022（10）：36-39.

［6］林空，李衍. 人工智能技术在音视频档案整理利用中的应用研究［J］. 中国档案，2023（7）：62-63.

［7］王栋. 智能档案存取机器人关键技术研究［D］. 南京：东南大学，2021.

［8］付永华，张文欣，司俊勇. ChatGPT 影响下的人工智能档案服务：突破与挑战［J］. 档案管理，2023（3）：58-61.

［9］程妍妍，宋莹，郑伽. 国外档案工作与人工智能：潜力和挑战［J］. 中国档案，2022（8）：78-80.

［10］黄蕊. 国外档案部门数字转型举措探析［J］. 中国档案，2020（4）：72-73.

［11］National Archives of the United States . National Archives and Records Administration Data Governance Board（DGB）Charter［N/OL］.（2020-07-17）［2023-10-31］. https：//www. archives.gov/data/dgb.

［12］National Archives of the United States. Cognitive Technologies：Records Management Implications for Internet of Things，Robotic Process Automation，Machine Learning，and

Artificial Intelligence[EB/OL]. (2020-10-19)[2023-11-03]. https://www.archives.gov/files/recordsmgmt/policy/nara-cognitive-technologies-whitepaper.pdf.

[13]National Archives of the United States. Information and data governance framework[EB/OL]. (2021-02-24)[2023-11-03]. https://www.naa.gov.au/about-us/our-organisation/accountability-and-reporting/information-anddata-governance-framework#environment.

[14]负疆鹏，加小双，王妍. 人工智能在我国档案管理中的应用现状与对策分析[J]. 档案与建设，2023(2)：62-65.

[15]何露彤 编译. 荷兰国家档案馆：使用手写文本识别技术自动转录超 300 万页文件[N/OL].(2022-12-12)[2023-11-03].http://www.zgdazxw.com.cn/news/2022-12/12/content_338787.htm.

[16]罗塞塔. AI 在档案管理中的应用场景分析[N/OL]. (2023-04-28)[2023-11-03]. https://mp.weixin.qq.com/s/CyJ5_YhbaVLrIvzjESOM6Q.

[17]冯惠玲，张辑哲. 档案学概论(第 3 版)[M]. 北京：中国人民大学出版社，2023：237.

[18]研讨会组委会. 会议速递｜"人工智能与档案工作发展国际学术研讨会"圆满落幕！传统与前沿碰撞 理论与实践对话：七国专家揭开 RM+AI 的神秘面纱！[N/OL]. (2022-06-10). https://mp.weixin.qq.com/s/eg06w7UKPlMDw_Kntl4W0A.

[19]Shabou B M, Tièche J, Knafou J, et al. Algorithmic methods to explore the automation of the appraisal of structured and unstructured digital data[J]. Records Management Journal, 2020, 30(2)：175-200.

[20]王琳婧. 福建省档案馆以人工智能技术赋能档案开放审核[N]. 中国档案报. (2023-01-05)[2023-11-03]. http://www.zgdazxw.com.cn/news/2023-01/05/content_339095.htm.

[21]任萍萍. 人工智能将在三大领域替代人类[N/OL]. (2016-12-29)[2023-11-03]. http://capital.people.com.cn/n1/2016/1229/c405954-28985589.html.

[22]陈亮. 人工智能技术在智慧档案馆建设中的应用初探——以太仓市档案馆为例[J]. 档案与建设，2016(7)：80-82.

[23]Richarz J, Vajda S, Grzeszick R, et al. Semi-supervised learning for character recognition in historical archive documents[J]. Pattern Recognition, 2014, 47(3)：1011-1020.

[24]中国第一历史档案馆项目组. 满文档案图像识别软件的开发与应用项目[J]. 中国档案，2019(1)：70-71.

[25]王兴广. 国际视野｜NARA《认知技术白皮书》：物联网、机器人流程自动化、机器学

习和人工智能对文件/档案管理的影响【数字转型前沿学习资料】［N／OL］.（2022-01-10）［2023-11-03］. https：//mp. weixin. qq. com/s/FbOHGxmIMvi7O-qHkuC_tA.

［26］加小双，林妍歆.【兰台视点】人工智能在档案领域的应用分析与展望［N/OL］.（2023-07-24）［2023-11-03］.https://mp.weixin.qq.com/s/_SFEBKQUYpue4QxIPsr7Jg.

［27］新媒体运营部. 人工智能在档案管理中的应用［N/OL］.（2023-07-23）. https：//mp. weixin.qq.com/s/QvP1a6_zt9Xp-VKBB6p0iQ.

［28］Moss M，Thomas D，Gollins T. The reconfiguration of the archive as data to be mined［J］. Archivaria，2018，86（86）：118-151.

［29］Thibodeau K. Breaking down the invisible wall to enrich archival science and practice［C］// 2016 IEEE International Conference on Big Data（Big Data）. IEEE，2016：3277-3282.

［30］冯惠玲，张辑哲. 档案学概论(第3版)［M］. 北京：中国人民大学出版社，2023：219.

［31］李剑锋. 人工智能技术在数字档案鉴定中的应用与启示——以瑞士纳沙泰尔州档案馆 ArchiSelect 项目为例［J］. 浙江档案，2022（10）：36-39.

［32］Zhang S，Hou J，Peng S，et al. ArcGPT：A Large Language Model Tailored for Real-world Archival Applications［J］. arXiv preprint arXiv：2307. 14852，2023.

［33］陈俐. 新时代国家综合档案馆档案开放鉴定的"危"与"机"［J］. 北京档案，2019（10）： 26-28.

［34］张东华，尹泷杰，卢俊. 数据伦理视角下档案用户数据隐私保护研究［J］. 档案学研究，2022（2）：97-101.

［35］张东华，陈晶晶，武帅. 微信息环境下档案馆微媒体服务探析［J］. 档案学通讯，2019（2）：37-42.

［36］程妍妍，宋莹，郑伽. 国外档案工作与人工智能：潜力和挑战［J］. 中国档案，2022（8）：78-80.

［37］Cheung A S Y. Searching for Search Engine Liability in the Autocomplete Era［J］. In Medias Res，2015：270.

［38］36氪. 英国警方计划用 AI 判定嫌犯该不该进局子，你觉得这事靠谱吗？发现［N／OL］.（2017-05-11）［2023-11-30］. https：//www.36kr.com/p/1721541525505.

［39］UKRI's Arts and Humanities Research Council. Final report［EB/OL］.［2023-11-28］. https：//www. nationalcollection. org. uk/sites/default/files/2021-10/Deep% 20Discoveries% 20Final%20Report%20.pdf.

［40］UKRI's Arts and Humanities Research Council. Interim report［EB/OL］.［2023-11-28］.

https://www.nationalcollection.org.uk/sites/default/files/2021-02/Deep% 20Discoveries.pdf.

［41］In Codice Ratio. In Codice Ratio［EB/OL］.［2024-01-08］. http://www.inf.uniroma3.it/db/icr/.

［42］Nieddu E，Firmani D，Merialdo P，et al. In Codice Ratio：A crowd-enabled solution for low resource machine transcription of the Vatican Registers［J］. Information Processing & Management：Libraries and Information Retrieval Systems and Communication Networks：An International Journal，2021（5）：58.

［43］Donatella Firmani，Paolo Merialdo，Marco Maiorino. In Codice Ratio：Scalable Transcription of vatican Registers. Ercim-news 111（2017）：8-10.

［44］Muehlberger，Guenter，et al. "Transforming scholarship in the archives through handwritten text recognition：Transkribus as a case study." Journal of documentation 75. 5（2019）：954-976.

［45］荷兰：国家档案馆使用手写文本识别技术自动转录超 300 万页文件[J]. 陕西档案，2023（01）：13.

［46］Nockels，Joe，et al. "Understanding the application of handwritten text recognition technology in heritage contexts：a systematic review of Transkribus in publishd research." Archival Science 22. 3（2022）：367-392.

［47］澳大利亚的实践案例编译自：Rolan，G.，Humphries，G.，Jeffrey，L.，Samaras，E.，Antsoupova，T.，& Stuart，K.（2019）. More human than human? Artificial intelligence in the archive. Archives and Manuscripts，47（2）：179-203.

［48］瑞典的实践案例编译自：Aangenendt，G.（2022）. Archives in the Digital Age：The Use of AI and Machine Learning in the Swedish Archival Sector. Uppsala University.

［49］Borin et al.（2016），"Swe-Clarin：Language Resources and Technology for Digital Humanities"，Extended Papers of the International Symposium on Digital Humanities，29-51.